Grefe
Kompakt-Training
Bilanzen

W0247179

Kompakt-Training
Praktische Betriebswirtschaft

Herausgeber Prof. Dipl.-Kfm. Klaus Olfert

Kompakt-Training

Bilanzen

von

Prof. Dr. Cord Grefe
Steuerberater

3., aktualisierte und ergänzte Auflage

Herausgeber:

Prof. Dipl.-Kfm. Klaus Olfert
Hochschule für Technik, Wirtschaft und Kultur Leipzig
Fachbereich Wirtschaftswissenschaften
Postfach 66, 04251 Leipzig

ISBN 3 470 **49763** X · 2003

Druck: Druckhaus Beltz, Hemsbach – mü

Kompakt-Training Praktische Betriebswirtschaft

Das *Kompakt-Training Praktische Betriebswirtschaft* ist aus der Notwendigkeit entstanden, dass Wissen immer häufiger unter erheblichem Zeit- und Erfolgsdruck erworben oder reaktiviert werden muss. Den vielfältigen betriebswirtschaftlichen Fakten und Zusammenhängen, die aufzunehmen sind, stehen eng begrenzte Zeitbudgets gegenüber.

Die vorliegende Fachbuchreihe ist darauf ausgerichtet, die Leser darin zu unterstützen, rasch und fundiert in die verschiedenen betriebswirtschaftlichen Themenbereiche einzudringen sowie diese aufzufrischen. Sie eignet sich in besonderer Weise für:

❑ Studierende an Fachhochschulen, Akademien und Universitäten
❑ Fortzubildende an öffentlichen und privaten Bildungsinstitutionen
❑ Fach- und Führungskräfte in Unternehmen und sonstigen Organisationen.

Das *Kompakt-Training Praktische Betriebswirtschaft* ist auch zum Selbststudium sehr gut geeignet, nicht zuletzt wegen seiner herausragenden Gestaltungsmerkmale. Jeder einzelne Band der Fachbuchreihe zeichnet sich u. a. aus durch:

❑ Kompakte und praxisbezogene Darstellung
❑ Systematischen und lernfreundlichen Aufbau
❑ Viele einprägsame Beispiele, Tabellen, Abbildungen
❑ 50 praxisbezogene Übungen mit Lösungen
❑ MiniLex mit 150 - 200 Stichworten.

Für Anregungen, die der weiteren Verbesserung dieses Lernkonzeptes dienen, bin ich dankbar.

Prof. Klaus Olfert
Herausgeber

Vorwort zur 3. Auflage

Jeder Kaufmann hat zu Beginn seines Handelsgewerbes und für den Schluss eines jeden Geschäftsjahrs einen Abschluss aufzustellen. Kenntnisse über Bilanzen sind damit in der Praxis unverzichtbar und stellen folglich einen festen Bestand im Rahmen der Ausbildung dar. Mit dem vorliegenden Titel soll ein komprimierter Überblick zu diesem Thema vermittelt werden. Bezug genommen wird dabei auf den nach nationalen Vorschriften zu erstellenden Einzelabschluss.

Dieser wird - selbst angesichts weiter zunehmender Internationalisierung der Rechnungslegung - für die ganz überwiegende Zahl der Bilanzierenden auf absehbare Zeit seine zentrale Bedeutung behalten.

Das Handelsrecht hat in jüngster Vergangenheit zahlreiche Rechtsänderungen erfahren. Besondere Bedeutung kommt dabei den Neuregelungen durch das Altfahrzeug-Gesetz vom 21.6.2002 (BStBl 2002 I, S. 854 - Auszug -) sowie durch das Transparenz- und Publizitätsgesetz vom 19.7.2002 (BGBl 2002 I, S. 2681) zu. Darüber hinaus ist das Kleinunternehmerförderungsgesetz berücksichtigt, durch das insbesondere die Buchführungspflichtgrenzen ab 2004 erweitert worden sind. Die Ausführungen entsprechen damit dem für das Jahr 2003 geltenden Rechtsstand.

Verfasser und Verlag sind weiterhin offen für Hinweise sowie Anregungen und Vorschläge aus der Leserschaft, gern auch auf elektronischem Wege (c.grefe@fh-trier.de).

Schweich/Trier, im Juli 2003

Prof. Dr. Cord Grefe

Inhaltsverzeichnis

Abkürzungsverzeichnis*

AfA	Absetzung für Abnutzung
AktG	Aktiengesetz
AO	Abgabenordnung
BB	Betriebs-Berater
bearb.	bearbeitet
BFH	Bundesfinanzhof
BGBl	Bundesgesetzblatt
BMF	Bundesminister(ium) der Finanzen
BStBl	Bundessteuerblatt
Buchst.	Buchstabe
DB	Der Betrieb
DRS	Deutscher Rechnungslegungs Standard
DRSC	Deutsches Rechnungslegungs Standards Committee e.V.
DStR	Deutsches Steuerrecht
EGHGB	Einführungsgesetz zum Handelsgesetzbuch
EStDV	Einkommensteuer-Durchführungsverordnung
EStG	Einkommensteuergesetz
EStH	Einkommensteuer-Hinweise 2002
EStR	Einkommensteuer-Richtlinien 2001
FASB	Financial Accounting Standards Board
Fifo	First in – first out
FR	Finanz-Rundschau
GmbHG	Gesetz betreffend die Gesellschaften mit beschränkter Haftung
GmbHR	GmbH-Rundschau
GoB	Grundsätze ordnungsmäßiger Buchführung
GuV	Gewinn- und Verlustrechnung
H	Hinweis
HFA	Hauptfachausschuss des IDW
IAS	International Accounting Standards
IASB	International Accounting Standards Board
IASC	International Accounting Standards Committee
IDW	Institut der Wirtschaftsprüfer in Deutschland e. V.
IDW PS	IDW Prüfungsstandard
IDW RS	IDW Stellungnahme zur Rechnungslegung
IFRS	International Financial Reporting Standards
InvZulG	Investitionszulagengesetz 1999
i. V.	in Verbindung

---

* Nicht berücksichtigt sind allgemeine, im Duden aufgeführte Abkürzungen.

KStG	Körperschaftsteuergesetz
Lifo	Last in – first out
PublG	Gesetz über die Rechnungslegung von bestimmten Unternehmen und Konzernen (Publizitätsgesetz)
R	Richtlinie
SABI	Sonderausschuss Bilanzrichtlinien-Gesetz
SEC	Securities and Exchange Commission
StB	Der Steuerberater
StBp	Die steuerliche Betriebsprüfung
SteuerStud	Steuer und Studium
StuB	Steuern und Bilanzen
u. M.	unter Mitarbeit bzw. unter Mitwirkung
US-GAAP	United States Generally Accepted Accounting Principles
WFA	Wohnungswirtschaftlicher Fachausschuss des IDW
WiSt	Wirtschaftswissenschaftliches Studium
WISU	Das Wirtschaftsstudium
WPg	Die Wirtschaftsprüfung
ZHR	Zeitschrift für das gesamte Handels- und Wirtschaftsrecht

A. Grundlagen

1. Begriff und Arten von Bilanzen

Bilanzen können ganz allgemein als summenmäßig ausgeglichene Gegenüberstellungen zweier Größen gekennzeichnet werden. Diese Definition geht zurück auf den ursprünglichen Wortsinn der Bilanz als einer im Gleichgewicht befindlichen zweischaligen Waage.

Im kaufmännischen Bereich sind Bilanzen – zusammen mit der (Finanz-)Buchführung – dem Rechnungswesen zuzuordnen. Dessen einzelne Instrumente dienen der Abbildung des betrieblichen Leistungsprozesses im Hinblick auf Dokumentations-, Kontroll- und Planungsaufgaben.

Der Bilanzbegriff wird dabei unterschiedlich weit gefasst:

○ **Bilanz im weiteren Sinn**
steht synonym für den Begriff Jahresabschluss, der neben der Bilanz auch die Gewinn- und Verlustrechnung sowie – bei Kapitalgesellschaften und bestimmten Personenhandelsgesellschaften – den Anhang umfasst.

Auf diese Begriffsinterpretation beziehen sich Buchtitel sowie Grundlagenteil.

○ **Bilanz im engeren Sinn**
bezeichnet die Gegenüberstellung von Vermögen und Schulden eines Kaufmanns.

Von dieser Begriffsbestimmung wird bei der Darstellung der einzelnen Bestandteile des Jahresabschlusses ausgegangen.

In der Praxis werden Bilanzen aus diversen Gründen bzw. Anlässen mit ganz unterschiedlichen Zielsetzungen erstellt. Einzelne wichtige Arten lassen sich mithilfe der auf der übernächsten Seite aufgeführten Kriterien systematisieren.

Besondere Beachtung und breites allgemeines Interesse, nicht zuletzt im Rahmen der Wirtschaftsberichterstattung, finden vor allem die von – zumeist international tätigen bzw. börsennotierten – Unternehmen aufgestellten Konzernbilanzen. Hierin werden durch finanzielle Beteiligungen und dadurch begründete Einflussmöglichkeiten miteinander verbundene Unternehmen einbezogen. Diese sind zwar rechtlich selbstständig, wirtschaftlich jedoch als unselbstständige Betriebsteile des Mutterunternehmens (= Obergesellschaft) anzusehen. Der Konzernabschluss dient hauptsächlich der Vermittlung von Informationen über die ökonomische Situation der zusammengeschlossenen Unternehmen als wirtschaftliche Einheit.

Im Zuge der Globalisierung sowie der verstärkten Internationalisierung wirtschaftlicher Aktivitäten wachsen nicht nur die Produkt- und Absatzmärkte, sondern auch die Finanzmärkte immer enger zusammen. Hieraus erklärt sich die hauptsächlich aus Sicht von Finanzinvestoren erhobene Forderung, vergleichbare Abschlüsse nach Maßgabe einheitlicher, international anerkannter Regeln aufzustellen. Als derartige Rechnungslegungsstandards sind anzuführen:

○ **IAS/IFRS**

Diese für alle Unternehmen weltweit einheitlichen Regelungen werden von dem in London ansässigen IASB herausgegeben (bis zur Umbenennung im Jahr 2001: IASC). Die IAS/IFRS beziehen sich auf den Konzernabschluss, der hauptsächlich der Vermittlung entscheidungsrelevanter Informationen für Investoren dient.

○ **US-GAAP**

Die US-GAAP umfassen eine Vielzahl von Vorschriften mit unterschiedlichem Verpflichtungsgrad. Sie sind zwingend für die Rechnungslegung aller an der New Yorker Börse notierten Gesellschaften. Trotz ihres rechtlich auf den nationalen Bereich der USA begrenzten Geltungsbereichs, kommt den US-GAAP wegen der besonderen Stellung der New Yorker Börse faktisch weltweite Bedeutung zu.

Die SEC als amerikanische Wertpapier- und Börsenaufsichtsbehörde hat ihr Recht, verbindliche Rechnungslegungsvorschriften für börsennotierte Unternehmen zu erlassen, seit 1973 grundsätzlich auf das FASB übertragen. Dessen Verlautbarungen zu allgemeinen Grundsätzen sind fundamental für die US-amerikanische Rechnungslegung.

Ebenso wie die IAS/IFRS beziehen sich auch die US-GAAP vorrangig auf den Konzernabschluss, der primär auf die Ziele von Investoren bzw. Anlegern ausgerichtet ist.

Die beiden vorstehend aufgeführten Rechnungslegungssysteme stehen derzeit in einem Konkurrenzverhältnis zueinander. IASB und FASB haben jedoch jüngst eine Zusammenarbeit vereinbart mit dem Ziel, einheitliche Standards zu entwickeln. Damit dürften sich mittel- bis langfristig beide Systeme annähern und letztendlich in einem gemeinsamen Regelwerk aufgehen.

Im nationalen Bereich sind kapitalmarktorientierte Unternehmen von der deutschen Konzernrechnungslegung befreit, sofern ein nach international anerkannten Rechnungslegungsgrundsätzen aufgestellter Konzernabschluss vorgelegt wird (§ 292a HGB). Diese bis zum Geschäftsjahr 2004 befristete Übergangsregelung wird durch die EU-Verordnung vom 19.7.2002 (vgl. StuB 2002, S. 605) abgelöst. Danach haben Gesellschaften, die einen organisierten Kapitalmarkt in Anspruch nehmen, generell ab dem Geschäftsjahr 2005 Konzernabschlüsse zwingend nach IAS/IFRS aufzustellen.

Die EU-Mitgliedstaaten können die Anwendung der IAS/IFRS auch in Konzernbilanzen nicht kapitalmarktorientierter Unternehmen sowie in Einzelabschlüssen gestatten. Über die Inanspruchnahme dieser Wahlmöglichkeiten wird derzeit höchst kontrovers diskutiert; konkrete Ergebnisse sind dabei zum gegenwärtigen Zeitpunkt nicht absehbar. Allerdings lässt sich eine Tendenz zur Beibehaltung des

Bilanzarten

Abgrenzungsmerkmal	Bilanzarten				
Adressatenkreis	Externe Bilanzen			Interne Bilanzen	
(Haupt-)Informationszweck	Erfolgsbilanzen	Vermögensbilanzen	Liquiditätsbilanzen	Bewegungsbilanzen	
Zahl der einbezogenen Unternehmen	Einzelbilanzen	Gemeinschaftsbilanzen	Konzernbilanzen		
Häufigkeit	Regelmäßige (laufende) Bilanzen: Wochenbilanzen, Monatsbilanzen, Quartalsbilanzen, Jahresbilanzen		Sonderbilanzen: Gründungsbilanzen, Umwandlungs-/Fusionsbilanzen, Auseinandersetzungsbilanzen, Sanierungsbilanzen, Liquidationsbilanzen		
Verpflichtungsgrund	Gesetzlich vorgeschriebene Bilanzen: Handelsbilanzen (nach nationalen Regelungen, nach internationalen Regelungen), Steuerbilanzen		Vertraglich vereinbarte Bilanzen	Freiwillig erstellte Bilanzen	

nationalen Einzelabschlusses erkennen. Dessen zentrale Bedeutung für die Rechnungslegung wird damit erhalten bleiben.

Dementsprechend bezieht sich die weitere Betrachtung ausschließlich auf für unternehmensexterne Zwecke jährlich erstellte Erfolgsbilanzen, die nach nationalen handelsrechtlichen Regelungen für ein einzelnes, nicht konzernabhängiges gewerbliches Unternehmen zwingend vorgeschrieben sind. Wegen bestehender Wechselbeziehungen mit dem Steuerrecht sind dabei auch einschlägige steuerliche Normen zu behandeln.

Hinsichtlich des Kreises der Bilanzierenden erfolgt eine Beschränkung auf die in der Praxis besonders bedeutsamen Unternehmensformen:

Einzelunternehmen	Unternehmen ohne Haftungsbeschränkung
Personengesellschaften - mit natürlicher Person als Vollhafter	
- ohne natürliche Person als Vollhafter	Unternehmen mit Haftungsbeschränkung
Kapitalgesellschaften	

Rechtsformbedingte Besonderheiten (z. B. für Genossenschaften) oder branchenabhängige Spezifika (insbesondere für Versicherungen und Banken) bleiben in diesem Zusammenhang ausgeklammert.

Die Bilanzerstellung erfolgt nicht am, sondern zum jeweiligen Stichtag – also erst nach Ablauf der betreffenden Rechnungslegungsperiode. Je nach Rechtsform können dabei verschiedene Stadien und Bilanzversionen unterschieden werden (vgl. *Federmann*, S. 34):

Phase	Vorgang	Maßnahme	Bilanzversion
1	Erstellung einer vorläufigen Bilanz	Abschluss der Konten	Vorläufige Bilanz
2	Aufstellung der Bilanz	Vornahme von Abschlussbuchungen	Aufgestellte Bilanz
3	(Freiwillige/gesetzlich vorgeschriebene) Prüfung der Bilanz	Vorlage der aufgestellten Bilanz zur Prüfung durch Aufsichtsorgan/ Abschlussprüfer	Geprüfte Bilanz
4	Feststellung der Bilanz durch das gesellschaftsvertraglich/gesetzlich vorgesehene Organ	Beschlussfassung über die geprüfte Bilanz	Festgestellte Bilanz
5	Offenlegung der Bilanz	Veröffentlichung der Bilanz, gegebenenfalls unter Publizitätserleichterungen	Offengelegte Bilanz

Bei allen Unternehmen sind die Phasen 1, 2 und 4 relevant. Besteht Prüfungs- bzw. Publizitätspflicht, kommen die Phasen 3 und 5 hinzu.

Die aufgestellte Bilanz ist vom Kaufmann unter Angabe des Datums zu unterzeichnen (§ 245 HGB). Je nach Rechtsform trifft diese Verpflichtung folgende Person(en):

Rechtsform	Unterzeichnungspflichtige(r)
Einzelunternehmen	Einzelunternehmer
Personengesellschaft	persönlich haftende(r) Gesellschafter
Kapitalgesellschaft	gesetzliche(r) Vertreter

Anpassungen beziehungsweise Korrekturen von Buchungen sowie Abschlussposten sind während der Aufstellungsphase und auch bis zur Bilanzfeststellung grundsätzlich ohne weiteres möglich. Nach der Feststellung kommt dem Abschluss regelmäßig Bindungswirkung zu und eine Änderung von Form und Inhalt ist nur unter bestimmten Voraussetzungen möglich. Diesbezüglich sind folgende Fälle zu unterscheiden (vgl. *IDW RS HFA 6, S.* 1085 f.):

o **Änderung fehlerfreier Abschlüsse**
Den gesetzlichen Anforderungen entsprechende Bilanzen dürfen nur aus gewichtigen rechtlichen, wirtschaftlichen oder steuerlichen Gründen geändert werden. Ob diese Kriterien gegeben sind, ist von dem(n) für die Aufstellung bzw. Feststellung des Jahresabschlusses verantwortlichen Organ(en) zu entscheiden.

Eine Änderung ist ausgeschlossen, wenn hierdurch Rechte Dritter beeinträchtigt werden. Diese Einschränkung, die sich auf gesellschaftsrechtlich begründete Gewinnansprüche bezieht, wird allerdings gegenstandslos, wenn die Betroffenen einer Änderung zustimmen.

o **Änderung fehlerhafter Abschlüsse**
Als fehlerhaft gelten Jahresabschlüsse, die gegen gesetzliche Bilanzierungsvorschriften verstoßen und damit objektiv unrichtig sind, ohne jedoch nichtig zu sein. Zudem wird vorausgesetzt, dass der Bilanzierende den Gesetzesverstoß spätestens im Fest-stellungszeitpunkt bei pflichtgemäßer und gewissenhafter Prüfung hätte erkennen können.

Änderungen kommen in Betracht, wenn in der Finanzbuchhaltung Grundsätze ordnungsmäßiger Buchführung verletzt werden bzw. gegen maßgebende gesetzliche Ansatz-, Bewertungs- oder Gliederungsvorschriften verstoßen wird. Die hierdurch bedingten Fehler müssen betrags- oder ausweismäßig von einigem Gewicht sein.

Keine Bilanzänderung liegt vor, wenn ein nichtiger Jahresabschluss durch eine ordnungsgemäße Bilanz ersetzt wird. Hierdurch wird dem gesetzlichen Postulat zur Aufstellung bzw. Feststellung wirksamer Abschlüsse entsprochen.

2. Bilanzadressaten

Bilanzen werden nicht um ihrer selbst willen erstellt, sondern stets zur Erreichung bestimmter Zwecke. Hauptaufgabe ist die Vermittlung von Informationen über die Entwicklung und Lage eines Unternehmens.

Als Teil des externen Rechnungswesens richten sich Jahresabschlüsse vornehmlich an außerhalb des Unternehmens stehende Gruppen bzw. Institutionen. Deren im Einzelnen unterschiedlichen Informationsansprüche bzw. -interessen beruhen auf bestehenden oder möglichen künftigen Beziehungen zum Unternehmen.

Folgende Personenkreise sind insbesondere als Empfänger von Bilanzinformationen anzuführen:

❑ **Eigenkapitalgeber**

Aus der Stellung als (Mit-)Eigentümer ergeben sich bestimmte Mitwirkungsrechte bzw. -pflichten. Zu deren Wahrnehmung bedarf es zweckentsprechender Informationen. Den nicht an der Geschäftsführung beteiligten Gesellschaftern bzw. Anteilseignern wird mit dem Jahresabschluss gleichsam ein Rechenschaftsbericht durch die Unternehmensleitung gegeben.

❑ **Fremdkapitalgeber**

Für Gläubiger steht die Erfüllung ihrer finanziellen Ansprüche durch die Schuldner im Vordergrund. Diesbezüglich hat der handelsrechtliche Jahresabschluss Informationen über das Schuldendeckungspotenzial sowie die Zinszahlungsfähigkeit zu vermitteln.

❑ **Mitarbeiter**

Mitarbeiter sind an der Unternehmensentwicklung vor allem im Hinblick auf die Sicherung bzw. Erhaltung ihrer Arbeitsplätze als Einkunftsquelle interessiert.

Weitergehener Informationsbedarf besteht im Fall einer Beteiligung der Mitarbeiter am Unternehmen.

❑ **Fiskus**

Handelsrechtliche Vorschriften haben grundsätzliche Bedeutung für die steuerliche Gewinnermittlung. Damit ergeben sich Auswirkungen auf steuerliche Bemessungsgrundlagen und die hieraus abgeleiteten Steueransprüche.

❑ **Öffentlichkeit**

Im Hinblick auf gesamtwirtschaftliche Aspekte besteht ein allgemeines Interesse der Öffentlichkeit an Informationen über die Entwicklung von Unternehmen.

Auch wenn die handelsbilanziellen Vorschriften derzeit (noch) vom Grundsatz des Gläubigerschutzes geprägt sind, lässt sich keine eindeutige Präferenz bzw. Dominanz der Informationsansprüche einer der vorgenannten Gruppen ableiten. Vielmehr versucht der Gesetzgeber im Wege eines Interessenausgleichs, den berechtigten Anliegen der einzelnen Beteiligten zu entsprechen.

3. Bilanzzwecke

Die mit der Bilanz für unterschiedliche Interessengruppen verfolgten Ziele können wie folgt eingeteilt werden:

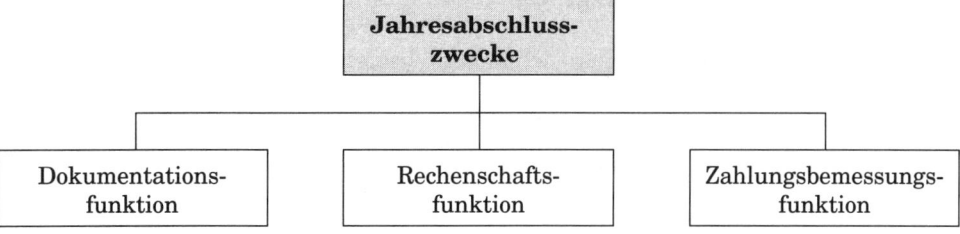

3.1 Dokumentationsfunktion

Dokumentation bezieht sich auf die „übersichtliche, vollständige und für Dritte nachvollziehbare Aufzeichnung aller Geschäftsvorfälle" (*Baetge / Kirsch / Thiele*, S. 82). Diese Erfordernisse schlagen sich insbesondere in den Regelungen des § 238 HGB zur Buchführungspflicht nieder.

Die Erfassung sämtlicher güter- und finanzwirtschaftlicher Vorgänge bildet die notwendige Basis für die Erstellung des Jahresabschlusses. Durch entsprechende Aufzeichnungen werden zudem Beweisurkunden für mögliche rechtliche Auseinandersetzungen geschaffen (u. a. § 258 und § 260 HGB), wie z. B. bei

– Bankrotthandlungen
– Unterschlagungen (so genannte *dolose Handlungen*)
– Abwehr unberechtigter Ansprüche Dritter.

Hiermit im Zusammenhang stehen die gesetzlichen Aufbewahrungspflichten (§ 257 HGB).

3.2 Rechenschaftsfunktion

Rechenschaft beinhaltet den Nachweis über den Einsatz fremden Vermögens und die daraus erzielten Ergebnisse (vgl. *Leffson*, S. 63 f.). Im Vordergrund steht dabei die Drittinformation zu Kontroll- und Planungszwecken.

Hieraus erklärt sich die gesetzliche Verpflichtung jedes Kaufmanns, mittels der Buchführung „seine Handelsgeschäfte und die Lage seines Vermögens" ersichtlich zu machen (§ 238 Abs. 1 Satz 1 HGB).

In bestimmten Zeitabständen müssen darüber hinaus das Vermögen und die Schulden (§ 242 Abs. 1 Satz 1 HGB) sowie die Aufwendungen und Erträge (§ 242 Abs. 2 HGB) gegenübergestellt werden.

Bei Kapitalgesellschaften und bestimmten Personenhandelsgesellschaften hat der Jahresabschluss „ein den tatsächlichen Verhältnissen entsprechendes Bild der Vermögens-, Finanz- und Ertragslage" zu vermitteln (§ 264 Abs. 2 Satz 1 HGB).

Die Determinanten der wirtschaftlichen Lage beziehen sich im Einzelnen auf:

❑ **Vermögenslage**

  Darstellung der Struktur des (Rein-)Vermögens hinsichtlich

  – Höhe, Art, Zusammensetzung
  – Dauer der Vermögensbindung.

❑ **Finanzlage**

  Darstellung der Finanzierung und Liquidität durch Bezugnahme auf

  – Kapitalstruktur
  – Finanzierungsinstrumente
  – Finanzierungskonditionen
  – Fristigkeiten
  – Sicherheiten.

❑ **Ertragslage**

  Darstellung des Periodenergebnisses sowie dessen Komponenten bezüglich

  – Struktur der Ergebnisgrößen
  – Nachhaltigkeit der Erfolgsquellen.

3.3 Zahlungsbemessungsfunktion

An bestimmte bilanzielle Größen sind regelmäßig Zahlungsverpflichtungen geknüpft. Folglich stellen Bilanzen immer auch ein Instrument zur Regelung finanzieller Ansprüche dar.

Ergebnisabhängig beteiligte Gruppen (z. B. Anteilseigner, Mitarbeiter) haben dabei tendenziell ein Interesse an einem möglichst hohen Gewinnausweis. Für Personen mit ergebnisunabhängigen Ansprüchen (z. B. Lieferanten) steht hingegen die Erhaltung des betrieblichen Vermögens und damit die Vermeidung unangemessener Liquiditätsabflüsse im Vordergrund.

Durch Vorschriften zur Ergebnisermittlung und Ergebnisverwendung soll wie folgt ein Interessenausgleich erreicht werden:

❑ **Ergebnisermittlung**

   Nach Maßgabe der Regelungen bezüglich

   ○ **Bilanzansatz**
      also über die in die Bilanz im Einzelnen aufzunehmenden Positionen

      sowie

   ○ **Bilanzbewertung**
      also über die Bewertung der Posten durch Festlegung von Wertobergrenzen bzw. Wertuntergrenzen

   ergibt sich ein für verteilbar gehaltener Gewinn. Dieser kann dem Unternehmen entzogen werden, ohne dass hierdurch die Erfüllung anderweitiger Verpflichtungen beeinträchtigt würde.

❑ **Ergebnisverwendung**

   Das in der Handelsbilanz ausgewiesene Ergebnis determiniert regelmäßig den zuzurechnenden bzw. ausschüttungsfähigen Gewinnanteil wie auch den Entnahmeanspruch. Zu beachten sind in diesem Zusammenhang ferner etwaige

   ○ **Ausschüttungssperren**
      (z. B. § 269 oder § 274 Abs. 2 HGB)

   ○ **Mindestgewinnansprüche bzw. Mindestausschüttungen**
      zur Gewährung einer zwingend vorgeschriebenen Kapitalverzinsung (z. B. § 121 Abs. 1 HGB [für OHG] oder § 168 Abs. 1 HGB [für KG]).

Die handelsrechtliche Ergebnisermittlung hat darüber hinaus grundlegende Bedeutung für steuerliche Zwecke. Aufgrund der Verknüpfung von Handels- und Steuerbilanz durch das Maßgeblichkeitsprinzip wirken sich Entscheidungen über die Ergebnisermittlung grundsätzlich auch auf steuerliche Bemessungsgrundlagen aus. Die Art der Ergebnisverwendung – Gewinneinbehalt (Thesaurierung) und/oder Ausschüttung – ist dabei für die Höhe der Steuerbelastung unbeachtlich.

4. Rechtliche Grundlagen des Jahresabschlusses

Für den handelsrechtlichen Jahresabschluss sind die Bestimmungen im Dritten Buch des HGB sowie Regelungen in Spezialgesetzen maßgebend. Die Geltungsbereiche dieser Rechtsnormen sind wie folgt abzugrenzen:

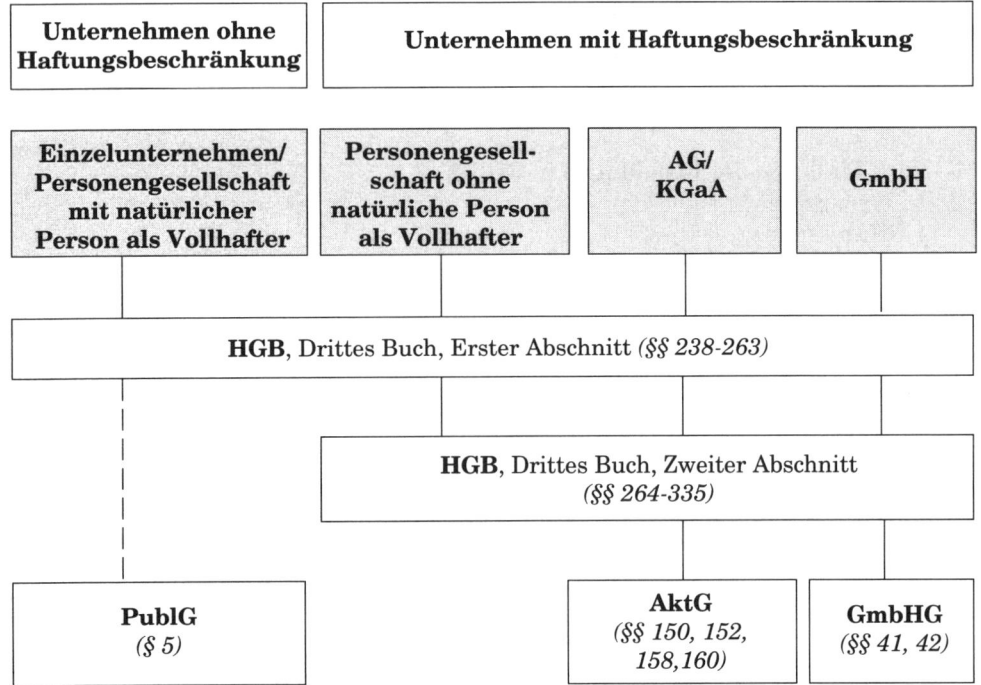

4.1 Allgemeine Regelungen

Die Bestimmungen im 1. Abschnitt des Dritten Buchs des HGB beziehen sich auf alle Kaufleute. Der Kaufmannsbegriff ist für die hier betrachteten Rechtsformen wie folgt abzugrenzen:

Einzelunternehmen und Personengesellschaften gelten als Kaufleute, wenn sie ein Handelsgewerbe betreiben (§ 1 Abs. 1 HGB). Handelsgewerbe ist jeder Gewerbebetrieb, der einen nach Art oder Umfang in kaufmännischer Weise eingerichteten Geschäftsbetrieb erfordert (§ 1 Abs. 2 HGB). Maßgebende Voraussetzungen sind diesbezüglich:

❑ **Gewerbebetrieb**

Ein Gewerbebetrieb ist in Analogie zum Steuerrecht (§ 15 Abs. 2 Satz 1 EStG) durch folgende Merkmale charakterisiert:

○ **Selbständigkeit**
Die wirtschaftliche Tätigkeit wird auf eigene Rechnung und Gefahr ausgeübt.

○ **Nachhaltigkeit**
Die Betätigung ist grundsätzlich auf Dauer angelegt, d.h. es wird mit Wiederholungsabsicht gehandelt.

o **Gewinnerzielungsabsicht**
Mit der wirtschaftlichen Aktivität wird langfristig eine Reinvermögensmehrung angestrebt.

o **Teilnahme am allgemeinen wirtschaftlichen Verkehr**
Der Unternehmer nimmt durch eine nach außen hin in Erscheinung tretende Betätigung am allgemeinen Leistungs- oder Güterverkehr teil. Die betrieblichen Leistungen werden folglich einer unbestimmten Zahl von Personen gegen Entgelt angeboten.

❑ **Nach Art oder Umfang in kaufmännischer Weise eingerichteter Geschäftsbetrieb**

Unter Berücksichtigung der tatsächlichen Verhältnisse des jeweiligen Einzelfalls orientiert sich die inhaltliche Abgrenzung an folgenden Kriterien:

o **qualitative Kriterien**
Prägend für die Art des Geschäftsbetriebs sind u.a.

– Umfang des Leistungsangebots
– Umfang der Geschäftsbeziehungen
– Umfang der Inanspruchnahme von Krediten.

o **quantitative Kriterien**
Der Umfang des Geschäftsbetriebs wird vornehmlich charakterisiert durch Größen wie

– Umsatzerlöse
– Bilanzsumme
– Zahl der Arbeitnehmer
– Zahl der Betriebstätten.

Sind die beiden vorstehenden Voraussetzungen erfüllt, besteht unabhängig von der Eintragung im Handelsregister Kaufmannseigenschaft (*Ist-Kaufmann*). Der Handelsregistereintragung kommt in diesen Fällen nur deklaratorische Bedeutung zu.

Sofern das gewerbliche Unternehmen keinen nach Art oder Umfang in kaufmännischer Weise eingerichteten Geschäftsbetrieb erfordert, so genannte *Kleingewerbetreibende*, kann durch Eintragung in das Handelsregister Kaufmannseigenschaft erlangt werden (§ 2 Satz 1 HGB). Die Eintragung ist vom Unternehmer zu beantragen. Erst durch die Handelsregistereintragung wird Kaufmannseigenschaft erlangt (*Kann-Kaufmann*). Ebenso wie die Eintragung kann auch die Löschung der Firma beantragt werden (§ 2 Satz 2 und 3 HGB).

Kapitalgesellschaften gelten aufgrund ihrer Rechtsform stets als Handelsgesellschaften, auch wenn sie kein Handelsgewerbe betreiben, so genannte *Form-Kaufleute* (§ 6 Abs. 2 i. V. mit § 3 Abs. 1 AktG bzw. § 13 Abs. 3 GmbHG).

Die rechtsformspezifisch bedeutsamen Arten des Kaufmanns sind nachfolgend im Überblick dargestellt:

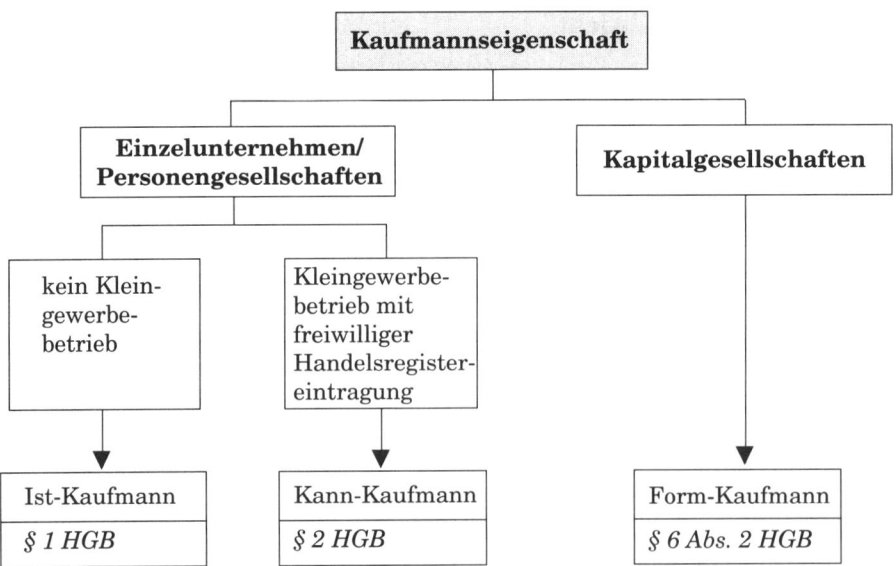

Die handelsrechtlichen Buchführungsvorschriften gelten grundsätzlich auch für steuerliche Zwecke (§ 140 AO). Der Kreis der steuerlich Buchführungspflichtigen wird jedoch größenabhängig erweitert. Maßgebend ist bei gewerblichen Unternehmen das Überschreiten eines der beiden folgenden Größenmerkmale (§ 141 Abs. 1 AO):

Umsätze	> 350.000 €	(bis 2003: > 260.000 €)
Gewinn	> 30.000 €	(bis 2003: > 25.000 €)

① 1 Klären Sie die gesetzliche Buchführungspflicht eines - der umsatzsteuerlichen Regelbesteuerung unterliegenden - Kleingewerbetreibenden mit einem Umsatz in Höhe von 115.000 € und einem Gewinn aus Gewerbebetrieb von 23.700 €, der

(1) nicht im Handelsregister

(2) im Handelsregister

eingetragen ist.

Seite 169

Die allgemeinen Rechnungslegungsvorschriften beziehen sich auf:

Buchführung, Inventar
Eröffnungsbilanz, Jahresabschluss
Aufbewahrung und Vorlage
Landesrecht

Die Bilanz basiert auf der (Finanz-)Buchführung und dem Inventar. In der **(Finanz-)Buchführung** (§ 238 HGB) werden alle Geschäftsvorfälle einer Abrechnungsperiode erfasst, und zwar

○ **chronologisch geordnet**
  im Grundbuch oder Journal

○ **sachlich bzw. kontenmäßig geordnet**
  im Hauptbuch.

Im **Inventar** (§ 240 HGB) als zweitem Basiselement des Jahresabschlusses sind alle Vermögensgegenstände und Schulden mengen- und wertmäßig zu verzeichnen. Grundlage für die Erstellung des Inventars ist eine regelmäßig durchzuführende körperliche Bestandsaufnahme (*Inventur*). Mithilfe des Inventars werden die buchmäßigen mit den tatsächlichen Beständen abgestimmt.

Das Inventar ist zu Beginn des Handelsgewerbes und nachfolgend zum Schluss eines jeden Geschäftsjahrs aufzustellen (§ 240 Abs. 1 und 2 HGB). Das Inventar bildet mit der Eröffnungsbilanz (§ 242 Abs. 1 HGB) den Ausgangspunkt für die laufende Buchführung.

02 ▷ Die Vital OHG, Frankfurt, produziert und vertreibt Arzneimittel. Gesellschafter sind zu gleichen Teilen die Brüder Hans und Karl Schwarz. Das (vereinfachte) Inventar zum 31.12.01 umfasst folgende Vermögens- und Schuldpositionen:

		€	€
A. Vermögensgegenstände			
1. Grundstücke und Gebäude			
- Betriebsgrundstück		58.000	
- Produktions- und Lagerhalle		95.300	
- Verwaltungsgebäude		84.650	237.950
2. Maschinen			172.425
(gem. Bestandsverzeichnis)			
3. Fuhrpark			62.300
(gem. Bestandsverzeichnis)			
4. Betriebs- und Geschäftsausstattung			84.592
(gem. Bestandsverzeichnis)			
5. Roh-, Hilfs- und Betriebsstoffe			12.471
(gem. Inventurliste)			
6. Fertige Erzeugnisse			21.386
(gem. Inventurliste)			
7. Kundenforderungen			
- Möbius, Hamburg		3.600	
- Schilling, Berlin		11.350	
- Schubert, Kiel		7.296	22.246
8. Bankguthaben			51.360
9. Kasse			292
			665.022

	€	€
B. Schulden		
1. Rückstellungen		
- Gewerbesteuernachzahlung	4.270	
- Garantiezusagen	28.600	
- Jahresabschlusskosten	12.500	45.370
2. Darlehensschulden		
- Landesbank	121.000	
- Sparkasse	14.880	135.880
3. Lieferantenverbindlichkeiten		
- Pohl, München	18.742	
- Strobel, Flensburg	36.290	55.032
		236.282

Erstellen Sie auf der Grundlage dieses Inventars die Bilanz der Vital OHG zum 31.12.01.

Seite 169

Die Zusammenhänge zwischen Buchführung, Inventar und Jahresabschluss sind in dem Schaubild auf nachfolgender Seite dargestellt (vgl. hierzu *Meyer*, S. 52).

Bei der Inventur sind hinsichtlich Zeitpunkt und Verfahren allgemein zu unterscheiden:

❏ **Inventurzeitpunkte**

   o **Stichtagsinventur** (§ 240 Abs. 2 HGB)
     Die Erfasung des Vermögens und der Schulden erfolgt idealtypisch am Abschlussstichtag selbst. Von größerer praktischer Bedeutung ist für den Bereich der Vorräte die so genannte *ausgeweitete Stichtagsinventur*, bei der die Bestandsaufnahme in zeitlicher Nähe zum Bilanzstichtag erfolgt. Als zeitnah gilt regelmäßig eine Frist von 10 Tagen vor oder nach dem Bilanzstichtag (R 30 Abs. 1 EStR). Bestandsveränderungen in diesem Zeitraum müssen anhand von Belegen oder Aufzeichnungen ordnungsgemäß berücksichtigt werden.

   o **vor-/nachgelagerte Stichtagsinventur** (§ 241 Abs. 3 HGB)
     Die Inventur kann zulässigerweise auch in den letzten drei Monaten vor bzw. in den ersten beiden Monaten nach Schluss des Geschäftsjahrs durchgeführt werden. Art, Menge und Wert der erfassten Gegenstände werden in einem besonderen Inventar festgehalten. Der Wert der Bestände ist auf den Bilanzstichtag fortzuschreiben bzw. zurückzurechnen.

Die alternativ für eine Stichtagsinventur relevanten Zeiträume sind nachfolgend im Überblick dargestellt:

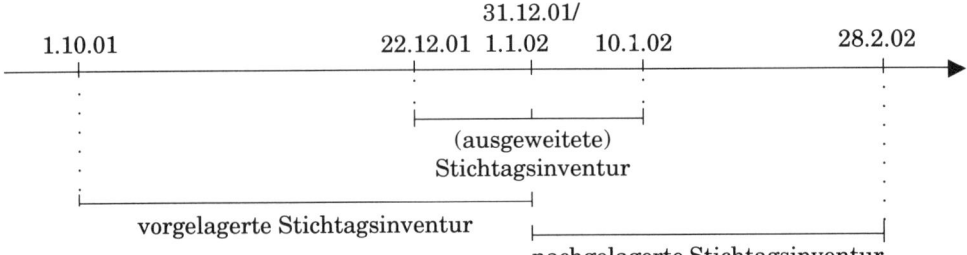

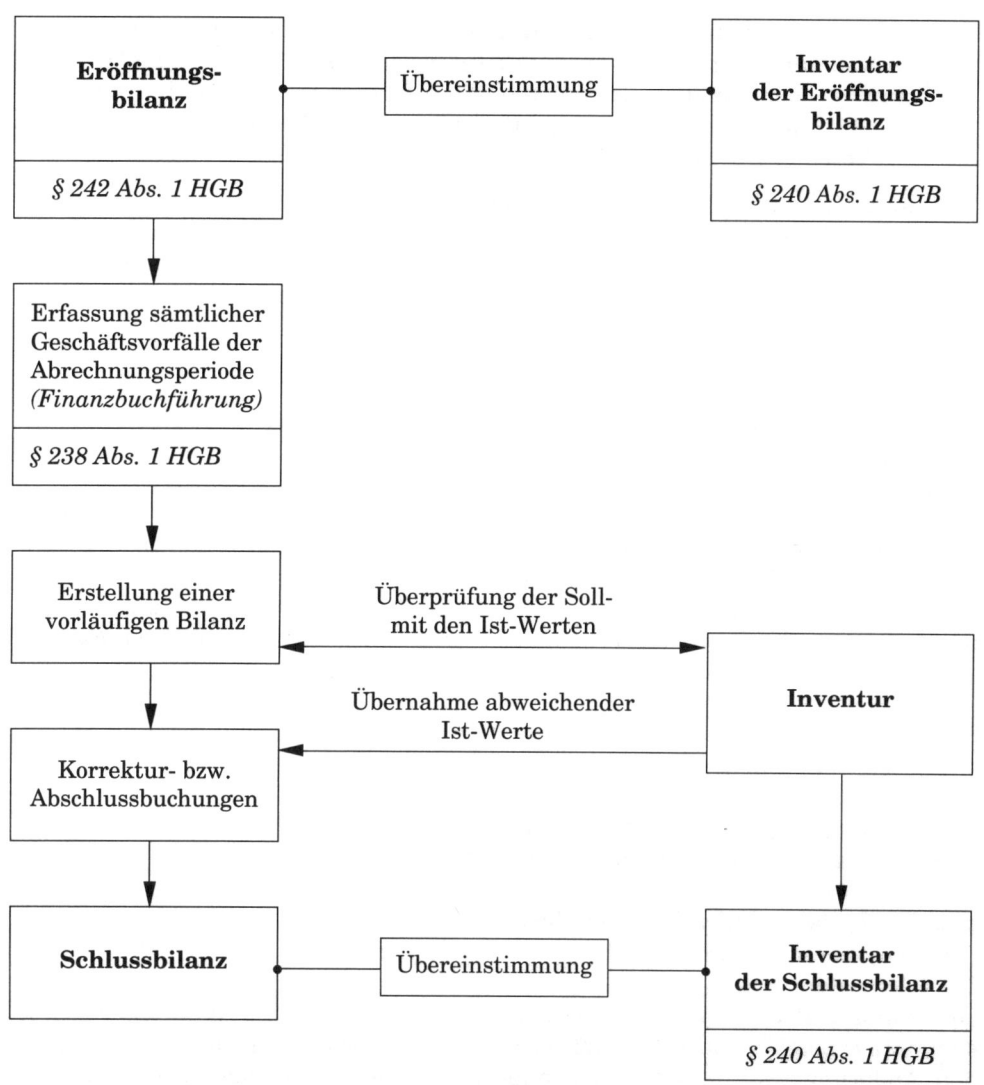

o **permanente Inventur** (§ 241 Abs. 2 HGB)
Die körperliche Bestandsaufnahme der betreffenden Vermögensgegenstände erfolgt an einem beliebigen Tag im Laufe des Geschäftsjahrs. Zum Bilanzstichtag wird das Inventar auf der Grundlage der buchmäßig fortgeführten Bestände erstellt. In zeitlicher Hinsicht fallen damit der Tag der Bestandsaufnahme und der Tag der Erstellung des Inventars auseinander.

❑ **Inventurverfahren**

o **körperliche Bestandsaufnahme**
Grundsätzlich sind die Bestände nach Art und Menge durch Zählen, Wiegen oder Messen insgesamt physisch aufzunehmen, so genannte *Vollinventur* (§ 240 Abs. 1 und 2 HGB).

Unter bestimmten Voraussetzungen ist jedoch auch eine teilweise Erfassung im Rahmen einer so genannten *Stichprobeninventur* zulässig (§ 241 Abs. 1 HGB). Dabei erfolgt nur für einen repräsentativen Teil der jeweiligen Gegenstände eine körperliche Bestandsaufnahme. Ausgehend von dem Wert der Stichprobe wird dann auf den Wert des Gesamtbestands hochgerechnet.

○ **beleg- bzw. buchmäßige Inventur** (§ 241 Abs. 2 HGB)
Die Bestandsermittlung anhand von Belegen bzw. buchmäßigen Aufzeichnungen erfolgt bei Posten, die nicht körperlich erfasst werden können. Hierbei handelt es sich um immaterielle Vermögensgegenstände, Forderungen und Schulden.

Alle Kaufleute haben aus der Buchführung und dem Inventar für eine bestimmte Abrechnungsperiode eine Bilanz abzuleiten sowie eine Gewinn- und Verlustrechnung aufzustellen. Beide Rechenwerke bilden zusammen den Jahresabschluss (§ 242 Abs. 3 HGB).

Die Rechnungsperiode erstreckt sich regelmäßig auf einen Zeitraum von 12 Monaten (§ 240 Abs. 2 Satz 2 HGB). In bestimmten Situationen, insbesondere bei Gründung, Übernahme oder Beendigung eines Handelsgewerbes, kann das Geschäftsjahr auch einen kürzeren Zeitraum umfassen, so genanntes *Rumpfgeschäftsjahr*.

Bei der Wahl des Bilanzstichtags ist der Kaufmann frei. Dementsprechend kommt es alternativ zu einem

○ **kalenderjahrgleichen Geschäftsjahr**
Geschäftsjahr entspricht dem Kalenderjahr

○ **kalenderjahrabweichenden Geschäftsjahr**
Geschäftsjahr entspricht nicht dem Kalenderjahr.

Die gewählte Rechnungslegungsperiode kann grundsätzlich geändert werden, so genannte *Umstellung des Geschäftsjahrs*. Eine wiederholte, sachlich nicht begründete Änderung des Bilanzstichtags innerhalb kurzer Zeit scheidet jedoch aus.

Kaufmann Alt veräußert mit Wirkung vom 1.10.01 sein Handelsgewerbe an Kaufmann Jung. Das Geschäftsjahr des Veräußerers Alt umfasste bisher den Zeitraum 1.5.-30.4. Erwerber Jung ist an einem mit dem Kalenderjahr übereinstimmenden Geschäftsjahr interessiert.

Zu welchen Stichtagen und für welche Zeiträume sind Abschlüsse im Kalenderjahr 02 aufzustellen?

Seite 169

Die Bilanz ist in deutscher Sprache und in Euro aufzustellen (§ 244 HGB).

4.2 Besondere Regelungen

Die allgemeinen handelsrechtlichen Vorschriften werden durch die Bestimmungen im 2. Abschnitt des Dritten Buchs des HGB ergänzt. Diese besonderen Regelungen kommen bei folgenden Rechtsformen zur Anwendung:

o **Kapitalgesellschaften** (§ 264 Abs. 1 HGB)

o **Personengesellschaften mit Haftungsbeschränkung** (§ 264a HGB)
Seit dem Geschäftsjahr 2000 unterliegen auch bestimmte Personenhandels-gesellschaften den erweiterten Rechnungslegungsvorschriften (Art. 48 Abs. 1 Satz 1 EGHGB). Betroffen sind Gesellschaften, bei denen weder direkt noch indirekt wenigstens ein persönlich haftender Gesellschafter eine natürliche Person ist (§ 264a Abs. 1 HGB).

Hauptanwendungsfall ist die typische GmbH & Co. KG, bei der die GmbH als alleiniger Komplementär der KG auftritt. Wegen der mit dieser Rechtskonstruktion verbundenen Haftungsbeschränkung werden vom Gesetzgeber weitergehende Rechnungslegungspflichten gegenüber außenstehenden Dritten für erforderlich gehalten.

In bestimmten Fällen kommt eine Befreiung von der Anwendung der Bestimmungen des 2. Abschnitts im Dritten Buch des HGB in Betracht (§ 264 b HGB). Voraussetzungen hierfür sind:

Die betreffende Personengesellschaft wird in einen Konzernabschluss einbezogen. Die Aufstellung dieses Abschlusses erfolgt entweder durch ein Mutterunternehmen mit Sitz in einem EU-Mitgliedstaat bzw. einem anderen Vertragsstaat des Abkommens über den Europäischen Wirtschaftsraum oder durch ein Unternehmen, das persönlich haftender Gesellschafter der Personenhandelsgesellschaft ist.

Konzernabschluss sowie Konzernlagebericht müssen nach dem für das (Mutter-) Unternehmen maßgebenden Recht aufgestellt, von einem zugelassenen Abschlussprüfer geprüft und offen gelegt werden.

Ferner sind die von dem (Mutter-)Unternehmen offen zu legenden Unterlagen des Konzernabschlusses in deutscher Sprache auch zum Handelsregister des Sitzes der Personenhandelsgesellschaft einzureichen. Auf die Befreiung der Personengesellschaft muss im Anhang des Konzernabschlusses hingewiesen werden.

Bei den aufgeführten Rechtsformen umfasst der Jahresabschluss neben der Bilanz und der Gewinn- und Verlustrechnung stets auch einen Anhang. Zudem ist regelmäßig ein Lagebericht aufzustellen (§ 264 Abs. 1 Satz 1 HGB).

Die Anwendung der betreffenden Einzelregelungen hängt zum Teil von der Größe der Gesellschaft ab. Aktuell sind folgende Größenklassen zu unterscheiden (§ 267 HGB):

Merkmale / Größenklasse	Bilanzsumme [BS] (in Mio. €)	Umsatzerlöse [UE] (in Mio. €)	durchschnittliche Zahl der Arbeitnehmer [AN]
kleine Gesellschaft	$BS \leq 3{,}438$	$UE \leq 6{,}875$	$AN \leq 50$
mittelgroße Gesellschaft	$3{,}438 < BS \leq 13{,}75$	$6{,}875 < UE \leq 27{,}5$	$50 < AN \leq 250$
große Gesellschaft	$BS > 13{,}75$	$UE > 27{,}5$	$AN > 250$

Für die Klassifikation ist regelmäßig entscheidend, ob an zwei aufeinander folgenden Abschlussstichtagen mindestens zwei der vorstehenden drei Kriterien vorliegen (§ 267 Abs. 4 HGB).

Unabhängig von den konkreten Größenmerkmalen gilt ein Unternehmen stets als große Gesellschaft, wenn es mit Wertpapieren (u. a. Aktien, Schuldverschreibungen) an einem organisierten Markt zugelassen ist oder die Zulassung beantragt hat (§ 267 Abs. 3 Satz 2 HGB).

Für eine im Jahr 01 gegründete Kapitalgesellschaft gelten folgende Größenmerkmale:

Jahr	Bilanzsumme (Mio. €)	Umsatzerlöse (Mio. €)	durchschnittliche Zahl der Arbeitnehmer
01	4,2	5,7	160
02	2,9	4,6	147
03	3,1	6,1	151
04	7,4	28,0	264
05	9,6	34,4	280

Welche größenmäßigen Einstufungen gelten für die einzelnen Jahre und welche Rechtsfolgen sind hiermit verbunden?

Seite 170

Neben den handelsrechtlichen Vorschriften gelten für einzelne Rechtsformen noch spezialgesetzliche Bestimmungen. So kommen bei **Kapitalgesellschaften** zusätzlich Regelungen des AktG bzw. des GmbHG zur Anwendung.

Einzelunternehmen und **Personengesellschaften mit einer natürlichen Person als Vollhafter** haben ebenfalls bestimmte Vorschriften aus dem 2. Abschnitt des Dritten Buchs des HGB zu beachten, sofern sie dem PublG unterliegen (§ 5 Abs. 1 i. V. mit § 3 Abs. 1 Nr. 1 PublG). Voraussetzung hierfür ist, dass an drei aufeinanderfolgenden Abschlussstichtagen jeweils mindestens zwei der drei nachstehenden Merkmale zutreffen. Folgende Schwellwerte sind derzeit maßgebend:

Bilanzsumme	> 65 Mio. €
Umsatzerlöse	> 130 Mio. €
durchschnittliche Zahl der Arbeitnehmer	> 5.000

Prüfen Sie, welche Rechnungslegungsvorschriften von nachfolgenden Unternehmen zu beachten sind:

Fall	Unternehmensstruktur	Größenmerkmale
1	OHG mit den Gesellschaftern Peter und Paul	Bilanzsumme = 12 Mio € Umsatzerlöse = 28 Mio € Arbeitnehmer = 73
2	GmbH & Co. KG mit Adam als Kommanditist und alleinigem Gesellschafter der Komplementär-GmbH	Bilanzsumme = 92 Mio € Umsatzerlöse = 234 Mio € Arbeitnehmer = 310
3	Konzernzugehörige GmbH & Co. KG, die die Voraussetzungen des § 264b HGB erfüllt	Bilanzsumme = 64 Mio € Umsatzerlöse = 138 Mio € Arbeitnehmer = 96
4	Konzernzugehörige GmbH & Co. KG, die die Voraussetzungen des § 264b HGB nicht erfüllt	Bilanzsumme = 56 Mio € Umsatzerlöse = 108 Mio € Arbeitnehmer = 67
5	Börsennotierte Aktiengesellschaft	Bilanzsumme = 11 Mio € Umsatzerlöse = 36 Mio € Arbeitnehmer = 54

Seite 170

Mit der rechtsform- und größenabhängigen Klassifizierung sind unterschiedliche Konsequenzen für Aufstellung, Prüfung und Publizität des Jahresabschlusses verbunden. Die einzelnen Auswirkungen fasst nachstehende Übersicht zusammen:

	Einzelunternehmen/Personengesellschaft mit natürlicher Person als Vollhafter		Kapitalgesellschaft/Personengesellschaft ohne natürliche Person als Vollhafter		
	nicht PublG unterliegend	PublG unterliegend	klein	mittel-groß	groß
Aufstellung des Jahresabschlusses					
(1) *Bestandteile*					
– Bilanz/Gewinn- und Verlustrechnung	●	●	●	●	●
– Anhang			●	●	●
– Lagebericht				●	●
(2) *Frist*	ordnungsmäßiger Geschäftsgang [6-9 Monate] (§ 243 Abs. 3 HGB)	3 Monate (§ 5 Abs. 1 PublG)	6 Monate (§ 264 Abs. 1 Satz 3 HGB)	3 Monate (§ 264 Abs. 1 Satz 2 HGB)	
Prüfung des Jahresabschlusses		●		●	●
Offenlegung des Jahresabschlusses					
(1) *Unterlagen*					
– Bilanz		○	●	●	●
– Gewinn- und Verlustrechnung		○		○	●
– Anhang			○	○	●
– Lagebericht				●	●
– Bericht des Aufsichtsrats		●		●	●
– Ergebnisverwendung		○	●	●	●
(2) *Form*		Bundesanzeigerbekanntmachung und Handelsregistereinreichung (§ 9 Abs. 1 PublG)	Handelsregistereinreichung mit Hinweisbekanntmachung (§ 325 Abs. 1 Satz 2 HGB)	Bundesanzeigerbekanntmachung und Handelsregistereinreichung (§ 325 Abs. 2 HGB)	
(3) *Frist*		12 Monate (§ 9 Abs. 1 PublG)	12 Monate (§ 325 Abs. 1 HGB)		

Symbole: ● uneingeschränkte Anwendung
○ eingeschränkte Anwendung

Pflichtverletzungen bei Aufstellung bzw. Offenlegung des Jahresabschlusses und Lageberichts durch Unternehmen mit Haftungsbeschränkung sind mit folgenden Sanktionen belegt:

o **Verletzung der Aufstellungspflicht** (§ 335 HGB)
   Festsetzung von Zwangsgeld bis jeweils 5.000 €

o **Verletzung der Offenlegungspflicht** (§ 335a HGB)
   Festsetzung von Ordnungsgeld von mindestens 2.500 € und höchstens 25.000 €.

Das Zwangs- bzw. Ordnungsgeld wird von dem zuständigen Registergericht nur auf Antrag festgesetzt (§ 335 Satz 2 bzw. § 335a Satz 3 HGB). Antragsberechtigt ist jeder beliebige Dritte, so genanntes *Jedermannverfahren*. Ein einmal gestellter Antrag kann nicht zurückgenommen werden. Die Festsetzung von Zwangs- bzw. Ordnungsgeld kann auch mehrfach erfolgen.

5. Grundsätze ordnungsmäßiger Buchführung

5.1 Bedeutung und Bestimmung der GoB

Die handelsrechtliche Rechnungslegung hat nach Maßgabe der gesetzlichen Vorschriften sowie unter Beachtung der Grundsätze ordnungsmäßiger Buchführung (GoB) zu erfolgen. Hierauf wird u. a. verwiesen hinsichtlich

– Führung von (Handels-)Büchern (§ 238 Abs. 1 Satz 1, § 239 Abs. 4 Satz 1 HGB)
– Inventurvereinfachungsverfahren (§ 241 Abs. 1 Satz 2 und Abs. 2 HGB)
– Aufstellung des Jahresabschlusses (§ 243 Abs. 1 und § 246 Abs. 2 Satz 1 HGB)
– Bewertungsvereinfachungsverfahren (§ 256 HGB).

Auch im Rahmen der steuerlichen Gewinnermittlung wird ausdrücklich auf die handelsrechtlichen GoB Bezug genommen (so genannte *materielle Maßgeblichkeit* [§ 5 Abs. 1 Satz 1, § 6 Abs. 1 Nr. 2a Satz 1 EStG]).

Auch wenn einige handelsrechtliche Bestimmungen nach herrschender Meinung als GoB zu beurteilen sind, handelt es sich mangels einer allgemeinen inhaltlichen Definition jedoch um einen unbestimmten Rechtsbegriff. Dessen Verwendung bezweckt insbesondere:

– Erfassung nicht unter explizite Detailvorschriften fallender Einzelsachverhalte
– Möglichkeit der Rechtsfortbildung im Hinblick auf neue Erkenntnisse sowie technisch-ökonomische Entwicklungen
– Schließung von Gesetzeslücken bzw. Auslegung spezifischer Gesetzesvorschriften.

Zur inhaltlichen Bestimmung der rechtsformunabhängigen GoB kommen grundsätzlich folgende Methoden in Betracht:

❏ **induktive Methode**

Die Auslegung der GoB orientiert sich hierbei am Kaufmannsbrauch und am Gewohnheitsrecht. Für den Handelsbrauch sind die Anschauungen sowie das Verhalten ordentlicher und ehrenwerter Kaufleute maßgebend.

Neben der personellen Abgrenzung bereitet die Ermittlung der Ansichten der Bilanzierenden kaum lösbare praktische Probleme. Zudem sind die Betroffenen nicht neutral, sodass die Auslegung der GoB interessenabhängig wäre. Aus diesen Gründen wird die Anwendung der induktiven Methode heute allgemein abgelehnt.

❏ **deduktive Methode**

Nach dieser Methode sind die GoB aus den Zwecken der Buchführung und des Jahresabschlusses abzuleiten. Bei gegebenem Konsens über die Abschlussziele erfolgt die inhaltliche Ermittlung der GoB unter Beteiligung von Wissenschaft, Rechtsprechung, Bilanzierungspraxis und Gesetzgeber.

Eine wichtige Rolle als so genannter *Standard Setter* nimmt dabei auf nationaler Ebene das nach § 342 HGB gegründete DRSC ein. Die von diesem Gremium herausgegebenen Standards (DRS) beziehen sich nach der Gesetzesformulierung unmittelbar allein auf den Bereich der Konzernrechnungslegung. Bei Beachtung der betreffenden Regelungen besteht die Vermutung, dass die für den Konzernabschluss geltenden GoB eingehalten sind (§ 342 Abs. 2 HGB). Vom DRSC wird jedoch die analoge Anwendung für den Einzelabschluss ausdrücklich empfohlen. Insoweit erlangen die Rechnungslegungsstandards mittelbare Bedeutung.

Neben dem gesetzlich beauftragten DRSC ist das IDW als faktischer Standard Setter anzusehen. Die von dieser berufsständischen Organisation herausgegebenen Stellungnahmen zur Rechnungslegung (IDW RS) und Prüfungsstandards (IDW PS) sind von den Abschlussprüfern aus berufsrechtlichen Gründen zwingend einzuhalten. Hieraus ergeben sich indirekt Folgewirkungen für prüfungs- bzw. rechnungslegungspflichtige Unternehmen selbst.

5.2 Einzelelemente der GoB

Die aus den Jahresabschlusszwecken abgeleiteten GoB umfassen folgende Teilbereiche:

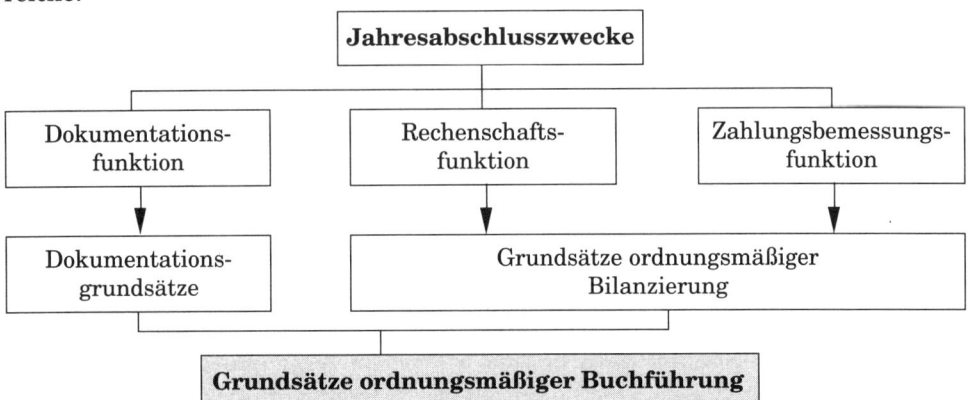

5.2.1 Dokumentationsgrundsätze

Die weitgehend kodifizierten Dokumentationsgrundsätze, auch als *GoB im engeren Sinne* bezeichnet, betreffen die sachgerechte buchmäßige Erfassung der Geschäftsvorfälle. Hierdurch soll eine zuverlässige Grundlage für die Erstellung des Jahresabschlusses geschaffen werden.

Zu unterscheiden ist zwischen materieller und formeller Ordnungsmäßigkeit.

5.2.1.1 Materielle Ordnungsmäßigkeit

Die materielle Ordnungsmäßigkeit wird insbesondere durch folgende Grundsätze bestimmt:

❏ **systematischer Aufbau der Buchführung**

Die Buchführung muss – unabhängig von ihrer Art und Form – eine formal korrekte Erfassung und Dokumentation aller buchungspflichtigen Vorgänge gewährleisten. Grundlegende Bedeutung kommt dabei dem Kontenrahmen sowie dem daraus abgeleiteten Kontenplan zu.

❏ **Richtigkeit und Vollständigkeit** (§ 239 Abs. 2 HGB; § 146 Abs. 1 Satz 1 AO)

Die Aufzeichnung der Geschäftsvorfälle hat mit dem jeweils abzubildenden Tatbestand dem Grunde nach (= qualitativ) wie auch der Höhe nach (= quantitativ) übereinzustimmen.

Qualitative Richtigkeit bezieht sich darauf, dass die einzelnen Vorgänge ihrem tatsächlichen Inhalt entsprechend verbucht werden, und zwar nach Maßgabe der Buchungs- und Kontierungsanweisungen auf sachlich zutreffenden Konten. Quantitative Richtigkeit betrifft die Erfassung mit dem tatsächlichen Betrag.

Vollständigkeit beinhaltet die lückenlose und uneingeschränkte Berücksichtigung aller buchungspflichtigen Sachverhalte in chronologischer Reihenfolge. Nicht stattgefundene Geschäftsvorfälle dürfen folglich nicht aufgezeichnet werden (**Verbot fiktiver Buchungen**).

❏ **zeitnahe und geordnete Eintragungen** (§ 239 Abs. 2 HGB; § 146 Abs. 1 Satz 1 AO)

Eine zeitgerechte Erfassung liegt vor, wenn realisierte Geschäftsvorfälle unverzüglich, d. h. ohne schuldhafte Verzögerung, gebucht werden. Die Frage der zeitlichen Nähe der Erfassung ist dabei vom jeweiligen Sachverhalt abhängig. So sollen Kassenbewegungen täglich festgehalten werden (§ 146 Abs. 1 Satz 2 AO).

❏ **Belegprinzip** (§ 238 Abs. 1 Satz 3 HGB; § 145 Abs. 1 Satz 2 AO)

Damit Entstehung und Abwicklung der Geschäftsvorfälle nachvollzogen werden können, darf keine Buchung ohne entsprechenden Beleg erfolgen. Zu jeder Buchung gehört ebenso ein Beleg wie zu jedem Beleg eine Buchung. Folglich fungiert der Beleg als Bindeglied zwischen Geschäftsvorfall und Buchung.

5.2.1.2 Formelle Ordnungsmäßigkeit

Nachstehende Grundsätze determinieren im Wesentlichen die formelle Ordnungs-mäßigkeit:

❑ **Verständlichkeit**

Die Buchführung muss durch einen sachverständigen Dritten innerhalb ange-messener Zeit nachvollzogen werden können (§ 238 Abs. 1 Satz 2 HGB; § 145 Abs. 1 Satz 1 AO). Semantische Verständlichkeit wird erreicht durch Verwendung einer lebenden Sprache für die Buchungen und die sonst erforderlichen Aufzeich-nungen (§ 239 Abs. 1 HGB; § 146 Abs. 3 AO).

❑ **Unveränderlichkeit der Aufzeichnungen** (§ 239 Abs. 3 HGB; § 146 Abs. 4 AO)

Buchungen und Aufzeichnungen müssen vor nachträglichen Änderungen ge-schützt werden, damit der ursprüngliche Inhalt nicht mehr verändert werden kann. Fehlerhafte Buchungen sind durch Stornierungen oder Neubuchungen zu korrigieren.

❑ **Beachtung der Aufbewahrungsfristen**

Maßgebend sind nach § 257 HGB bzw. § 147 AO folgende Aufbewahrungfristen:

Bücher, Inventare, Eröffnungsbilanzen, Jahresabschlüsse, Lageberichte sowie die zu ihrem Verständnis erforderlichen Arbeitsanweisungen und sonstigen Organisationsunterlagen	10 Jahre
Buchungsbelege	
Handels- oder Geschäftsbriefe	6 Jahre
sonstige für steuerliche Zwecke bedeutsame Unterlagen	

Die jeweilige Frist beginnt mit dem Schluss des Kalenderjahrs, in dem der Sachver-halt verwirklicht ist, der eine Aufbewahrungspflicht auslöst (§ 257 Abs. 4 HGB; § 147 Abs. 4 AO).

Zur Überprüfung der Beachtung der Dokumentationsgrundsätze bedarf es eines funktionierenden internen Kontrollsystems. Hierdurch soll die Zuverlässigkeit und Ordnungsmäßigkeit des Rechnungswesens gewährleistet und das Unternehmens-vermögen gesichert werden.

5.2.2 Grundsätze ordnungsmäßiger Bilanzierung

Diese Grundsätze regeln Ansatz, Bewertung sowie Ausweis der Bilanzposten. Folgende Subsysteme sind zu unterscheiden:

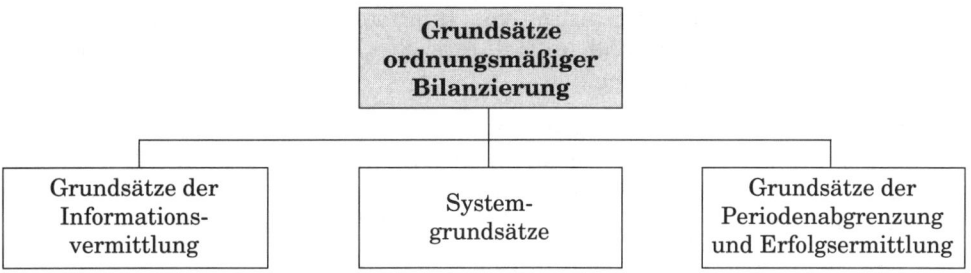

5.2.2.1 Grundsätze der Informationsvermittlung

Buchführung und Jahresabschluss haben als Instrumente zur Abbildung des betrieblichen Geschehens den generellen Anforderungen jeder Informationsvermittlung zu entsprechen. Die diesbezüglich maßgebenden so genannten *Rahmengrundsätze* sind größtenteils gesetzlich geregelt und umfassen im Einzelnen:

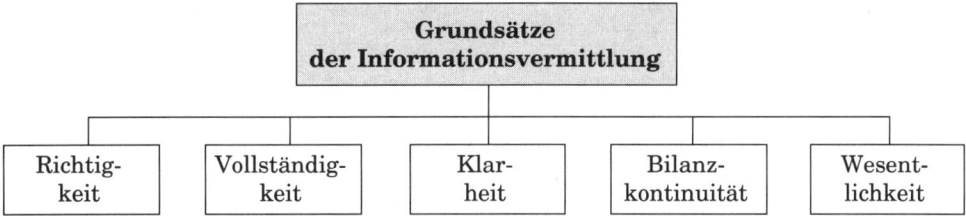

❑ **Richtigkeit**

Dieser Grundsatz beinhaltet nicht die Forderung nach absoluter Richtigkeit. Erreicht werden soll vielmehr eine objektive, d. h. auf intersubjektiv nachprüfbaren Regelungen beruhende Darstellung des betrieblichen Geschehens.

So ist der Jahresabschluss nach den GoB aufzustellen (§ 243 Abs. 1, § 264 Abs. 2 Satz 1 HGB). Dementsprechend müssen die kodifizierten sowie die nicht kodifizierten, aber allgemein anerkannten GoB und die übrigen Rechnungslegungsnormen beachtet werden.

Im Rahmen der Bewertung gegebenenfalls vorzunehmende Schätzungen haben innerhalb objektiv bestimmbarer Grenzen zu erfolgen. Zu diesem Zweck bedarf es einer Dokumentation der vom Bilanzierenden für sachlich zutreffend gehaltenen Annahmen.

❑ **Vollständigkeit** (§ 239 Abs. 2, § 246 Abs. 1 HGB)

Nach dem Vollständigkeitsgrundsatz müssen sämtliche Bilanzpositionen der Berichtsperiode erfasst werden. Dabei sind die zum Abschlussstichtag gegebenen Verhältnisse zu Grunde zu legen, so genanntes *Stichtagsprinzip* (§ 252 Abs. 1 Nr. 3 und 4 HGB).

Fraglich ist die Berücksichtigung von Informationen, die in der Zeitspanne zwischen Bilanzstichtag und Aufstellungszeitpunkt erlangt werden. Folgende zwei Fälle sind zu unterscheiden:

○ **wertaufhellende Informationen**
Diese beziehen sich auf objektiv gegebene Sachverhalte des abgelaufenen Geschäftsjahrs. In der nachfolgenden Periode erworbene bessere Kenntnisse sind bei der Bilanzerstellung für das Vorjahr zu berücksichtigen.

○ **wertbegründende Informationen**
Diese betreffen Ereignisse nach dem Bilanzstichtag und sind dem neuen Geschäftsjahr zuzuordnen. In dem für den vorhergehenden Zeitraum zu erstellenden Abschluss finden derartige Informationen folglich keinen Niederschlag.

Die Abgrenzung zwischen wertaufhellenden und wertbegründenden Informationen wird nachfolgend veranschaulicht:

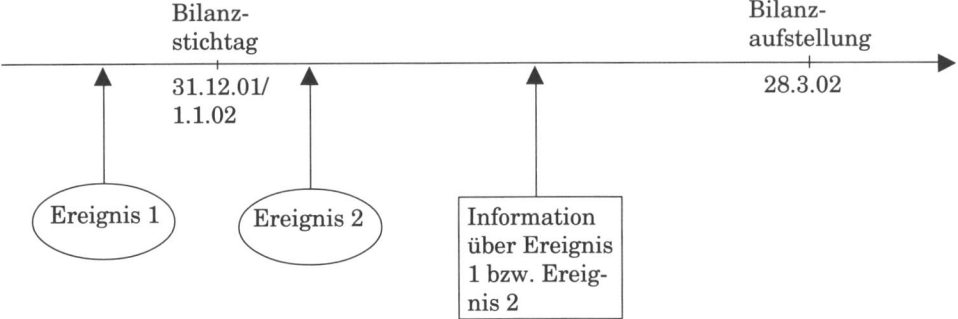

	Ereignis 1	**Ereignis 2**
Ereigniseintritt	vor Bilanzstichtag	nach Bilanzstichtag
Informationszugang	nach Bilanzstichtag, vor Bilanzaufstellung	
bilanzielle Konsequenz	als wertaufhellendes Ereignis Berücksichtigung im Abschluss 01	als wertbegründendes Ereignis keine Berücksichtigung im Abschluss 01

 Der Abschluss zum 31.12.01 wird am 30.4.02 aufgestellt. Im Rahmen der Jahresabschlussarbeiten werden folgende Informationen erlangt:

(1) Mängelrügen von Kunden an im abgelaufenen Geschäftsjahr ausgelieferten Erzeugnissen.

  2) Mängelrügen von Kunden an im neuen Geschäftsjahr ausgelieferten Erzeugnissen.

  (3) Zum Ende des abgelaufenen Geschäftsjahrs wird bei einem Schuldner das Insolvenzverfahren eröffnet. Hierdurch kommt es im Jahr 02 zu einem Forderungsausfall.

  (4) Forderungsbegleichung im Februar 02 durch einen Schuldner mit stockendem Zahlungsverhalten, nachdem dieser im Januar 02 eine Schenkung erhalten hat.

  (5) Infolge der durch eine Flutkatastrophe am 25.1.02 ausgelösten Schäden wird ein bis dahin wirtschaftlich erfolgreicher Abnehmer Anfang März 02 insolvent. Die zum 31.12.01 bestehenden Kundenforderungen werden damit uneinbringlich.

  (6) Am 6.1.02 werden die seit mehreren Monaten geführten Verhandlungen über Anlagenlieferungen an einen ausländischen Abnehmer erfolgreich abgeschlossen. Die zum Jahresende 01 bereits fertigen Anlagen werden im März 02 ausgeliefert.

  Prüfen Sie, ob es sich um wertaufhellende oder wertbegründende Informationen handelt und in welcher Periode die bilanzielle Berücksichtigung zu erfolgen hat.

Seite 170

❏ **Klarheit** (§ 243 Abs. 2 HGB)

Die Informationsvermittlung muss verständlich erfolgen. Hierzu tragen eindeutige inhaltliche Postenbezeichnungen und eine übersichtliche Abschlussgliederung bei.

Nach dem so genannten *Bruttoprinzip* dürfen einzelne Positionen der Bilanz bzw. der Gewinn- und Verlustrechnung nicht miteinander verrechnet werden (§ 246 Abs. 2 HGB).

⓪ 7

Ein Kaufmann hat zum Bilanzstichtag Forderungen aus Lieferungen und Leistungen in Höhe von 51.000 € und Forderungen gegen Unternehmen, mit denen ein Beteiligungsverhältnis besteht, in Höhe von 28.000 €.

Beurteilen Sie folgende alternativen Bilanzausweise nach den Grundsätzen der Richtigkeit und Klarheit:

(1) Forderungen aus Lieferungen und Leistungen 79.000 €

(2) Forderungen 79.000 €

(3) Forderungen 84.000 €

(4) Forderungen aus Lieferungen und Leistungen 51.000 €; Forderungen gegen Unternehmen, mit denen ein Beteiligungsverhältnis besteht, 28.000 €.

Seite 170

❑ **Bilanzkontinuität** (§ 252 Abs. 1 Nr. 1 und Nr. 6, § 265 Abs. 1 HGB)

Dieser Grundsatz umfasst folgende Teilelemente:

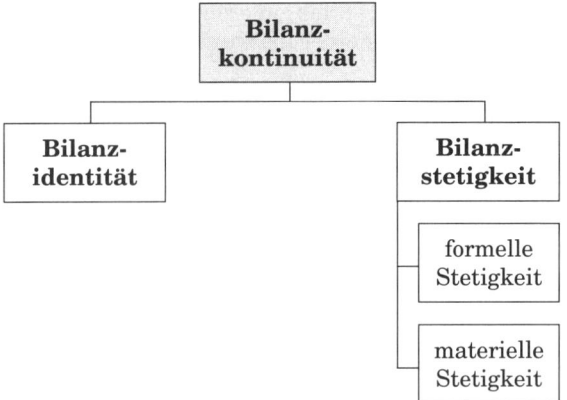

○ **Bilanzidentität** (§ 252 Abs. 1 Nr. 1 HGB)
Entsprechend dem System der doppelten Buchführung ist die Schlussbilanz einer Abrechnungsperiode mit der Eröffnungsbilanz der Folgeperiode identisch. Hierdurch wird gewährleistet, dass sämtliche während der Unternehmensdauer eintretenden Vermögensänderungen erfasst werden. Insofern besteht ein enger Zusammenhang mit dem Vollständigkeitsgrundsatz.

○ **Bilanzstetigkeit**
Bilanzen geben Informationen über eine bestimmte Abrechnungsperiode. Bei Annahme einer unbefristeten Unternehmensfortführung muss die formelle und materielle Vergleichbarkeit der im Zeitablauf erstellten Abschlüsse gewährleistet werden.

Die **formelle Stetigkeit** betrifft vor allem die Beibehaltung der Darstellungsform – also Bezeichnung, Gliederung und Ausweis der Jahresabschlussposten. Für Kapitalgesellschaften und Personengesellschaften i. S. des § 264a HGB ergibt sich diese so genannte *Ausweisstetigkeit* explizit aus § 265 Abs. 1 HGB.

Ferner ist der Abschluss grundsätzlich für identische Zeiträume jeweils zum gleichen Zeitpunkt aufzustellen. Für Unternehmen mit Haftungsbeschränkung ist die Angabe vergleichbarer Vorjahreswerte zwingend (§ 265 Abs. 2 HGB).

Die **materielle Stetigkeit** bezieht sich zum einen auf die Beibehaltung angewandter Bewertungsmethoden, so genannte *Bewertungsstetigkeit*. Aus Vergleichbarkeitsgründen sind art- und funktionsgleiche Gegenstände regelmäßig nach gleichen Methoden zu bewerten (§ 252 Abs. 1 Nr. 6 HGB). Von diesem Grundsatz darf nur ausnahmsweise abgewichen werden (§ 252 Abs. 2 HGB). Daher stellt obige Regelung – entgegen dem Wortlaut – keine Soll-, sondern eine Muss-Bestimmung dar.

Zum anderen sind die Wertansätze der Bilanzposten bei ansonsten unveränderten Verhältnissen beizubehalten bzw. in gleicher Weise fortzuführen, so genannte *Wertstetigkeit.* Werterhöhungen über den letzten Bilanzansatz hinaus sind grundsätzlich unzulässig. In den gesetzlich vorgesehenen Fällen der Durchbrechung dieses Prinzips des Wertzusammenhangs bilden die Anschaffungs- oder Herstellungskosten die absolute Obergrenze für Zuschreibungen (= Wertaufholungen).

Den Zusammenhang zwischen Bilanzidentität und Bilanzstetigkeit veranschaulicht nachstehende Abbildung:

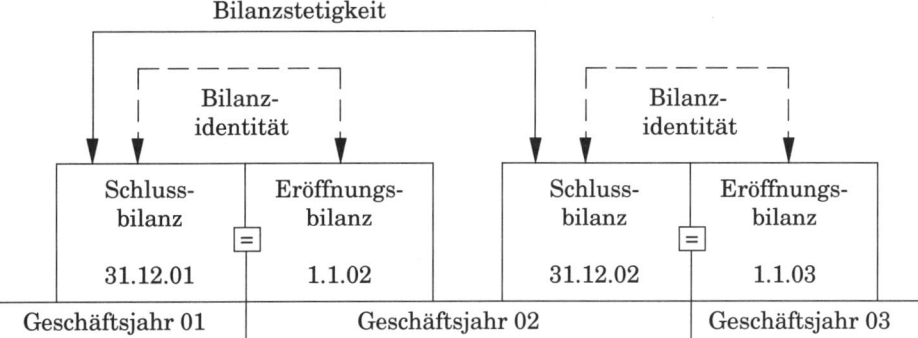

❑ **Wesentlichkeit (materiality)**

Der handelsrechtliche Jahresabschluss dient hauptsächlich der Vermittlung von Informationen. Nach dem Wirtschaftlichkeitsprinzip muss mithin dem Informationsnutzen für den Empfänger der Informationsaufwand für den Bilanzierenden gegenübergestellt werden.

Als Maßstab dient dabei der Grundsatz der Wesentlichkeit. Unwesentliche Informationen dürfen vernachlässigt, verkürzt oder verdichtet werden. Entscheidend ist stets die Bedeutung einer Information für die Erreichung des angestrebten Zwecks.

In der Praxis erweist sich dieser Grundsatz als äußerst problematisch. So ist der individuelle Nutzen von Informationen für die einzelnen Bilanzadressaten höchst unterschiedlich zu bewerten und zudem schwer messbar.

Zwischen dem Erfordernis der Wirtschaftlichkeit und dem Grundsatz der Klarheit besteht eine Wechselbeziehung. Zusätzliche Angaben erhöhen zwar den Aussagegehalt von Informationen, beeinträchtigen jedoch die Übersichtlichkeit.

5.2.2.2 Systemgrundsätze

Die nachfolgenden Systemgrundsätze sind generelle Regelungen mit übergreifender Geltung für die anderen GoB. Hierdurch soll ein in sich geschlossenes Zusammenwirken der Einzelelemente erreicht werden. Als Systemgrundsätze sind anzuführen:

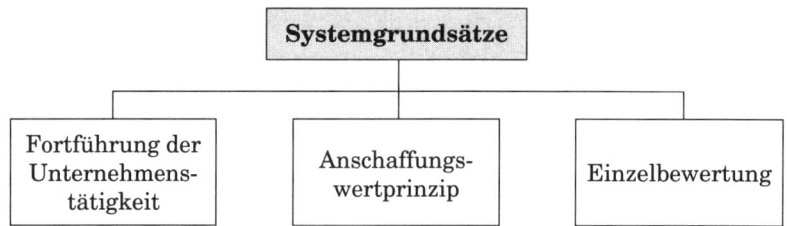

❑ **Fortführung der Unternehmenstätigkeit [going concern]**
(§ 252 Abs. 1 Nr. 2 HGB)

Bei der Bewertung ist grundsätzlich von der Fortführung der Unternehmenstätigkeit auszugehen. Sachverhalte sind damit nach Maßgabe ihrer Beziehung zum wirtschaftlich aktiven Unternehmen zu beurteilen. Solange keine gegenteiligen Erkenntnisse vorliegen, scheidet die Berücksichtigung von Liquidations- oder Veräußerungswerten aus.

❑ **Anschaffungswertprinzip (Pagatorik)**

Aus Gründen der Objektivierung werden im Jahresabschluss nur mit Zahlungsvorgängen verbundene Geschäftstransaktionen berücksichtigt. Ein- bzw. Auszahlungen sind geeignete intersubjektiv nachvollziehbare Abbildungsmaßstäbe. Dementsprechend gehen kalkulatorische Elemente, denen keine Zahlungen zugrundeliegen, nicht in die Handelsbilanz ein.

Einzelne Bilanzpositionen sind höchstens mit den tatsächlich bereits geleisteten oder künftig zu leistenden Zahlungen anzusetzen. Eine darüber hinausgehende Bewertung, z. B. aufgrund gestiegener Wiederbeschaffungspreise, wäre mit dem Anschaffungswertprinzip nicht vereinbar und ist daher ausgeschlossen. Die handelsrechtliche Rechnungslegung basiert damit auf dem *Nominalwertprinzip*. Dabei wird Geldwertstabilität unterstellt (Grundsatz: 1 Euro = 1 Euro).

❑ **Einzelbewertung** (§ 252 Abs. 1 Nr. 3 HGB)

In der Bilanz sind generell alle Vermögensgegenstände und Schulden einzeln zu bewerten, d. h. ohne Saldierung mit anderen gleichartigen oder korrespondierenden Positionen. Es erfolgt keine Gesamtbewertung des Unternehmens.

Der Grundsatz der Einzelbewertung wird aus Wirtschaftlichkeitsgründen durchbrochen, u. a. im Falle der

– Fest- bzw. Gruppenbewertung (§ 240 Abs. 3 und 4 HGB)
– Sammelbewertung von Vermögensgegenständen (§ 256 HGB).

5.2.2.3 Grundsätze der Periodenabgrenzung und Erfolgs-ermittlung

Der Jahresabschluss stellt die wirtschaftliche Entwicklung eines Unternehmens für einen festgelegten Zeitraum (= Geschäftsjahr) dar. Bezogen auf die Gesamtlebensdauer eines Unternehmens handelt es sich hierbei lediglich um einen bestimmten Detailausschnitt. Aufgrund der periodenweisen Rechnungslegung werden Regeln für die Erfolgserfassung sowie die zeitliche Zuordnung von Geschäftsvorfällen benötigt. Die nachfolgenden Grundsätze tragen den Informations- und Zahlungsbemessungsaufgaben der Bilanz Rechnung:

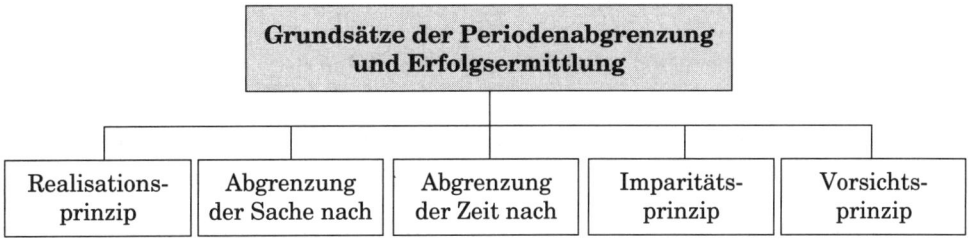

❑ **Realisationsprinzip** (§ 252 Abs. 1 Nr. 4 HGB)

Das Realisationsprinzip legt den Zeitpunkt fest, zu dem der aus einem Geschäft resultierende (positive oder negative) Ergebnisbeitrag als erzielt gilt. Dann tritt an die Stelle der bis dahin maßgebenden Anschaffungs- oder Herstellungskosten die Bewertung mit dem Verkaufs- bzw. Marktpreis.

Bei Liefergeschäften sind diesbezüglich folgende Kriterien ausschlaggebend (vgl. im Einzelnen *Leffson*, S. 265 ff.):

– Kaufvertrag ist geschlossen
– geschuldete Lieferung ist erbracht
– Gegenstand ist aus dem Verfügungsbereich des liefernden Unternehmens ausgeschieden
– Abrechnungsfähigkeit ist gegeben.

Der Zeitpunkt der Ergebnisrealisierung richtet sich also danach, wann eine Leistung wirtschaftlich als erbracht anzusehen ist. Auf die Erfüllung des schuldrechtlichen Anspruchs durch Zahlung kommt es hingegen nicht an.

❑ **Abgrenzung der Sache nach**

Das Realisationsprinzip, das sich auf die Abgrenzung der durch Leistungserbringung am Markt erzielten Ergebnisse bezieht, wird durch den Grundsatz der Abgrenzung der Sache nach ergänzt. Hiernach sind den realisierten Erträgen die zu ihrer Erzielung erforderlichen Aufwendungen gegenüberzustellen. Maßgebend ist dabei ein finaler Zusammenhang.

Ausgaben für noch nicht abgesetzte Leistungen sind durch Aktivierung ergebnismäßig zu neutralisieren.

❏ **Abgrenzung der Zeit nach**

Erträge bzw. Aufwendungen, die weder nach dem Realisationsprinzip noch der Sache nach zugeordnet werden können, sind zeitlich in der Periode ihres Anfalls bzw. ihrer Entstehung zu erfassen. Dabei erfolgt die Abgrenzung unabhängig vom jeweiligen Zahlungszeitpunkt (§ 252 Abs. 1 Nr. 5 HGB).

Im Einzelnen gilt:

o **zeitraumbezogene Beträge** (z. B. Mieten oder Zinsen)
   sind zeitanteilig (pro rata temporis) den betreffenden Geschäftsjahren zuzuordnen

o **außerordentliche Beträge**
   sind als nicht aus der eigentlichen Geschäftstätigkeit resultierende Größen in der Periode zu berücksichtigen, in der sie anfallen

o **aperiodische Beträge**
   sind als einer früheren Periode zuzuordnende Beträge in dem Jahr zu erfassen, in dem sie bekannt werden.

❏ **Imparitätsprinzip** (§ 252 Abs. 1 Nr. 4 1. Halbsatz HGB)

Der Jahresabschluss ist stets auch ein Instrument zur Regelung finanzieller Ansprüche. Dabei wird der Forderung nach Erhaltung des unternehmerischen Vermögens aus Gründen des Gläubigerschutzes besondere Bedeutung beigemessen. Hieraus erklärt sich die nach dem Imparitätsprinzip zwingende Berücksichtigung von in der Berichtsperiode verursachten, am Abschlussstichtag jedoch noch nicht eingetretenen negativen Ergebnisbeiträgen.

Während also positive Ergebnisse erst bei ihrer Realisierung am Markt bilanziell erfasst werden dürfen, sind erkennbare künftige Verluste aus eingeleiteten oder abgeschlossenen Geschäften zu antizipieren. Damit ist eine Verringerung des ausgewiesenen Ergebnisses sowie der hieran anknüpfenden Zahlungen verbunden.

Hinsichtlich des allgemeinen Unternehmerrisikos aufgrund (bedingt) vorhersehbarer Ereignisse (z. B. Konjunkturrückgänge, Marktveränderungen) bzw. unvorhersehbarer Ereignisse (= Fälle höherer Gewalt, wie z. B. Brandschäden, Flutkatastrophen) ist durch Bildung von Rücklagen Vorsorge zu treffen.

Die unterschiedliche bilanzielle Berücksichtigung von Risiken ist in nachfolgender Abbildung dargestellt (vgl. *Schulte*, S. 63):

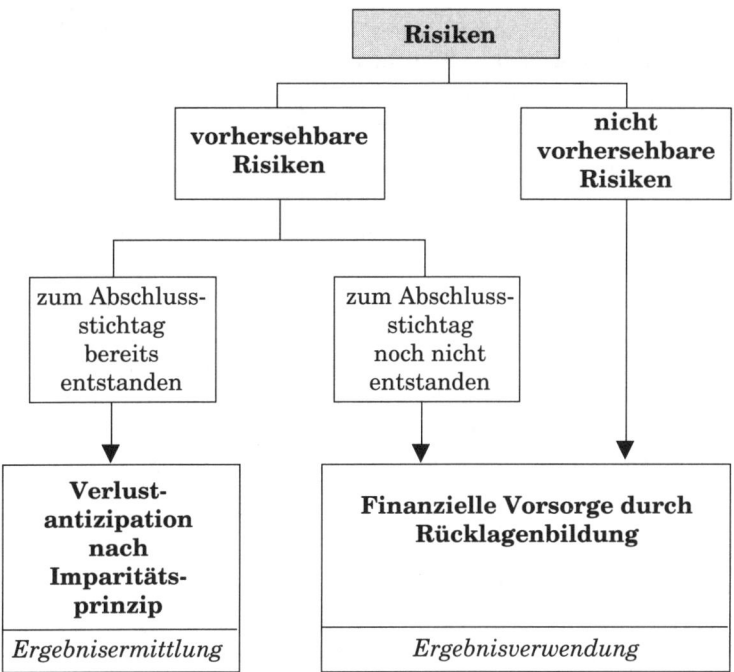

Steuerlich stand das Imparitätsprinzip im Zuge von Gegenfinanzierungs-
maßnahmen in den letzten Jahren wiederholt in der Diskussion. Mit Verweis auf
eine Objektivierung der steuerlichen Gewinnermittlung bzw. eine Verbreiterung
der Bemessungsgrundlage kam es zu wesentlichen Einschränkungen des
Imparitätsprinzips. Hiermit sind - weitere - grundlegende Abweichungen zwischen Handels- und Steuerbilanz verbunden.

❑ **Vorsichtsprinzip** (§ 252 Abs. 1 Nr. 4 1. Halbsatz HGB)

Mit dem Imparitätsprinzip in engem Zusammenhang steht als Regelung zur
Ergebnisermittlung der Grundsatz der Vorsicht. Danach hat der Kaufmann den
Wert seiner Vermögensgegenstände und Schulden vorsichtig zu bewerten.

Bedeutung erlangt dieses Prinzip bei der Bestimmung von Schätzgrößen. Aus
einem Schätzintervall ist der wahrscheinlichste, nicht zwangsläufig der ungüns-
tigste Wert heranzuziehen. So soll die Legung stiller Reserven durch beliebige
Unterbewertungen von Aktiva bzw. Überbewertungen von Passiva verhindert
werden.

08

Ordnen Sie folgenden Aussagen jeweils einen kodifizierten Grundsatz ordnungsmäßiger Buchführung zu:

(1) In der Bilanz sind sämtliche Vermögensgegenstände und Schulden des Unternehmens zu berücksichtigen.

(2) Sachlich unterschiedliche Posten dürfen nicht zusammengefasst und in einer Position ausgewiesen werden.

(3) Für aufeinanderfolgende Abschlüsse ist die Darstellungsform beizubehalten.

(4) Bei der Bewertung ist von einem zeitlich nicht befristeten Unternehmensbestand auszugehen.

(5) Die Wertansätze in der Eröffnungsbilanz eines Geschäftsjahrs müssen mit den Wertansätzen der Schlussbilanz des vorhergehenden Jahrs übereinstimmen.

(6) Angewandte Bewertungsmethoden sind im Zeitablauf grundsätzlich beizubehalten.

Seite 171

09

Erläutern Sie folgende Begriffe des Grundlagenteils:

- Bilanz
- Bilanzarten
- Bilanzversionen
- Bilanzadressaten
- Bilanzzwecke
- Maßgeblichkeitsprinzip
- Jahresabschluss
- Kaufmann
- Inventar
- Inventur
- Inventurzeitpunkte
- Inventurverfahren
- Geschäftsjahr
- Grundsätze ordnungsmäßiger Buchführung (GoB)
- Standard Setter
- Deutsches Rechnungslegungs Standards Committee e.V. DRSC
- Dokumentationsgrundsätze
- Belegprinzip
- Grundsätze ordnungsmäßiger Bilanzierung
- Stichtagsprinzip

- Wertaufhellende Informationen
- Wertbegründende Informationen
- Bruttoprinzip
- Bilanzidentität
- Bilanzstetigkeit
- Wertzusammenhang
- Wesentlichkeitsgrundsatz (materiality)
- Systemgrundsätze
- Grundsatz der Fortführung der Unternehmenstätigkeit (going concern)
- Anschaffungswertprinzip (Pagatorik)
- Nominalwertprinzip
- Einzelbewertungsgrundsatz
- Realisationsprinzip
- Abgrenzung der Sache nach
- Abgrenzung der Zeit nach
- Imparitätsprinzip
- Vorsichtsprinzip

Seite 171

B. Bilanz

1. Bilanzierungskonzeption

Bei der Bilanzierung sind drei grundlegende Bereiche zu unterscheiden:

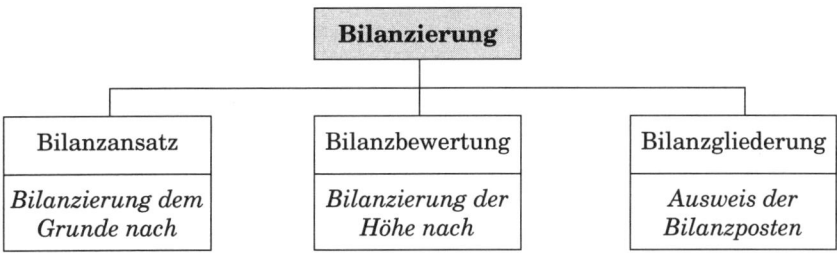

1.1 Bilanzansatz

Im Rahmen dieses Teilbereichs ist die Frage der Bilanzierungsfähigkeit zu klären, d. h. welche Objekte oder Vorgänge in der Bilanz abzubilden sind. Bei Posten der Aktivseite geht es um Aktivierungsfähigkeit, bei Passivposten dementsprechend um Passivierungsfähigkeit.

Die Beurteilung der Bilanzierungsfähigkeit knüpft an generelle und einzelfallbezogene Voraussetzungen:

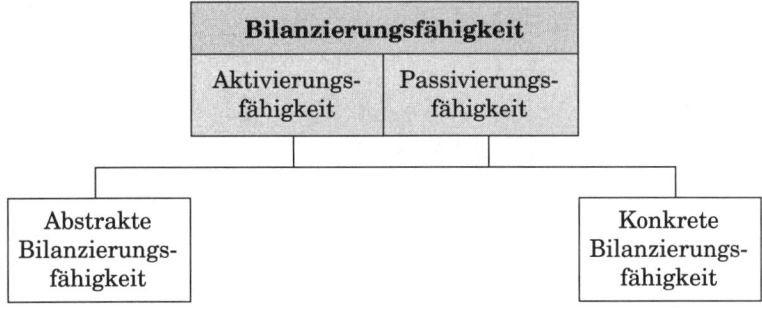

Die nachfolgenden Ausführungen beziehen sich ausschließlich auf die – den Inhalt der Bilanz prägenden – Vermögensgegenstände und Schulden; in der Terminologie des Steuerrechts handelt es sich um (positive und negative) Wirtschaftsgüter.

Auf die anderen Bilanzposten wird erst an späterer Stelle eingegangen.

1.1.1 Abstrakte Bilanzierungsfähigkeit

Die abstrakte Bilanzierungsfähigkeit knüpft an folgende Voraussetzungen:

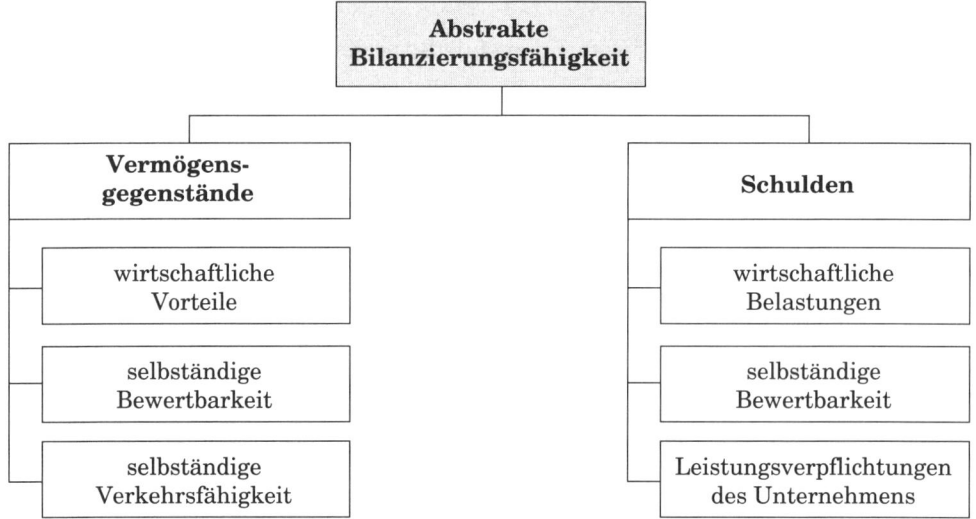

1.1.1.1 Vermögensgegenstände

Der Begriff der Vermögensgegenstände ist im Gesetz nicht definiert. Einzelne Arten von Vermögensgegenständen werden in folgenden Regelungen angeführt:

§ 240 Abs. 1 HGB
Grundstücke
Forderungen
Betrag des baren Geldes
sonstige Vermögensgegenstände

§ 247 Abs. 1 HGB
Anlagevermögen
Umlaufvermögen

Unter Berücksichtigung dieser Regelungen sowie der allgemeinen GoB sind nachstehende Merkmale für die abstrakte Bilanzierungsfähigkeit maßgebend:

❑ **wirtschaftliche Vorteile**

Zu aktivieren sind Sachen und Rechte i. S. des Bürgerlichen Rechts sowie sonstige wirtschaftliche Vorteile (z.B. Erfindungen, know how). Hierin spiegeln sich künftige Nutzenpotenziale für das Unternehmen wider.

❑ **selbständige Bewertbarkeit**

Aus dem Grundsatz der Einzelbewertung folgt der Ansatz jedes einzelnen Vermögensgegenstands mit einem eigenen, von anderen Positionen unterscheidbaren Wert. Dieser resultiert aus der Zurechnung abgrenzbarer Aufwendungen.

❑ **selbständige Verkehrsfähigkeit**

Dieses Merkmal ist erfüllt, wenn ein einzelner Vermögensgegenstand im Rechtsverkehr gegen Entgelt übertragen werden kann. Aus Gründen des Gläubigerschutzes kommt nur einem bei Einzelveräußerung erzielbaren Erlös Bedeutung zu.

Vermögensgegenstände können folgendermaßen klassifiziert werden:

Merkmal	Vermögenskategorien		
Zweckbestimmung	Anlagevermögen		Umlaufvermögen
Art	immateriell		materiell
Nutzungspotenzial	nicht abnutzbar		abnutzbar
örtliche Einsatzmöglichkeit	unbeweglich		beweglich
Erwerbsform	Anschaffung	Herstellung	unentgeltlicher Erwerb

Diese Einteilungen haben Bedeutung

o **in materieller Hinsicht**
für die je nach Zuordnung unterschiedlichen Bilanzierungs- und Bewertungsvorschriften

o **in formeller Hinsicht**
für den Bilanzausweis.

1.1.1.2 Schulden

Im Gesetz fehlt gleichfalls eine Definition des Begriffs der Schulden. Diese Bilanzkategorie ist – in Analogie zu den Vermögensgegenständen – durch folgende Kriterien gekennzeichnet:

❑ **wirtschaftliche Belastungen**

Diese können auf gegenwärtigen oder künftigen Ansprüchen und damit verbundenen Minderungen des Vermögens beruhen.

❑ **selbständige Bewertbarkeit**

Die jeweiligen Vermögensbelastungen sind mittels einzeln zuzuordnender Aufwendungen abgrenzbar und damit selbständig bewertbar. Es handelt sich hierbei nicht um Bestandteile des allgemeinen Unternehmerrisikos.

❑ **Leistungsverpflichtungen des Unternehmens**

Neben bürgerlich-rechtlichen sind auch wirtschaftliche Verpflichtungen zu erfassen.

Schulden können wie folgt unterteilt werden:

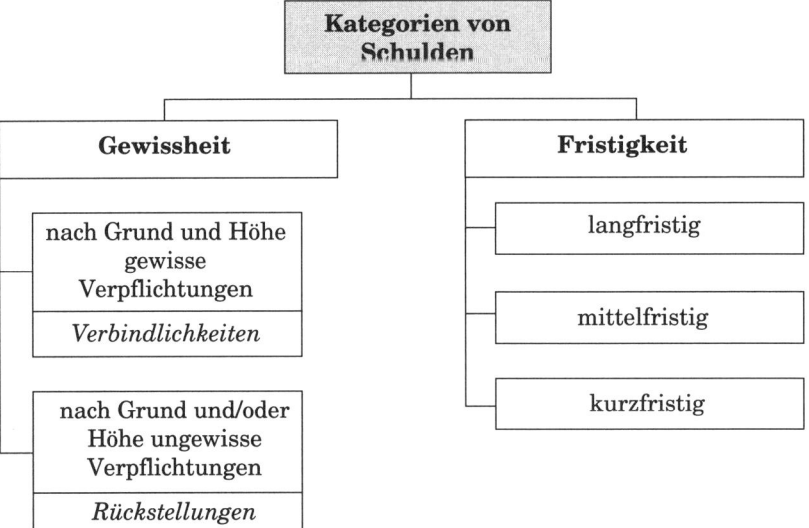

1.1.2 Konkrete Bilanzierungsfähigkeit

Bei gegebener abstrakter Bilanzierungsfähigkeit müssen zudem noch nachstehende einzelfallbezogene Voraussetzungen erfüllt werden, damit ein Posten in der Bilanz eines Kaufmanns zu berücksichtigen ist:

1.1.2.1 Persönliche Zuordnung

Der Kaufmann hat in Buchführung, Inventar und Bilanz *sein* Vermögen und *seine* Schulden zu erfassen (§ 238 Abs. 1 Satz 1, § 240 Abs. 1, § 242 Abs. 1 Satz 1 HGB). Die Bilanzierung erfordert im konkreten Fall also eine Zuordnung des betreffenden Objekts zur Person des Bilanzierenden. Dabei ist grundsätzlich das bürgerlich-rechtliche Eigentum maßgebend. Sofern jedoch rechtliches und wirtschaftliches Eigentum voneinander abweichen, erfolgt die Zurechnung nach dem wirtschaftlichen Eigentum (§ 246 Abs. 1 Satz 2 und 3 HGB; § 39 AO).

Folgende Tatbestandsmerkmale sind in diesem Zusammenhang ausschlaggebend (§ 39 Abs. 2 Nr. 1 AO):

– Ausübung der tatsächlichen Sachherrschaft
– auf Dauer
– wirtschaftliche Verfügungsmacht über die Substanz sowie den erzielten Ertrag.

Als wichtige Fälle, in denen rechtliches und wirtschaftliches Eigentum voneinander abweichen, sind insbesondere anzuführen:

❑ **Geschäfte unter Eigentumsvorbehalt**

   Der Verkäufer bleibt bei Lieferung unter Eigentumsvorbehalt bis zur endgültigen Bezahlung zivilrechtlicher Eigentümer. Der Erwerber (Vorbehaltskäufer) erlangt jedoch die wirtschaftliche Verfügungsmacht über die betreffenden Gegenstände. Dementsprechend hat grundsätzlich die Bilanzierung beim Erwerber zu erfolgen.

   Dieser Grundsatz wird durchbrochen, wenn der Eigentumsvorbehalt geltend gemacht wird oder hiermit zu rechnen ist. In diesem Fall hat der Vorbehaltsverkäufer die betreffenden Gegenstände in seiner Bilanz auszuweisen.

❑ **Sicherungsübereignung/Sicherungsabtretung**

   Hier überträgt der Sicherungsgeber das rechtliche Eigentum an einem Gegenstand (Sicherungsgut) auf den Sicherungsnehmer. Die Eigentumsübertragung ist zivilrechtlich nur bei Nichterfüllung vertraglicher Vereinbarungen relevant. Solange bleibt das Sicherungsgut im Besitz und der wirtschaftlichen Verfügungsmacht des Sicherungsgebers. Diesem sind die sicherungsübereigneten Gegenstände daher grundsätzlich zuzurechnen (§ 246 Abs. 1 Satz 2 HGB).

   Sobald der Sicherungsnehmer allerdings von seinen Sicherungsrechten Gebrauch macht, d. h. Ansprüche auf Herausgabe der Sache oder der Forderung stellt, entfällt die Bilanzierung beim Sicherungsgeber.

❑ **Factoring**

   Factoring beinhaltet die vertragliche Übertragung von Forderungen zwischen einem Unternehmen und einem Factoringinstitut (Factor).

Beim so genannten *echten Factoring* übernimmt der Factor das Risiko des Zahlungsausfalls. Damit wird er wirtschaftlicher und rechtlicher Eigentümer der Forderungen und hat diese zu bilanzieren.

Beim so genannten *unechten Factoring* wird das Ausfallrisiko von dem Unternehmen getragen, das die Forderungen verkauft hat. Infolge dessen verbleibt das wirtschaftliche Risiko beim Forderungsverkäufer, der die Forderungen weiterhin in seiner Bilanz zu berücksichtigen hat.

❏ **Treuhandverhältnisse**

Bei der so genannten *fiduziarischen* oder *echten Treuhandschaft* überträgt der Treugeber dem Treuhänder das juristische Eigentum an einem Gegenstand (Treugut). Im Rahmen einer Treuhandabrede wird vereinbart, dass der Treuhänder im eigenen Namen, aber auf Rechnung des Treugebers das Treugut verwaltet bzw. verwertet. Damit erlangt der Treuhänder das rechtliche Eigentum; das wirtschaftliche Eigentum verbleibt jedoch beim Treugeber. Dieser hat daher die betreffenden Gegenstände zu bilanzieren (§ 39 Abs. 2 Nr. 1 Satz 2 AO).

❏ **Kommissiongeschäfte** (§§ 383 ff. HGB)

Kommissionsgeschäfte sind dadurch gekennzeichnet, dass der Kommissionär im eigenen Namen Waren oder Wertpapiere für Rechnung eines anderen (Kommittenten) kauft oder verkauft.

Im Falle der **Einkaufskommission** erwirbt der Kommissionär nur rechtliches, nicht aber wirtschaftliches Eigentum. Daher ist der Kommittent zur Bilanzierung verpflichtet.

Bei der **Verkaufskommission** bleibt der Kommittent bis zum Verkauf der jeweiligen Gegenstände sowohl wirtschaftlicher wie auch rechtlicher Eigentümer. Als solcher hat er die Gegenstände in seiner Bilanz auszuweisen. Diese Verpflichtung gilt solange, bis die Übereignung an einen Dritten erfolgt ist, d. h. bis der Käufer die Verfügungsgewalt erlangt hat.

❏ **Leasing**

Leasing ist in der Praxis in einer Vielzahl von Varianten anzutreffen. Gemeinsames Kennzeichen von Leasing-Verträgen ist die zeitlich befristete entgeltliche Gebrauchs- oder Nutzungsüberlassung von Vermögensgegenständen. Die handelsbilanzielle Zuordnung orientiert sich an den geltenden steuerlichen Grundsätzen (vgl. insbesondere BMF-Schreiben vom 19.4.1971, BStBl 1971 I, S. 264 [betreffend bewegliche Wirtschaftsgüter] und vom 21.3.1972, BStBl 1972 I, S. 188 [betreffend unbewegliche Wirtschaftsgüter]).

Für die unterschiedlichen Vertragsgestaltungen sind als allgemeine Zuordnungsregeln festzuhalten:

  ○ **Operate-Leasing**
    Dieses bezieht sich auch eine verhältnismäßig kurze mietweise Überlassung von Vermögensobjekten, und zwar typischerweise von Gebrauchsgütern.

Deren Wiederverwendung obliegt dem Leasing-Geber, der damit das wirtschaftliche Risiko trägt und insofern bilanzierungspflichtig ist.

o **Finance-Leasing**
Hierbei hat während eines festgelegten Zeitraums keine der Parteien bei vertragsgemäßer Erfüllung ein Kündigungsrecht (Grundmietzeit). Sofern die während der Grundmietzeit vom Leasing-Nehmer zu entrichtenden Leasing-Raten mindestens die Anschaffungs- oder Herstellungskosten sowie alle Nebenkosten einschließlich der Finanzierungskosten des Leasing-Gebers decken, handelt es sich um so genanntes *Vollamortisations-Leasing*. Für die bilanzielle Zuordnung ist grundsätzlich auf das Verhältnis der Grundmietzeit zur betriebsgewöhnlichen Nutzungsdauer abzustellen. Bei Verträgen ohne Kauf- oder Verlängerungsoption gelten für die personelle Zuordnung nachstehende Regeln:

Verhältnis von Grundmietzeit zu betriebsgewöhnlicher Nutzungsdauer	wirtschaftliche Zurechnung
Grundmietzeit entspricht betriebsgewöhnlicher Nutzungsdauer	Leasingnehmer
Grundmietzeit kürzer als betriebsgewöhnliche Nutzungsdauer	
• Grundmietzeit weniger als 40 % der Nutzungsdauer	Leasingnehmer
• Grundmietzeit mindestens 40 % und höchstens 90 % der Nutzungsdauer	Leasinggeber
• Grundmietzeit mehr als 90 % der Nutzungsdauer	Leasingnehmer

Decken die innerhalb der Grundmietzeit gezahlten Leasing-Raten die Anschaffungs- oder Herstellungskosten sowie alle Nebenkosten einschließlich der Finanzierungskosten des Leasing-Gebers nur zum Teil, liegt so genanntes *Teilamortisations-Leasing* vor. Bei derartigen Verträgen ohne Optionsmöglichkeiten werden die Leasing-Objekte generell dem Leasing-Geber zugerechnet.

o **Spezial-Leasing**
In diesem Fall ist der Leasing-Gegenstand auf die speziellen Bedürfnisse des Leasing-Nehmers zugeschnitten und nach Ablauf der Grundmietzeit regelmäßig nur von diesem wirtschaftlich sinnvoll nutzbar bzw. verwendbar. Dementsprechend erfolgt die Zuordnung und damit der Bilanzausweis beim Leasing-Nehmer als wirtschaftlichem Eigentümer.

Nachfolgende Geschäftsvorfälle einer Kapitalgesellschaft sind daraufhin zu prüfen, ob sie in der Bilanz der Gesellschaft zu berücksichtigen sind:

(1) Die Finanzierung eines neu angeschafften Tiefladers erfolgt unter Inanspruchnahme eines vom Hersteller angebotenen Sonderkredits. Bis zur vollständigen Bezahlung besteht ein Eigentumsvorbehalt des Herstellers an dem Tieflader.

(2) Die Gesellschaft lässt ihre Forderungen größtenteils im Wege des Factoring einziehen. Das Ausfallrisiko verbleibt bei der Kapitalgesellschaft.

(3) Zur Beseitigung räumlicher Engpässe ist eine Fabrikhalle angemietet worden.

(4) Zur Sicherung eines Kredits sind der Hausbank Maschinen übereignet worden. Die Verpflichtungen aus dem Kreditvertrag werden von der Kapitalgesellschaft planmäßig erfüllt.

Seite 171

1.1.2.2 Sachliche Zuordnung

In der Bilanz ist das dem Handelsgewerbe dienende Vermögen mit den dazugehörigen Schulden auszuweisen. Folglich ist zwischen betrieblichem und nicht-betrieblichem Bereich zu trennen. Unter Berücksichtigung der rechtsformspezifischen Strukturen gilt diesbezüglich:

Bei **Einzelunternehmen** wird der steuerlichen Abgrenzung zwischen Betriebs- und Privatvermögen gefolgt (vgl. im Einzelnen R 13 Abs. 1 EStR). Das Betriebsvermögen umfasst alle Vermögensgegenstände und Schulden, „die ausschließlich und unmittelbar für eigenbetriebliche Zwecke des Steuerpflichtigen genutzt werden oder dazu bestimmt sind" (R 13 Abs. 1 Satz 1 EStR). Typische Beispiele hierfür sind Produktionsanlagen oder Verbindlichkeiten aus Lieferungen und Leistungen. In derartigen Fällen liegt stets notwendiges Betriebsvermögen vor.

Ebenso eindeutig ist die Zuordnung zum notwendigen Privatvermögen. Hierzu zählen Wirtschaftsgüter, die ihrer Art nach nur privat genutzt werden können (z. B. privates Eigenheim, Wohnungseinrichtung oder Kleidung) oder ihrer Zweckbestimmung nach privat genutzt werden (z. B. privater Fernsehapparat, privater Personal-Computer).

Neben diesen relativ problemlos und klar voneinander abgrenzbaren Bereichen gibt es Wirtschaftsgüter, die sowohl betrieblich als auch privat genutzt werden können und auch tatsächlich genutzt werden (z. B. betrieblich und privat genutzter Pkw). Die Zuordnung zum Privat- oder Betriebsbereich ist dann nicht offensichtlich bzw. eindeutig möglich.

Maßgebendes Abgrenzungskriterium ist regelmäßig der Umfang der betrieblichen Nutzung. Beträgt die betriebliche Nutzung mehr als 50 %, erfolgt die Zurechnung insgesamt zum notwendigen Betriebsvermögen. Bei nicht vollständiger betrieblicher Nutzung, wird der Privatanteil durch Entnahmen berücksichtigt.

Liegt die betriebliche Nutzung unter 10 %, handelt es sich um notwendiges Privatvermögen. Eine betriebliche Nutzung wird im Wege von Einlagen berücksichtigt.

Bei einer betrieblichen Nutzung von mindestens 10 % und bis zu 50 % hat der Bilanzierende ein Wahlrecht, ob er die betreffenden Gegenstände zum Betriebsvermögen rechnen will, so genanntes *gewillkürtes Betriebsvermögen.* Hierbei handelt es sich um Wirtschaftsgüter, „die in einem gewissen objektiven Zusammenhang mit dem Betrieb stehen und ihn zu fördern bestimmt und geeignet sind" (R 13 Abs. 1 Satz 3 EStR). Die Ausübung des Wahlrechts muss in der Buchführung eindeutig zum Ausdruck gebracht werden.

Erfolgt keine Zuordnung zum gewillkürten Betriebsvermögen, handelt es sich insoweit um gewillkürtes Privatvermögen. Die betreffenden Wirtschaftgüter sind dann nicht in der Bilanz zu berücksichtigen.

Die Qualifikation gemischt genutzter Vermögensgegenstände und Schulden ist nachstehend zusammengefasst:

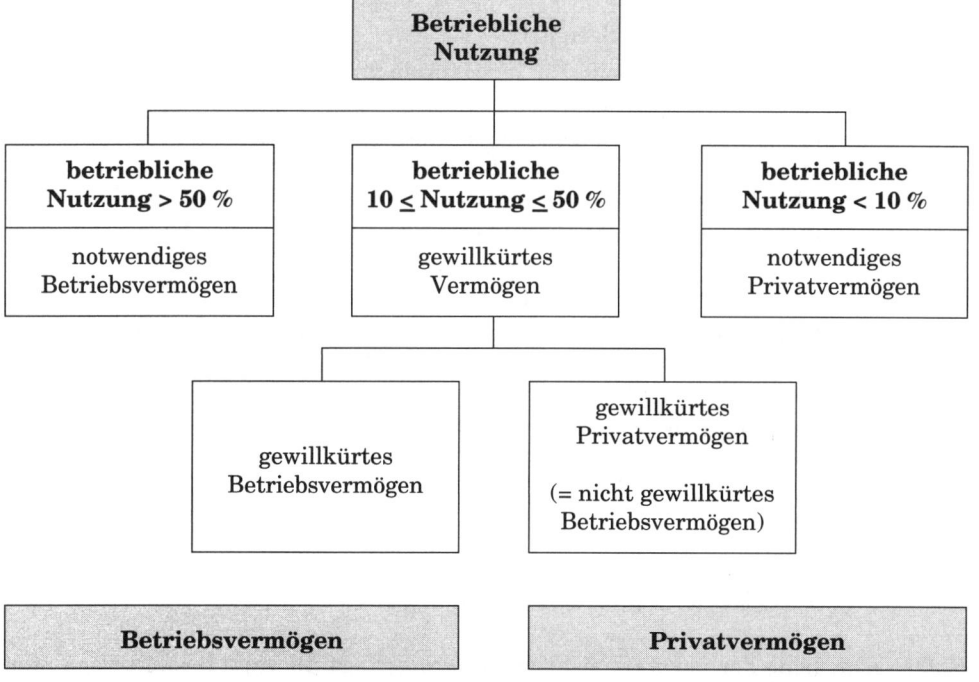

Bei **Personengesellschaften** ist zwischen dem Vermögen der Gesellschaft als eigener Rechtsperson (= Gesamthandsvermögen) und dem Betriebsvermögen einzelner Gesellschafter (= Sonderbetriebsvermögen) bzw. deren Privatvermögen zu unterscheiden.

Zum Gesamthandsvermögen rechnen alle Güter, die zivilrechtlich zum Gesellschaftsvermögen einer Personengesellschaft i. S. des § 718 BGB gehören. Hierauf erstreckt sich die handelsrechtliche Bilanzierung.

Nur im Rahmen der steuerlichen Gewinnermittlung bedeutsam ist hingegen das Sonderbetriebsvermögen. Dieses umfasst die einem, mehreren oder allen Gesellschaftern gehörenden Wirtschaftgüter (vgl. R 13 Abs. 2 EStR).

Das Privatvermögen der Gesellschafter darf nicht in die Bilanz der Personengesellschaft aufgenommen werden (§ 264c Abs. 3 Satz 1 HGB).

Bei **Kapitalgesellschaften** gibt es mangels einer Privatsphäre nur notwendiges Betriebsvermögen. In die Handelsbilanz sind die der Gesellschaft zuzurechnenden Vermögensgegenstände und Schulden aufzunehmen.

> **11** Beurteilen Sie nachstehende Sachverhalte im Hinblick darauf, welche Vermögensart vorliegt und ob eine Einbeziehung in die Handelsbilanz zu erfolgen hat:
>
> (1) Eine Personengesellschaft errichtet ein für betriebliche Zwecke genutztes Gebäude.
>
> (2) Zwei Gesellschafter einer Personengesellschaft errichten ein Gebäude, das sie ihrer Gesellschaft zur betrieblichen Nutzung überlassen.
>
> (3) Ein Einzelunternehmer erwirbt einen Pkw, den er zu 28 % betrieblich und zu 72 % privat benutzt. In der Buchführung wird der Pkw als Vermögensgegenstand erfasst.
>
> (4) Ein Einzelunternehmer benutzt seinen privaten Pkw gelegentlich zu betrieblichen Zwecken. Der betriebliche Nutzungsanteil beträgt insgesamt 2 %.
>
> (5) Ein Einzelunternehmer erwirbt für seinen Betrieb eine Telefonanlage.

Seite 171

1.1.2.3 Gesetzliche Ansatzvorschriften

Sofern sämtliche der vorherigen Voraussetzungen erfüllt sind, besteht nach dem Vollständigkeitsgebot grundsätzlich Bilanzierungspflicht. Ausnahmen bedürfen expliziter gesetzlicher Bestimmungen (§ 246 Abs. 1 Satz 1 HGB). Diese betreffen:

❏ **Bilanzierungsverbote**

Folgende Regelungen schließen einen Ansatz in der Bilanz generell aus:

Rechtsgrundlage	Bilanzierungsverbot
§ 248 Abs. 1 HGB	Aufwendungen für Gründung und Eigenkapitalbeschaffung
§ 248 Abs. 2 HGB	Selbstgeschaffene immaterielle Vermögensgegenstände des Anlagevermögens
Umkehrschluss aus § 255 Abs. 4 HGB	Selbstgeschaffener Geschäfts- oder Firmenwert
§ 249 Abs. 3 Satz 1 HGB	Nicht in § 249 Abs. 1 und 2 HGB aufgeführte Rückstellungen

❏ **Bilanzierungswahlrechte**

Hier ist der Ansatz von einer Entscheidung des Kaufmanns abhängig. Derartige Wahlrechte eröffnen bilanzpolitische Spielräume.

Sofern bei einem handelsbilanziellen Wahlrecht im Bereich des Steuerrechts eine ausdrückliche Regelung fehlt, gilt auf der Grundlage geltender Rechtsprechung (vgl. BFH-Beschluss vom 3.2.1969 Gr.S. 2/68, BStBl 1969 II, S. 291):

○ **handelsrechtliche Aktivierungswahlrechte werden zu steuerlichen Aktivierungsgeboten**

○ **handelsrechtliche Passivierungswahlrechte werden zu steuerlichen Passivierungsverboten.**

Ansonsten sind GoB-konforme und steuerlich zulässige Wertansätze in die Steuerbilanz zu übernehmen (so genannte *formelle Maßgeblichkeit*).

Mithin bestehen folgende Ansatzalternativen bzw. -regeln:

Handelsbilanz	Steuerbilanz
Aktivierungspflicht	Aktivierungspflicht
Aktivierungsverbot	Aktivierungsverbot
Aktivierungswahlrecht	Aktivierungspflicht
Passivierungspflicht	Passivierungspflicht
Passivierungsverbot	Passivierungsverbot
Passivierungswahlrecht	Passivierungsverbot

Die einschlägigen gesetzlichen Vorschriften werden im Rahmen der Darstellung der einzelnen Bilanzposten behandelt.

1.2 Bilanzbewertung

Nach der Frage des Bilanzansatzes ist die Bewertung der betreffenden Posten zu klären. Bewerten bedeutet, Bilanzobjekten eine einheitliche Maßgröße (hier: Geldeinheiten) zuzuordnen und sie so miteinander vergleichbar zu machen.

Nachfolgend werden die beim Zugang von Vermögensgegenständen und Schulden geltenden (*originären*) Wertmaßstäbe behandelt. Diese sind Ausgangspunkt und jeweils auch Obergrenze der Bewertung.

Hieraus unter Anwendung der maßgebenden Bewertungsregeln an einzelnen Bilanzstichtagen ermittelte abgeleitete (*derivative*) Werte werden an späterer Stelle betrachtet, nämlich bei der Darstellung der Einzelposten.

1.2.1 Bewertungsmaßstäbe für Vermögensgegenstände

1.2.1.1 Anschaffungskosten

Die Bewertung der von Dritten bezogenen Gegenstände hat grundsätzlich mit den Anschaffungskosten zu erfolgen. Nach § 255 Abs. 1 Satz 1 HGB zählen hierzu „die Aufwendungen, die geleistet werden, um einen Vermögensgegenstand zu erwerben und ihn in einen betriebsbereiten Zustand zu versetzen, soweit sie dem Vermögensgegenstand einzeln zugeordnet werden können". Diese handelsrechtliche Definition ist mangels einer ausdrücklichen steuerlichen Regelung auch für das Bilanzsteuerrecht maßgebend.

Für den Erwerb und die Herstellung der Betriebsbereitschaft entstehende Aufwendungen sind als Anschaffungskosten zu erfassen, wenn sie

– einmaligen Charakter haben
  und
– einzeln zurechenbar sind.

Unerheblich ist, ob es sich um Fremd- oder Eigenaufwendungen handelt.

Die Ermittlung der Anschaffungskosten umfasst folgende Elemente:

```
      Anschaffungspreis
  +   Anschaffungsnebenkosten
      • für den Erwerb
        (z. B. Grunderwerbsteuer, Gebühren, Provisionen)
      • für die Verbringung in das Unternehmen
        (z. B. Frachten, Versicherungen)
      • für die Inbetriebnahme
        (z. B. Montagekosten)
  +   nachträgliche Anschaffungskosten
  ./. Anschaffungspreisminderungen
        (z. B. Skonti, Rabatte)

  =   Anschaffungskosten
```

Zum Vorsteuerabzug berechtigte Unternehmer dürfen dabei nur Nettogrößen, d. h. Beträge abzüglich gesetzlicher Umsatzsteuer berücksichtigen.

Der **Anschaffungspreis** entspricht regelmäßig dem Rechnungsbetrag.

Bei den **Anschaffungsnebenkosten** muss es sich um Einzelkosten handeln, die im Rahmen der Beschaffung und Inbetriebnahme des Vermögensgegenstands zusätzlich entstehen. Finanzierungskosten bleiben grundsätzlich unberücksichtigt. Erwerb und Finanzierung werden getrennt voneinander behandelt. Die Art der Finanzierung wirkt sich damit nicht auf die Höhe der Anschaffungskosten aus.

Als **nachträgliche Anschaffungskosten** sind nach Abschluss des Erwerbsvorgangs entstehende Aufwendungen, z. B. aufgrund nachträglicher Preisänderungen, zu erfassen.

Anschaffungspreisminderungen haben eine Reduzierung der vom Unternehmer zu tragenden Aufwendungen und damit des Aktivierungsbetrags zur Folge.

Investitionszuschüsse von dritter Seite, insbesondere von der öffentlichen Hand im Rahmen der regionalen Wirtschaftsförderung, können als Anschaffungskostenminderung behandelt werden (vgl. R 34 Abs. 2 EStR). In diesem Fall ist der Zuschuss erfolgsneutral zu erfassen. Die Anschaffungskosten sind um den erhaltenen Zuschuss zu kürzen. Dieser reduzierte Betrag ist für die weitere bilanzielle Behandlung maßgebend. Aufgrund entsprechend geringerer Abschreibungen kommt es über die Nutzungsdauer zu einer allmählichen erfolgswirksamen Erfassung des Zuschussbetrags.

Alternativ können Zuschüsse auch sofort ergebniswirksam verbucht werden. Eine Kürzung der Anschaffungskosten tritt dann nicht ein.

Wird für mehrere Vermögensgegenstände ein einheitlicher Kaufpreis entrichtet, hat eine Aufteilung zu erfolgen. Typischer Anwendungsfall ist der Erwerb bebauter Grundstücke. Hier sind die gesamten Anschaffungskosten nach dem Verhältnis der Verkehrswerte auf Grund und Boden sowie das aufstehende Gebäude aufzuteilen.

Im Falle eines unentgeltlichen Erwerbs werden fiktive Anschaffungskosten zu Grunde gelegt (§ 6 Abs. 3 und 4 EStG), und zwar

○ **Zeitwerte**
   für einzelne Gegenstände

○ **jeweilige Buchwerte des Rechtsvorgängers**
   für einen Betrieb, Teilbetrieb oder Mitunternehmeranteil.

Ein zum Vorsteuerabzug berechtigter Unternehmer erwirbt eine Maschine zum Listenpreis von 160.000 € zuzüglich gesetzlicher Umsatzsteuer. Auf den Listenpreis wird vom Lieferanten ein Rabatt von 7 % gewährt. Die Bezahlung des Kaufpreises erfolgt unter Inanspruchnahme von 2 % Skonto. Für den Transport der Maschine werden von einem Spediteur 3.000 € zuzüglich gesetzlicher Umsatzsteuer in Rechnung gestellt. Für die Montage der Maschine entstehen direkt zurechenbare Eigenaufwendungen in Höhe von 8.400 €. Die Zinsen für das zur Finanzierung der Anschaffung aufgenommene Darlehen belaufen sich im Erwerbsjahr auf 4.950 €.

Wie hoch sind die Anschaffungskosten der Maschine?

Seite 172

1.2.1.2 Herstellungskosten

Vom Unternehmen selbst erstellte Vermögensgegenstände sind mit den Herstellungskosten anzusetzen. Durch die Aktivierung sollen – analog zum Erwerbsfall – die mit der Erstellung der Unternehmensleistung unmittelbar verbundenen Aufwendungen erfolgsneutral, d. h. als bloße Vermögensumschichtung behandelt werden. Ergebniswirksam werden diese Beträge erst zu einem späteren Zeitpunkt, nämlich in Form von Abschreibungen oder als Materialaufwand.

Nach der auch für steuerliche Zwecke geltenden Definition des § 255 Abs. 2 Satz 1 HGB sind Herstellungskosten „die Aufwendungen, die durch den Verbrauch von Gütern und die Inanspruchnahme von Diensten für die Herstellung eines Vermögensgegenstands, seine Erweiterung oder für eine über seinen ursprünglichen Zustand hinausgehende wesentliche Verbesserung entstehen".

Während sich die Anschaffungskosten hauptsächlich aus Rechnungen, also von Dritten erstellten Dokumenten, ergeben, müssen die Herstellungskosten aus der Kostenrechnung abgeleitet werden. Die unterschiedlichen Zielsetzungen beider Rechenwerke begründen zwangsläufig in der Praxis Schwierigkeiten bei der Ermittlung der Herstellungskosten.

So ist der bilanzielle Begriff der Herstellungskosten nicht deckungsgleich mit den Herstellkosten der Kostenrechnung. Letztere Größe beinhaltet auch kalkulatorische Positionen, die nach dem Grundsatz des Anschaffungswertprinzips in der Bilanz außer Ansatz bleiben. Bei der Erfassung des Güterverzehrs wird in der Bilanz von den historischen Aufwendungen, in der Kostenrechnung demgegenüber von Wiederbeschaffungskosten ausgegangen.

Die bei der Bewertung der selbst erstellten Gegenstände verbindlich oder nur wahlweise zu berücksichtigenden Aufwendungen sind in § 255 Abs. 2 und 3 HGB aufgeführt. Die steuerlich zum Teil abweichenden Regelungen ergeben sich aus R 33 EStR. Diese allein die Finanzverwaltung bindende Regelung ist von der Finanzrechtsprechung wiederholt bestätigt worden und bildet als Richterrecht eine faktisch zwingend anzuwendende Rechtsgrundlage.

Die für das Handels- und Steuerrecht unterschiedlichen Bestandteile der Ermittlung der Herstellungskosten sind nachfolgend aufgeführt:

Bestandteil	Handelsbilanz	Steuerbilanz
Einzelkosten		
Materialeinzelkosten		
Fertigungseinzelkosten	+	+
Sondereinzelkosten der Fertigung		
Gemeinkosten		
Materialgemeinkosten		
Fertigungsgemeinkosten (einschließlich Abschreibungen)		+
Allgemeine Verwaltungskosten	0	
Aufwendungen für freiwillige soziale Leistungen		
Aufwendungen für betriebliche Altersversorgung		0
Gewerbesteuer		
Fremdkapitalzinsen		
Vertriebskosten	–	–

Symbole: +: Aktivierungspflicht
–: Aktivierungsverbot
0: Aktivierungswahlrecht

Wertuntergrenze der Herstellungskosten sind die Einzelkosten. Folglich besteht Aktivierungspflicht für die Materialeinzelkosten, Fertigungseinzelkosten und Sondereinzelkosten der Fertigung.

Für Gemeinkostenanteile ist handelsrechtlich lediglich ein Aktivierungswahlrecht gegeben, steuerlich jedoch eine Aktivierungspflicht (vgl. R 33 Abs. 1 und 2 EStR). Die Materialgemeinkosten und die Fertigungsgemeinkosten (einschließlich Abschreibungen) stellen somit weitere Pflichtbestandteile der steuerlichen Herstellungskosten dar. Demzufolge ergibt sich steuerlich eine höhere Wertuntergrenze als im Handelsrecht.

Hinsichtlich der übrigen Positionen gilt gleichermaßen im Handels- wie im Steuerrecht jeweils ein Aktivierungswahlrecht. Mithin stimmen beide Bereiche hinsichtlich der Wertobergrenze überein.

Vertriebskosten dürfen weder handels- noch steuerrechtlich in die Herstellungskosten einbezogen werden.

Fremdkapitalzinsen dürfen unter der Voraussetzung, dass das Fremdkapital zur Finanzierung der Herstellung eines Vermögensgegenstands verwendet wird, aktiviert werden, soweit sie auf den Zeitraum der Herstellung entfallen (§ 255 Abs. 3 Satz 2 HGB).

Ebenso wie in Anschaffungs- können auch in Herstellungsfällen erhaltene Investitionszuschüsse alternativ unmittelbar ergebniswirksam oder zunächst ergebnisneutral durch Kürzung der Herstellungskosten berücksichtigt werden.

Grundsätzlich lässt das Handelsrecht größere Bewertungsspielräume als das Steuerrecht bei der Ermittlung der Herstellungskosten zu und eröffnet damit mehr bilanzpolitische Gestaltungsmöglichkeiten. Uneingeschränkt maßgeblich ist die handelsrechtliche Bewertung nur innerhalb der steuerbilanziellen Bandbreite.

13 > Zur Ermittlung der bilanziellen Herstellungskosten für eine selbsterstellte Anlage werden aus der Kostenrechnung folgende Daten zur Verfügung gestellt:

	€
Fertigungsmaterial	265.400
Materialgemeinkosten	7.580
Fertigungslöhne	82.360
Fertigungsgemeinkosten	71.900
Sondereinzelkosten der Fertigung	11.000
Verwaltungsgemeinkosten	23.800
Vertriebsgemeinkosten	27.600
Sondereinzelkosten des Vertriebs	8.500
kalkulatorische Eigenkapitalzinsen	14.500

Welche Wertuntergrenzen und welche Wertobergrenzen gelten für die Herstellungskosten im Handels- bzw. Steuerrecht?

Seite 172 >

Herstellung bezieht sich vorrangig zwar auf die erstmalige Schaffung von Vermögensgegenständen, darüber hinaus jedoch auch auf Erweiterungen sowie wesentliche
Verbesserungen. Dabei ist zwischen zu aktivierendem und damit zunächst erfolgs-
neutralem Herstellungsaufwand und sofort ergebniswirksamem Erhaltungsaufwand abzugrenzen. Für Handels- und Steuerbilanz gelten diesbezüglich gleiche
Grundsätze.

Herstellungsaufwand umfasst

o **Erweiterung**
  d. h. eine Vermehrung der Substanz. Dieses Kriterium ist bei Gebäuden u. a.
  erfüllt bei

  – Aufstockung oder Anbau
  – Vergrößerung der nutzbaren Fläche
  – nachträglichen Einbau bisher nicht vorhandener Bestandteile
    (z. B. bei Errichtung einer Außentreppe oder Einbau einer Alarmanlage).

o **über den ursprünglichen Zustand hinausgehende wesentliche Verbesserung**
  d. h. Maßnahmen, die insgesamt betrachtet über eine zeitgemäße substanzer-
  haltende (Bestandteils-)Erneuerung hinausgehen und damit zu einer Erhöhung
  künftiger Nutzungsmöglichkeiten führen. Dies ist z. B. der Fall bei

  – wesentlicher Verlängerung der (technischen/wirtschaftlichen) Nutzungsdauer
  – qualitativer Verbesserung.

Als **Erhaltungsaufwand** gelten regelmäßig Aufwendungen, die zur Erhaltung
eines ordnungsgemäßen Zustands geleistet werden. Beispielhaft lassen sich hierfür
anführen:

– Austausch von Fenstern
– Neueindeckung des Daches.

Prüfen Sie, ob die nachstehenden Aufwendungen als Erhaltungs-
oder Herstellungsaufwand zu behandeln sind:

(1) Das schadhafte Dach eines vor 18 Jahren errichteten Fabrikge-
    bäudes wird vollständig erneuert.

(2) An eine Produktionshalle wird zur Unterbringung weiterer
    Maschinen ein Anbau angefügt.

(3) Für einen Betriebs-Pkw wird ein Austauschmotor angeschafft.

(4) Für die regelmäßige Wartung einer Spezialmaschine entstehen
    Aufwendungen von 14.000 €.

(5) In ein Verwaltungsgebäude wird nachträglich ein Fahrstuhl
    eingebaut.

Seite
172

1.2.2 Bewertungsmaßstäbe für Schulden

Für die Bewertung der Schulden kommen folgende originären Bewertungsmaßstäbe in Betracht (§ 253 Abs. 1 Satz 2 HGB):

❑ **Rückzahlungsbetrag**

Diese Größe bildet die Bewertungsgrundlage für Verbindlichkeiten. Abzustellen ist auf den insgesamt zu tilgenden Betrag. Dieser entspricht regelmäßig dem Nennwert der Schuld, und zwar auch bei einem geringeren Verfügungs- oder Auszahlungsbetrag. Vom Gläubiger abgezogene Beträge (z. B. Disagio, Bearbeitungsgebühren) wirken sich mithin nicht auf die Bewertung aus.

Steuerlich sind Verbindlichkeiten ab Veranlagungszeitraum 1999 generell mit einem Zinssatz von 5,5 % abzuzinsen (§ 6 Abs. 1 Nr. 3 Satz 1 EStG). Ausgenommen hiervon sind folgende Arten von Verbindlichkeiten (§ 6 Abs. 1 Nr. 3 Satz 2 EStG):

   ○ **kurzfristige Verbindlichkeiten**

     Als solche gelten Verbindlichkeiten mit einer Restlaufzeit von weniger als 12 Monaten am Bilanzstichtag.

   ○ **verzinsliche Verbindlichkeiten**

   ○ **Verbindlichkeiten aufgrund von Anzahlungen oder Vorausleistungen**.

Der Gewinn aus der Abzinsung von Verbindlichkeiten, die bereits in einem vor dem 1.1.1999 endenden Geschäftsjahr angesetzt worden sind, durfte durch Bildung einer gewinnmindernden Rücklage in Höhe von 9/10 des betreffenden Betrags neutralisiert werden. Diese Rücklage ist in den folgenden neun Wirtschaftsjahren grundsätzlich mit mindestens 1/9 gewinnerhöhend aufzulösen (§ 52 Abs. 16 Satz 8 EStG).

❑ **Barwert**

Der Barwert gilt für die Bewertung von Rentenverpflichtungen, für die eine Gegenleistung nicht mehr zu erwarten ist. Es handelt sich um den nach versicherungsmathematischen Grundsätzen auf den Abschlussstichtag ermittelten abgezinsten Wert der künftigen Rentenleistungen. Handelsrechtlich wird regelmäßig ein Rechnungszinsfuß von mindestens 3 % gefordert; steuerlich ist der Abzinsungsfaktor mit 6 % festgelegt (§ 6a Abs. 3 Satz 3 EStG).

❑ **Wert nach vernünftiger kaufmännischer Beurteilung**

Rückstellungen dürfen nur in Höhe des Betrags angesetzt werden, „der nach vernünftiger kaufmännischer Beurteilung notwendig ist". Innerhalb dieses Bewertungsrahmens ist nach den objektiven Verhältnissen zum jeweiligen Bilanzstichtag die voraussichtliche und wahrscheinliche Belastung durch eine ungewisse Verbindlichkeit zu ermitteln. Die Rückstellungsbemessung darf also nicht willkürlich erfolgen, sondern hat sich an nachvollziehbaren Gegebenheiten des Einzelfalls zu orientieren.

1.3 Bilanzgliederung

Die Gliederungsvorschriften beziehen sich auf Aspekte der formalen Abbildung. Besondere Bedeutung kommt folgenden Einzelgrundsätzen der GoB zu:

- Klarheit
- formelle Bilanzkontinuität (Darstellungsstetigkeit)
- Wirtschaftlichkeit.

Kapitalgesellschaften und bestimmte Personengesellschaften haben zudem die Generalnorm des § 264 Abs. 2 HGB - Vermittlung eines den tatsächlichen Verhältnissen entsprechenden Bildes der wirtschaftlichen Lage - zu beachten.

Hinsichtlich verschiedener Bilanzposten (= **vertikale Gliederung**) ist vor allem die Zusammenfassung oder die Reihenfolge des Ausweises festzulegen.

Innerhalb eines Postens (= **horizontale Gliederung**) können ergänzende Informationen mithilfe von Bewegungsspiegeln, Vorspaltenwerten oder Untergliederungen vermittelt werden.

Als rechtsform- und größenabhängige Besonderheiten bzw. Wahlmöglichkeiten sind festzuhalten:

Kapitalgesellschaften und Personengesellschaften mit Haftungsbeschränkung haben die Bilanz in Kontoform aufzustellen (§ 266 Abs. 1 Satz 1 HGB). Diese Darstellungsform ist auch bei Einzelunternehmen und Personengesellschaften mit einer natürlichen Person als Vollhafter in der Praxis üblich, obwohl es für diese Rechtsformen an einer entsprechenden gesetzlichen Regelung fehlt.

Die ebenfalls explizit nur für Kapitalgesellschaften und Personengesellschaften i. S. des § 264a HGB geltenden Gliederungsgrundsätze sind nach herrschender Meinung für alle Kaufleute maßgebend. Im Einzelnen handelt es sich um folgende Regelungen:

§ 265 HGB	Gliederungsgrundsätze
Abs. 1	Beibehaltung der Darstellungsform *(Ausweisstetigkeit)*
Abs. 2	Angabe der Vorjahresbeträge
Abs. 3	Vermerk der Mitzugehörigkeit zu anderen Posten
Abs. 4	Gliederung nach einem Geschäftszweig
Abs. 5	weitere Untergliederung der Posten und Hinzufügung neuer Posten
Abs. 6	Änderung von Gliederung und Bezeichnung
Abs. 7	zusammenfassender Ausweis
Abs. 8	Verzicht auf Leerposten

Für die Steuerbilanz existieren keine speziellen Gliederungsvorschriften. Nach dem Maßgeblichkeitsprinzip sind die formalen handelsrechtlichen Grundsätze im steuerlichen Bereich entsprechend anzuwenden.

Der Aufbau der Bilanz basiert insbesondere auf folgenden Strukturprinzipien:

❑ **Liquiditätsgliederung**

Aktiva sind nach dem Grad der Liquidierbarkeit geordnet, Passiva nach dem Grad der Fälligkeit.

❑ **Gliederung nach Rechtsverhältnissen**

Auf der Aktivseite wird zwischen Sachen und Rechten bzw. Mobilien und Immobilien differenziert, auf der Passivseite zwischen Eigen- und Fremdkapital.

❑ **Ablaufgliederung**

Entsprechend den einzelnen Stufen des betrieblichen Leistungsprozesses wird beispielsweise zwischen Finanz- und Sachanlagen sowie zwischen Anlage- und Umlaufvermögen unterschieden oder die Vorräte nach Roh-, Hilfs- und Betriebsstoffen, unfertigen und fertigen Erzeugnissen unterteilt.

Einzelunternehmen und Personengesellschaften mit einer natürlichen Person als Vollhafter haben nach § 247 Abs. 1 HGB in der Bilanz folgende Posten gesondert auszuweisen und hinreichend aufzugliedern:

Aktiva	Passiva
A. Anlagevermögen B. Umlaufvermögen C. Rechnungsabgrenzungsposten	A. Eigenkapital B. Schulden C. Rechnungsabgrenzungsposten

Gesondert auszuweisen sind in entsprechenden Fällen zudem

○ **Geschäfts- oder Firmenwert** (§ 255 Abs. 4 HGB)

○ **Sonderposten mit Rücklageanteil** (§ 247 Abs. 3 HGB).

Für Kapitalgesellschaften und Personengesellschaften i. S. des § 264a HGB sind gesetzliche Gliederungsschemata maßgebend. Diese sind größenabhängig unterschiedlich tief gestaffelt. Auf Basis von § 266 Abs. 2 und 3 HGB wird für die weitere Darstellung von dem nachfolgenden Schema für große Kapitalgesellschaften ausgegangen; die nur fakultativ aufzuführenden Posten sind durch Kursivschrift besonders gekennzeichnet. Besonderheiten für Personengesellschaften ohne natürliche Person als Vollhafter werden im Zusammenhang mit den jeweiligen Posten behandelt.

Aktiva	Passiva

A. *Ausstehende Einlagen*
  - *davon eingefordert*
 	
B. *Aufwendungen für die Ingangsetzung und Erweiterung des Geschäftsbetriebs*
 	
C. *Aufwendungen für die Währungsumstellung auf den Euro*
 	
D. *Ausgleichsbetrag nach dem Altfahrzeug-Gesetz*
 	
E. Anlagevermögen
  I. Immaterielle Vermögensgegenstände
    1. Konzessionen, gewerbliche Schutzrechte und ähnliche Rechte und Werte sowie Lizenzen an solchen Rechten und Werten
    2. Geschäfts- oder Firmenwert
    3. geleistete Anzahlungen
  II. Sachanlagen
    1. Grundstücke, grundstücksgleiche Rechte und Bauten einschließlich der Bauten auf fremden Grundstücken
    2. technische Anlagen und Maschinen
    3. andere Anlagen, Betriebs- und Geschäftsausstattung
    4. geleistete Anzahlungen und Anlagen im Bau
  III. Finanzanlagen
    1. Anteile an verbundenen Unternehmen
    2. Ausleihungen an verbundene Unternehmen
    3. Beteiligungen
    4. Ausleihungen an Unternehmen, mit denen ein Beteiligungsverhältnis besteht
    5. Wertpapiere des Anlagevermögens
    6. sonstige Ausleihungen
F. Umlaufvermögen
  I. Vorräte
    1. Roh-, Hilfs- und Betriebsstoffe
    2. unfertige Erzeugnisse, unfertige Leistungen
    3. fertige Erzeugnisse und Waren
    4. geleistete Anzahlungen
  II. Forderungen und sonstige Vermögensgegenstände
    1. Forderungen aus Lieferungen und Leistungen
      - davon mit einer Restlaufzeit von mehr als 1 Jahr
    2. Forderungen gegen verbundene Unternehmen
      - davon mit einer Restlaufzeit von mehr als 1 Jahr
	A. Eigenkapital
	  I. Gezeichnetes Kapital
	  II. Kapitalrücklage
	  III. Gewinnrücklagen
	    1. gesetzliche Rücklage
	    2. Rücklage für eigene Anteile
	    3. satzungsmäßige Rücklagen
	    4. andere Gewinnrücklagen
	  IV. Gewinnvortrag/Verlustvortrag
	  V. Jahresüberschuss/Jahresfehlbetrag
	
	B. *Sonderposten mit Rücklageanteil*
	
	C. Rückstellungen
	    1. Rückstellungen für Pensionen und ähnliche Verpflichtungen
	    2. Steuerrückstellungen
	    3. *Rückstellungen für latente Steuern*
	    4. sonstige Rückstellungen
	
	D. Verbindlichkeiten
	    1. Anleihen
	      - davon konvertibel
	      - davon mit einer Restlaufzeit bis zu 1 Jahr
	    2. Verbindlichkeiten gegenüber Kreditinstituten
	      - davon mit einer Restlaufzeit bis zu 1 Jahr
	    3. erhaltene Anzahlungen auf Bestellungen
	      - davon mit einer Restlaufzeit bis zu 1 Jahr
	    4. Verbindlichkeiten aus Lieferungen und Leistungen
	      - davon mit einer Restlaufzeit bis zu 1 Jahr
	    5. Verbindlichkeiten aus der Annahme gezogener Wechsel und der Ausstellung eigener Wechsel
	      - davon mit einer Restlaufzeit bis zu 1 Jahr
	    6. Verbindlichkeiten gegenüber verbundenen Unternehmen
	      - davon mit einer Restlaufzeit bis zu 1 Jahr
	    7. Verbindlichkeiten gegenüber Unternehmen, mit denen ein Beteiligungsverhältnis besteht
	      - davon mit einer Restlaufzeit bis zu 1 Jahr
	    8. sonstige Verbindlichkeiten
	      - davon aus Steuern
	      - davon im Rahmen der sozialen Sicherheit
	      - davon mit einer Restlaufzeit bis zu 1 Jahr

3. Forderungen gegen Unternehmen, mit denen ein Beteiligungsverhältnis besteht - davon mit einer Restlaufzeit von mehr als 1 Jahr III. Wertpapiere 1. Anteile an verbundenen Unternehmen 2. eigene Anteile 3. sonstige Wertpapiere IV. Kassenbestand, Bundesbankguthaben, Guthaben bei Kreditinstituten und Schecks G. *Abgrenzungsposten für latente Steuern* H. Rechnungsabgrenzungsposten - davon Damnum I. *Nicht durch Eigenkapital gedeckter Fehlbetrag*	E. Rechnungsabgrenzungsposten

2. Bilanzierung des Anlagevermögens

2.1 Begriff des Anlagevermögens

Zum Anlagevermögen gehören die Vermögensgegenstände, „die bestimmt sind, dauernd dem Geschäftsbetrieb zu dienen" (§ 247 Abs. 2 HGB; vgl. auch R 32 Abs. 1 EStR). Entscheidend für die Abgrenzung gegenüber dem Umlaufvermögen sind folgende Kriterien (vgl. *Gräfer / Sorgenfrei*, S. 161):

❑ **Zweckbestimmung**

Die Zweckbestimmung ist

○ **sachlich bedingt**
durch die Art und die damit gegebene objektive Nutzungsmöglichkeit eines Gegenstands

sowie

○ **dispositionsbedingt**
durch die Entscheidung des Bilanzierenden über die geplante Verwendung.

Im Zweifel kann die bilanzielle Behandlung als Anhaltspunkt für die Zuordnung herangezogen werden (vgl. R 32 Abs. 1 Satz 3 EStR).

❑ **Dauer**

Ein Vermögensgegenstand dient auf Dauer dem Geschäftsbetrieb, wenn vorhandenes Nutzenpotenzial über einen bestimmten Zeitraum wiederholt abgegeben wird. Der Gegenstand darf also nicht zum einmaligen Verbrauch, Verkauf oder zu einer anderen kurzfristigen Verwertung bestimmt sein.

In diesem Zusammenhang kommt es neben dem zeitlichen Aspekt auch auf die am Abschlussstichtag gegebene Zweckbestimmung an.

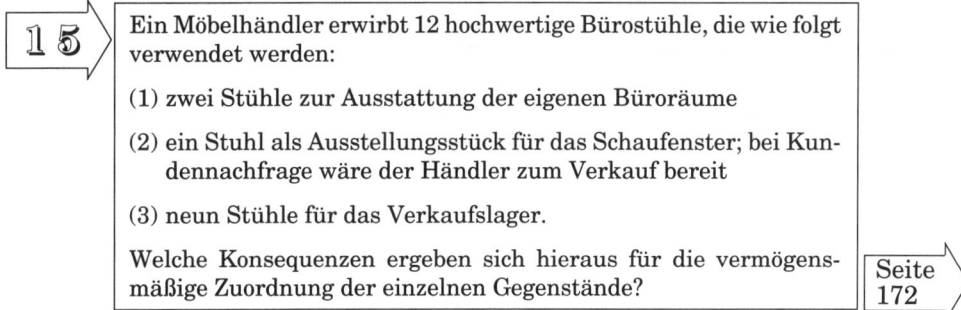

Ein Möbelhändler erwirbt 12 hochwertige Bürostühle, die wie folgt verwendet werden:

(1) zwei Stühle zur Ausstattung der eigenen Büroräume

(2) ein Stuhl als Ausstellungsstück für das Schaufenster; bei Kundennachfrage wäre der Händler zum Verkauf bereit

(3) neun Stühle für das Verkaufslager.

Welche Konsequenzen ergeben sich hieraus für die vermögensmäßige Zuordnung der einzelnen Gegenstände?

Seite 172

2.2 Posten des Anlagevermögens

Das Anlagevermögen setzt sich aus folgenden Hauptposten zusammen:

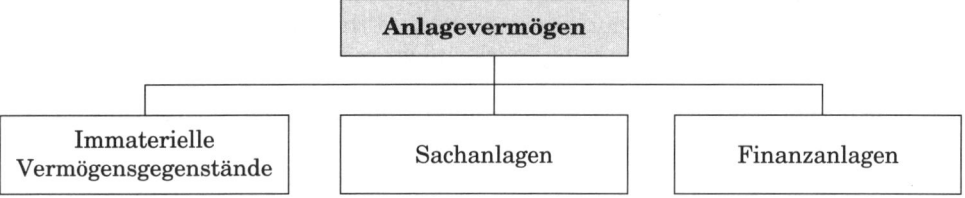

2.2.1 Immaterielle Vermögensgegenstände

Bei immateriellen Vermögensgegenständen handelt es sich um nicht-körperliche, d. h. nicht greifbare bzw. nicht sichtbare Objekte. Diese sind durch ihren geistigen oder rechtlichen Gehalt gekennzeichnet (vgl. *Bitz / Schneeloch / Wittstock*, S. 115).

Für selbstgeschaffene (*originäre*) immaterielle Vermögensgegenstände besteht ein allgemeines Bilanzierungsverbot (§ 248 Abs. 2 HGB). Ein Ansatz kommt folglich nur bei entgeltlichem Erwerb in Betracht.

Die erste Unterposition der immateriellen Vermögensgegenstände umfasst:

o **Konzessionen**
z. B. gewerberechtliche Betriebs- oder Verkehrsgenehmigungen

o **gewerbliche Schutzrechte**
z. B. Patente, Warenzeichen, Verlagsrechte

o **ähnliche Rechte und Werte**
z. B. Miet- oder Pachtrechte mit gesicherter Rechtsposition, Belieferungsrechte

o **Lizenzen an solchen Rechten und Werten.**

Geleistete Anzahlungen auf derartige Rechte und Werte bilden einen weiteren Einzelposten.

Gesondert auszuweisen ist darüber hinaus ein entgeltlich erworbener (*derivativer*) **Geschäfts- oder Firmenwert**. Dieser ergibt sich bei der Übernahme eines Unternehmens als Unterschiedsbetrag zwischen dem Kaufpreis und dem Reinvermögen zum Erwerbszeitpunkt (§ 255 Abs. 4 Satz 1 HGB).

Diesbezüglich gilt folgendes Ermittlungsschema:

Unternehmenskaufpreis
./. Reinvermögen
(= Zeitwert der Vermögensgegenstände
./. Zeitwert der Schulden)
= derivativer Geschäfts- oder Firmenwert

Für den aus einer Gesamtbewertung resultierenden derivativen Geschäfts- oder Firmenwert besteht ein Aktivierungswahlrecht. Mithin kann diese Größe im Jahr des Erwerbs auch unmittelbar erfolgswirksam verrechnet werden.

Aus dem handelsbilanziellen Wahlrecht folgt steuerlich eine Aktivierungspflicht (§ 5 Abs. 2 EStG).

16

Eine Kapitalgesellschaft erwirbt ein Einzelunternehmen zum Kaufpreis von 6.341.000 €. Für das Vermögen und die Schulden gelten im Erwerbszeitpunkt folgende Werte:

	Buchwert	Zeitwert
	€	€
Grundstücke	850.000	2.100.000
Maschinen	1.220.000	1.900.000
Vorräte	2.600.000	2.850.000
liquide Mittel	731.000	731.000
Bankverbindlichkeiten	1.300.000	1.300.000
Rückstellungen	690.000	650.000

Ermitteln Sie den derivativen Firmenwert.

Seite 173

2.2.2 Sachanlagen

Die Sachanlagen lassen sich wie folgt untergliedern:

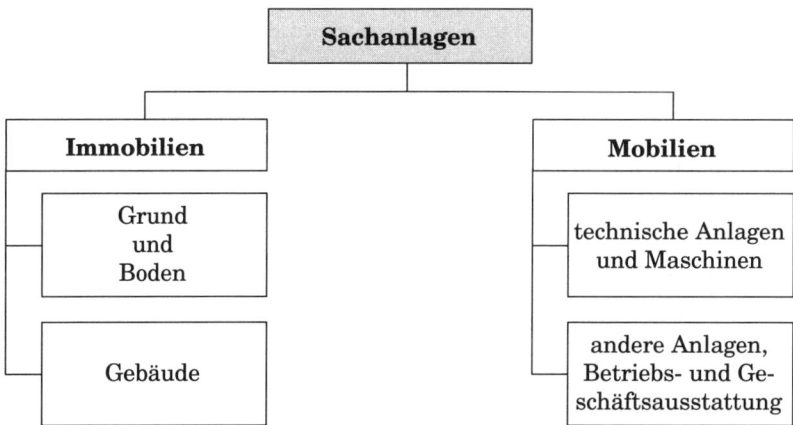

Unter den **Immobilien** (= unbewegliche Gegenstände) wird das gesamte Grundvermögen erfasst. Im Hinblick auf abweichende Bewertungsregeln empfiehlt sich, bei bebauten Grundstücken zwischen Grund und Boden und aufstehendem Gebäude zu trennen. Für den Bilanzausweis kommt dieser Unterscheidung jedoch keine Bedeutung zu.

Als Bauten gelten – auch auf fremden Grundstücken stehende – Geschäfts- und Fabrikbauten sowie Wohnzwecken dienende Gebäude (z. B. Werkswohnungen).

Bei den **Mobilien** (= bewegliche Gegenstände) ist zu differenzieren zwischen

○ **technischen Anlagen und Maschinen**
   diese stehen in unmittelbarem Zusammenhang mit der betrieblichen Leistungserstellung

   und

○ **anderen Anlagen, Betriebs- und Geschäftsausstattung**
   diese dienen der Verwaltung oder nur mittelbar dem Betriebsprozess.

Zuordnungsprobleme ergeben sich regelmäßig bei Einrichtungen, die mit dem Gebäude bzw. dem Grund und Boden fest verbunden sind. Zivilrechtlich handelt es sich um wesentliche Bestandteile des Grundstücks (§ 94 BGB). Bilanziell wird zwischen unselbständigen und selbständigen Gebäudeteilen unterschieden. Maßgebend für die Abgrenzung ist ein bestehender Nutzungs- und Funktionszusammenhang mit dem Gebäude.

Einrichtungen, die der allgemeinen Nutzung des Gebäudes dienen, sind als unselbständige Gebäudeteile zu beurteilen (z. B. Heizungsanlagen, Rolltreppen). In diesen Fällen erfolgt eine Zuordnung zum unbeweglichen Vermögen.

Besteht hingegen ein unmittelbarer Zusammenhang mit dem Betriebszweck (wie z. B. bei speziellen Beleuchtungs- oder Lüftungsanlagen), liegen selbständige Gebäudeteile vor. Diese werden gesondert vom Gebäude bilanziert, und zwar als technische Anlagen beim beweglichen Vermögen.

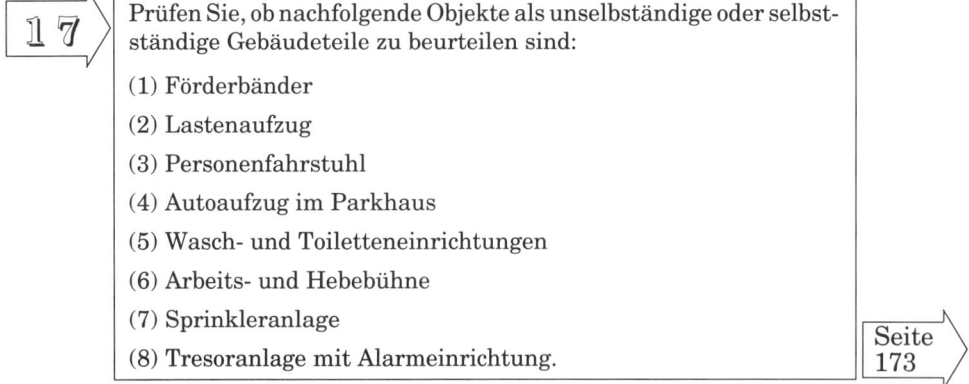

Die **geleisteten Anzahlungen** umfassen Vorleistungen aus schwebenden Geschäften für die Anschaffung von Gegenständen des Sachanlagevermögens.

Als **Anlagen im Bau** sind alle zu aktivierenden Eigen- bzw. Fremdaufwendungen für noch nicht fertiggestellte Anlagen zu berücksichtigen.

2.2.3 Finanzanlagen

Die Posten des Finanzanlagevermögens können wie folgt klassifiziert werden:

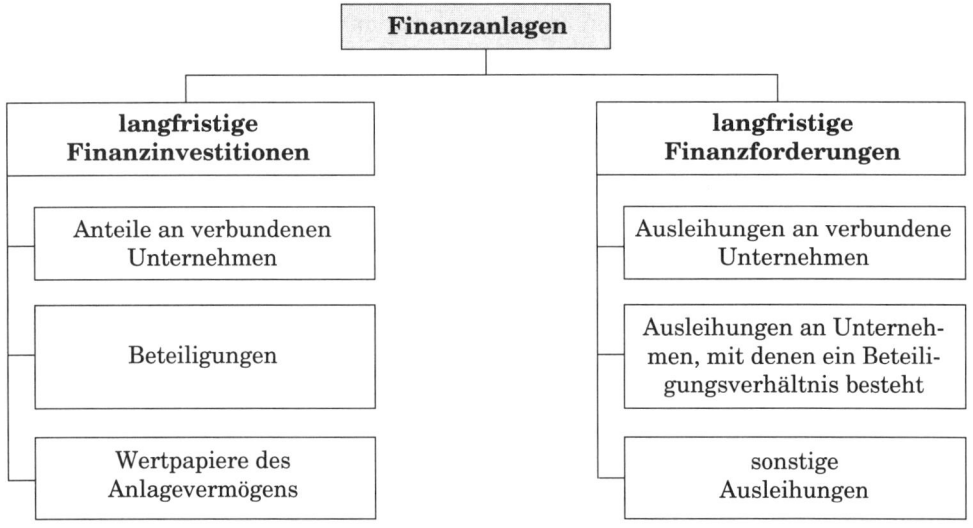

Bei den **Finanzinvestitionen** erfolgt eine Untergliederung nach dem Grad der Einflussnahme auf andere Unternehmen:

o **Anteile an verbundenen Unternehmen**
Anteile repräsentieren Mitgliedschaftsrechte in verbriefter Form (z. B. Aktien) oder unverbriefter Form (z. B. GmbH-Anteile oder Anteile an einer Personengesellschaft).

Als verbundene Unternehmen gelten Gesellschaften, die als Mutter- oder Tochterunternehmen nach den einschlägigen handelsrechtlichen Vorschriften in einen Konzernabschluss einzubeziehen sind (§ 271 Abs. 2 HGB). Abzustellen ist dabei alternativ auf das Merkmal der - durch finanzielle Beteiligung begründeten - einheitlichen Leitung (§ 290 Abs. 1 HGB) oder das Vorliegen konzerntypischer Merkmale, wie Mehrheit des Stimmrechts, Recht zur Bestimmung der Mehrheit der Organmitglieder bzw. zur Ausübung eines beherrschenden Einflusses (§ 290 Abs. 2 HGB). Ob ein Konzernabschluss tatsächlich aufgestellt wird, ist in diesem Zuammenhang ohne Bedeutung.

o **Beteiligungen**
Hierbei handelt es sich um „Anteile an anderen Unternehmen, die bestimmt sind, dem eigenen Geschäftsbetrieb durch Herstellung einer dauernden Verbindung zu jenen Unternehmen zu dienen" (§ 271 Abs. 1 Satz 1 HGB).

Für die Beurteilung relevant ist neben der Zweckbestimmung als dauerhafter (langfristiger) Anlage die Beteiligungsabsicht. Hingegen kommt es auf die Höhe der Beteiligung nicht an.

Bei Anteilen an Kapitalgesellschaften gilt eine Beteiligungsvermutung, wenn die Nennbeträge der Anteile insgesamt 20 % des Nennkapitals der Gesellschaft überschreiten (§ 271 Abs. 1 Satz 3 HGB). Wird die Beteiligungsabsicht bzw. Beteiligungsvermutung widerlegt, handelt es sich insoweit um Wertpapiere des Anlagevermögens.

Die Anteile an verbundenen Unternehmen sind regelmäßig auch als Beteiligung zu beurteilen. Der gesondert geregelte Ausweis geht als Spezialregelung dem allgemeinen Ausweis unter dem Posten Beteiligungen vor.

o **Wertpapiere des Anlagevermögens**
Hierunter fallen auf Dauer erworbene verbriefte Mitgliedschaftsrechte, die nicht die Voraussetzungen einer Beteiligung erfüllen, sowie am Kapitalmarkt gehandelte Zins- und Dividendenpapiere.

Personengesellschaften ohne natürliche Person als Vollhafter haben Anteile an Komplementärgesellschaften in der Bilanz als Anteile an verbundenen Unternehmen oder als Beteiligungen auszuweisen (§ 264c Abs. 4 Satz 1 HGB).

Die **Kapitalforderungen** entsprechen den Ausleihungen (z. B. Hypotheken-, Grund- und Rentenschulden oder langfristige Darlehen), die nach dem Ausmaß der finanziellen Verflechtung zwischen Gläubiger und Schuldner weiter unterteilt werden. Waren- oder Leistungsforderungen sind nicht unter dieser Position zu erfassen.

Personenhandelsgesellschaften i. S. des § 264a HGB haben Ausleihungen gegenüber Gesellschaftern regelmäßig gesondert auszuweisen oder im Anhang anzugeben (§ 264c Abs. 1 Satz 1 HGB). Erfolgt ein Ausweis unter anderen Posten, muss diese Eigenschaft vermerkt werden (§ 264c Abs. 1 Satz 2 HGB).

Die für Gegenstände des Anlagevermögens maßgebenden Ansatzregelungen sind nachfolgend zusammengefasst:

Art des Vermögensgegenstands / Art der Entstehung	immateriell		materiell
	Geschäfts-/ Firmenwert	Einzelgegenstand	
selbstgeschaffen (*originär*)	Aktivierungsverbot		Aktivierungspflicht
entgeltlich erworben (*derivativ*)	**Handelsbilanz:** Aktivierungswahlrecht **Steuerbilanz:** Aktivierungspflicht	Aktivierungspflicht	Aktivierungspflicht

2.3 Bewertung des Anlagevermögens

Grundlage der Bewertung des Anlagevermögens bilden die Anschaffungs- oder Herstellungskosten. Diese stellen gleichzeitig die Wertobergrenze dar, die nicht überschritten werden darf (§ 253 Abs. 1 HGB; § 6 Abs. 1 EStG).

Der Ausgangsbetrag ist grundsätzlich um Abschreibungen zu vermindern; gegebenenfalls sind Werterhöhungen in Form von Zuschreibungen zu berücksichtigen. Nach Maßgabe dieser Korrekturen ergeben sich die fortgeführten Anschaffungs- oder Herstellungskosten als abgeleiteter (*derivativer*) Wertmaßstab.

Die Struktur der Wertermittlung veranschaulicht nachfolgende Übersicht:

Ausgangswert (*originärer Wert*)	Anschaffungs-/ Herstellungskosten
Wertveränderungen	./. Abschreibungen + Zuschreibungen
abgeleiteter Wert (*derivativer Wert*)	**= fortgeführte Anschaffungs-/Herstellungskosten**

2.3.1 Abschreibungen

Anlagegüter werden generell über einen längeren Zeitraum betrieblich genutzt. Im Hinblick auf einen zutreffenden Vermögens- und Erfolgsausweis dürfen sich die für einzelne Gegenstände insgesamt geleisteten Auszahlungen daher nicht bereits im Erwerbsjahr in voller Höhe ergebnismindernd auswirken. Vielmehr hat eine periodenbezogene Verrechnung entsprechend der Abnahme des Nutzungspotenzials zu erfolgen. Eine verursachungsgerechte Aufteilung der Anschaffungs- oder Herstellungskosten scheitert in der Praxis allerdings regelmäßig an der Möglichkeit der direkten Messung des Leistungsverbrauchs. Daher werden Schätzungen oder indirekte Messungen benötigt zur Bestimmung der den einzelnen Geschäftsjahren zuzuordnenden Aufwendungen.

Als Ursachen für Wertminderungen und damit als Gründe für die Vornahme von Abschreibungen können insbesondere angeführt werden:

○ **technische Gründe**
   z. B. laufender Verschleiß, Katastrophenverschleiß, Substanzabbau

○ **wirtschaftliche Gründe**
   z. B. Marktveränderungen, technischer Fortschritt

○ **rechtliche Gründe**
   z. B. gesetzliche Maßnahmen oder Auflagen, zeitlicher Ablauf von Schutzrechten oder Verträgen.

Folgende Arten von Abschreibungen sind zu unterscheiden:

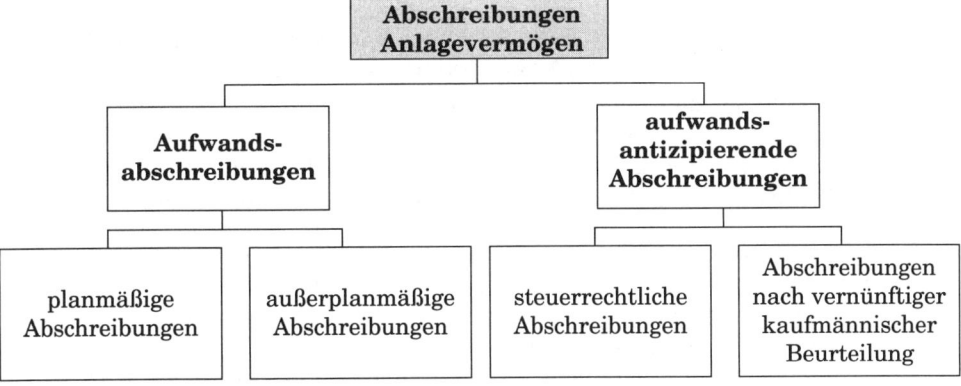

2.3.1.1 Aufwandsabschreibungen

Aufwandsabschreibungen sind dadurch gekennzeichnet, dass ein – planmäßig oder außerplanmäßig – tatsächlich eingetretener Wertverzehr erfasst werden soll.

2.3.1.1.1 Planmäßige Abschreibungen

Bei Anlagegegenständen mit zeitlich begrenzter Nutzung sind handels- und steuerrechtlich planmäßige Abschreibungen zwingend vorzunehmen (§ 253 Abs. 2 HGB;
§ 6 Abs. 1 Nr. 1 Satz 1 EStG). Für das abnutzbare Anlagevermögen – immaterielle
Vermögensgegenstände und Sachanlagen (mit Ausnahme des Grund und Bodens)
– besteht insoweit Abschreibungspflicht.

Die Ermittlung der Abschreibungen basiert auf dem so genannten *Abschreibungsplan*, in den folgende Größen eingehen:

❏ **Abschreibungsausgangsbetrag**

Bemessungsgrundlage für die Ermittlung der Abschreibungen bilden die An-
schaffungs- oder Herstellungskosten.

❏ **Abschreibungszeitraum (Nutzungsdauer)**

Der Abschreibungszeitraum umfasst die Jahre, „in denen der Vermögensgegenstand voraussichtlich genutzt werden kann" (§ 253 Abs. 2 Satz 2 HGB). Die
Nutzungsdauer ist unter Berücksichtigung der jeweiligen betrieblichen Gegebenheiten zu schätzen.

Abzustellen ist dabei auf die wirtschaftliche, nicht auf die regelmäßig längere
technische Nutzungsdauer. Daher kann ein buchmäßig bereits in voller Höhe
abgeschriebenes Anlagegut weiterhin noch betrieblich genutzt werden.

Steuerlich wird der Abschreibungszeitraum als betriebsgewöhnliche Nutzungsdauer bezeichnet (§ 7 Abs. 1 Satz 2 EStG). Aufgrund neuerer Finanzrechtsprechung ist diesbezüglich nunmehr die technische Nutzungsdauer maßgebend.
Dementsprechend sind mit Wirkung ab 2001 die von der Finanzverwaltung herausgegebenen so genannten *AfA-Tabellen* geändert worden (vgl. für allgemein
verwendbare Anlagegüter BMF-Schreiben vom 15.12.2000, BStBl 2000 I, S. 1532).
Diese enthalten - ausgehend von den Ergebnissen der steuerlichen Außenprü-
fung - Erfahrungswerte über betriebsgewöhnliche Nutzungsdauern.

Entgegen der bisher allgemein üblichen Praxis können die steuerlichen AfA-
Tabellen für den Bereich der Handelsbilanz nicht mehr generell herangezogen
werden. Handelsrechtlich wird regelmäßig die kürzere wirtschaftliche Nutzungsdauer zu Grunde zu legen sein. Insoweit ergeben sich handels- und
steuerbilanziell unterschiedliche Abschreibungsverläufe und damit Abweichungen von Handels- und Steuerbilanz.

In bestimmten Fällen sind für Vermögensgegenstände Nutzungsdauern gesetzlich festgelegt:

○ **Geschäfts- oder Firmenwert**
Ein aktivierter derivativer Geschäfts- oder Firmenwert ist längstens in den
vier folgenden Jahren mit mindestens 25 % abzuschreiben. Alternativ kommt
eine planmäßige Abschreibung über die Dauer der voraussichtlichen Nutzung
in Betracht (§ 255 Abs. 4 Satz 2 und 3 HGB).

Steuerlich ist eine Nutzungsdauer von 15 Jahren maßgebend (§ 7 Abs. 1 Satz 3 EStG).

Zusammenfassend bestehen damit hinsichtlich Ansatz und Bewertung des derivativen Geschäfts- oder Firmenwerts folgende Alternative:

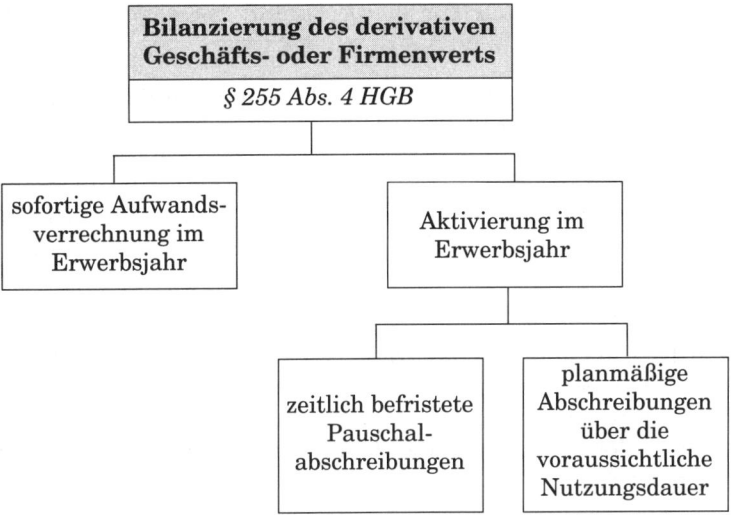

o **Gebäude**
Bei Betriebsgebäuden wird im Steuerrecht ab 2001 grundsätzlich eine Nutzungsdauer von 33 1/3 Jahren unterstellt (§ 7 Abs. 4 Satz 1 Nr. 1 EStG). Für Wohnzwecken dienende Gebäude gilt allgemein ein Abschreibungszeitraum von 50 Jahren (§ 7 Abs. 4 Satz 1 Nr. 2 Buchst. a, § 7 Abs. 5 Satz 1 Nr. 3 Buchst. b EStG).

❑ **Restverkaufserlös**

Am Ende der Nutzungsdauer kann gegebenenfalls ein Restverkaufserlös anfallen. Dieser ermittelt sich als Differenz zwischen Veräußerungspreis (z. B. Schrottwert) und den Kosten der Außerbetriebnahme bzw. sonstigen Veräußerungskosten.

Ein zu berücksichtigender Restverkaufserlös mindert die Bemessungsgrundlage der Abschreibungen und damit die jährlichen Abschreibungsbeträge. Hierdurch wird gewährleistet, dass nur der bis zum Ausscheiden eines Vermögensgegenstands verbrauchte Nutzenvorrat auf die einzelnen Jahre des Abschreibungszeitraums verteilt wird.

In der Regel kann ein Restverkaufserlös vernachlässigt werden, da dieser allgemein nicht beträchtlich ist. Etwas anderes gilt hauptsächlich bei Gegenständen aus wertvollem Material oder von hohem Gewicht; so ist z. B. bei Schiffen der Schrottwert zu berücksichtigen (vgl. H 43 [Anschaffungskosten] EStH).

❑ **Abschreibungsbeginn**

Hinsichtlich des Abschreibungsbeginns ist in Anschaffungsfällen regelmäßig von dem Zeitpunkt der Lieferung und in Herstellungsfällen von dem Zeitpunkt der Fertigstellung auszugehen. Erfolgt die Anschaffung oder Herstellung im Laufe eines Jahres, sind die Abschreibungen grundsätzlich nur zeitanteilig vorzunehmen, und zwar für den Zeitraum zwischen der Anschaffung oder Herstellung und dem Ende des Geschäftsjahrs.

Bei beweglichen Anlagegütern gilt folgende steuerliche Vereinfachungsregel (vgl. R 44 Abs. 2 Satz 3 EStR):

Im Falle der Anschaffung oder Herstellung in der ersten Jahreshälfte kann die gesamte Jahresabschreibung und bei Anschaffung oder Herstellung in der zweiten Jahreshälfte der halbe Jahresbetrag angesetzt werden.

❑ **Abschreibungsmethode**

Die bei der Aufstellung der Jahresabschlusses zu beachtenden GoB gelten auch für die Wahl der Abschreibungsmethode. Dementsprechend sind Verfahren unzulässig, bei denen der Abschreibungsverlauf dem Nutzungsverlauf offensichtlich widerspricht oder bei denen die Abschreibungen ergebnisabhängig bemessen werden.

Unter Beachtung der einschlägigen steuerlichen Regelungen sind in der Praxis insbesondere folgende planmäßigen Abschreibungen von Bedeutung:

o **zeitabhängige Abschreibungen**
  → **lineare Abschreibung**
    Hierbei handelt es sich um die generell zulässige Methode bei allen abnutzbaren Anlagegegenständen. Die Anschaffungs- oder Herstellungskosten werden gleichmäßig über die Nutzungsdauer verteilt (§ 7 Abs. 1 Satz 1 EStG).

18

Für eine maschinelle Anlage gelten folgende Daten:

Zeitpunkt der Fertigstellung	15.3.01
Herstellungskosten	870.000 €
Nutzungsdauer	8 Jahre
Restverkaufserlös	18.000 €

Ermitteln Sie die alternativen linearen Abschreibungsbeträge für das Geschäftsjahr 01.

Seite 173

  → **degressive Abschreibung**
    Alternativ kommt eine degressive Abschreibung in Betracht. Diese Methode ist durch fallende Jahresbeträge gekennzeichnet.

    Bei beweglichen Anlagegegenständen ist steuerlich allein die geometrisch-degressive Abschreibung, so genannte *Buchwertabschreibung*, zulässig (§ 7 Abs. 2 EStG). Dabei ergeben sich die jährlichen Abschreibungsbeträge aus der Multiplikation des Buchwerts (Restwerts) mit einem unveränderten Hundertsatz. Dieser ist bei nach dem 31.12.2000 angeschafften oder hergestellten Anlagegütern in zweifacher Weise begrenzt: zum einen darf der Höchstsatz das Zweifache des linearen Satzes und zum anderen insgesamt 20 % nicht übersteigen. Welche dieser Beschränkungen greift, hängt von der Länge der Nutzungsdauer ab:

Nutzungsdauer < 10 Jahre	Begrenzung auf 20 %
Nutzungsdauer ≥ 10 Jahre	Begrenzung auf das Zweifache des linearen Satzes

Die geometrisch-degressive Abschreibung ist bei Wirtschaftsgütern mit einer Nutzungsdauer von mindestens fünf Jahren wirtschaftlich sinnvoll.

Die dargestellte steuerliche Begrenzung des degressiven Abschreibungssatzes ist handelsrechtlich nicht bindend. Bei Nachweis einer höheren tatsächlichen Wertminderung sind entsprechend höhere Abschreibungssätze anzuwenden. Auch insoweit kann die Abschreibungsberechnung folglich in Handels- bzw. Steuerbilanz differieren.

Bei Anwendung der degressiven Methode ergeben sich zum Ende des Abschreibungszeitraums nicht unbeträchtliche Restbuchwerte. Daher darf jederzeit von der degressiven auf die lineare Abschreibung übergegangen werden. Der umgekehrte Wechsel ist steuerlich ausgeschlossen (§ 7 Abs. 3 EStG).

Ein Methodenwechsel empfiehlt sich im Hinblick auf eine möglichst hohe Aufwandsverrechnung regelmäßig in dem Jahr, in dem sich bei linearer Abschreibung des Restwerts höhere Abschreibungsbeträge als bei Fortführung der degressiven Abschreibung ergeben.

Für eine von einem Einzelunternehmen erworbene Maschine gelten folgende Daten:

Zeitpunkt der Inbetriebnahme	10.11.01
Anschaffungskosten	330.000 €
Nutzungsdauer	6 Jahre
Restverkaufserlös	0 €

Ermitteln Sie die jährlichen Abschreibungsbeträge und Restbuchwerte bei geometrisch-degressiver Abschreibung nach § 7 Abs. 2 EStG

(1) ohne Methodenwechsel

(2) mit Methodenwechsel.

Seite 174

Bei neuen Gebäuden, die Wohnzwecken dienen, erfolgt die degressive Abschreibung nach gestaffelten Abschreibungssätzen. Diese werden jeweils für bestimmte Abschreibungszeiträume auf die Anschaffungs- oder

Herstellungskosten bezogen, so genannte *Staffelabschreibung*. Die Anwendung anderer als der gesetzlich geregelten Staffelsätze ist nicht zulässig (vgl. R 44 Abs. 6 Satz 1 EStR).

Folgende Abschreibungssätze kommen zur Anwendung (§ 7 Abs. 5 Satz 1 Nr. 3 Buchst. b EStG):

1. - 8. Jahr	5 % p.a.
9. - 14. Jahr	2,5 % p.a.
15. - 50. Jahr	1,25 % p.a.

Bei Anschaffung oder Herstellung eines Gebäudes im Laufe eines Geschäftsjahrs kann die degressive Abschreibung in voller Höhe vorgenommen werden (vgl. H 44 [Teil des auf ein Jahr entfallenden AfA-Betrags] EStH).

Ein Wechsel von der degressiven zur linearen Gebäudeabschreibung ist nicht möglich (vgl. H 44 [Wechsel der AfA-Methode bei Gebäuden] EStH).

20

> Eine Kapitalgesellschaft hat ein Gebäude mit Werkswohnungen am 10.9.01 fertig gestellt. Die Herstellungskosten belaufen sich auf 660.000 €.
>
> Stellen Sie die Restbuchwerte zum 31.12.01 bzw. 31.12.02 bei Maßgabe der
>
> (1) linearen Abschreibung
>
> (2) degressiven Abschreibung
>
> gegenüber.

Seite 174

○ leistungs- bzw. verbrauchsabhängige Abschreibungen

Bei diesen Verfahren schwanken die Abschreibungsbeträge entsprechend der Leistung bzw. dem Verbrauch. Zur Ermittlung der Abschreibungen werden die Anschaffungs- oder Herstellungskosten durch das gesamte Nutzungspotenzial (z. B. Stückzahlen, Maschinenstunden oder Abbaumenge) dividiert. Das Ergebnis entspricht dem je Leistungseinheit zu verrechnenden Betrag. Die Jahresabschreibungen ergeben sich aus der Multiplikation dieser Größe mit der Leistungs- bzw. Verbrauchsmenge der betreffenden Periode.

Die **Leistungsabschreibung** muss wirtschaftlich begründet sein (§ 7 Abs. 1 Satz 5 EStG). Diese Voraussetzung ist erfüllt bei Gegenständen mit erheblich schwankender Leistung und daraus resultierendem höchst unterschiedlichem Verschleiß. Ferner muss der in einer Periode erbrachte Leistungsumfang nachgewiesen werden, z. B. bei Spezialmaschinen mittels Zählwerken über die verrichteten Arbeitsvorgänge oder bei einem Kraftfahrzeug durch Kilometerzähler.

Als verbrauchsabhängiges Verfahren anzuführen ist die steuerliche **Absetzung für Substanzverringerung** gem. § 7 Abs. 6 EStG bei Gewinnungsbetrieben (z. B. Bergbauunternehmen, Steinbrüchen, Kiesgruben).

2.3.1.1.2 Außerplanmäßige Abschreibungen

Während planmäßige Abschreibungen nur beim abnutzbaren Anlagevermögen erfolgen dürfen, sind außerplanmäßige Abschreibungen bei allen Gegenständen des Anlagevermögens zulässig. Als Ursachen für derartige Abschreibungen lassen sich insbesondere anführen:

○ **außergewöhnliche technische Abnutzung**
durch äußere Einwirkungen infolge höherer Gewalt (z. B. Brand, Wasser) oder durch innerbetriebliche Gründe (z. B. Nutzung in mehreren Schichten)

○ **außergewöhnliche wirtschaftliche Abnutzung**
durch Absatzrückgänge oder -verschiebungen sowie technischen Fortschritt.

Bei nicht dauernder Wertminderung besteht nach dem gemilderten Niederstwertprinzip generell ein Abwertungswahlrecht (§ 253 Abs. 2 Satz 3 HGB). Bei Kapitalgesellschaften und Personengesellschaften mit Haftungsbeschränkung ist dieses Wahlrecht auf den Bereich des Finanzanlagevermögens beschränkt (§ 279 Abs. 1 HGB).

Abschreibungspflicht ist für alle Kaufleute jedoch bei voraussichtlich dauernder Wertminderung gegeben. Eine dauerhafte Wertminderung liegt vor, wenn während eines erheblichen Teils der Restnutzungsdauer am Bilanzstichtag der beizulegende Wert unter dem nach Maßgabe planmäßiger Abschreibungen ermittelten (Rest-) Buchwert liegt.

Die unterschiedlichen Regelungen zur Berücksichtigung außerplanmäßiger Wertminderungen im Anlagevermögen sind nachfolgend im Überblick dargestellt:

Dauer der Wertminderung einzelner Vermögensgegenstände		Rechtsform	
		Einzelunternehmen/Personengesellschaft mit natürlicher Person als Vollhafter	Kapitalgesellschaft/Personengesellschaft ohne natürliche Person als Vollhafter
voraussichtlich vorübergehend	Finanzanlagevermögen	Abwertungswahlrecht	Abwertungswahlrecht
	übriges Anlagevermögen		Abwertungsverbot
voraussichtlich dauernd	Anlagevermögen	Abwertungspflicht	

Die handelsrechtliche Abschreibung auf den niedrigeren beizulegenden Wert entspricht regelmäßig der steuerlichen Teilwertabschreibung (§ 6 Abs. 1 Nr. 1 Satz 2 EStG).

Nach erfolgter außerplanmäßiger Abschreibung ist während der verbleibenden (unveränderten oder gegebenenfalls verkürzten) Restnutzungsdauer wieder planmäßig, d. h. in regelmäßigen Beträgen abzuschreiben.

2.3.1.2 Aufwandsantizipierende Abschreibungen

Hierbei handelt es sich um Abschreibungen, die zu einer über den eingetretenen Wertverzehr hinausgehenden Aufwandsverrechnung führen.

2.3.1.2.1 Steuerrechtliche Abschreibungen

Diese wirtschafts- und strukturpolitisch begründeten Abschreibungsmöglichkeiten führen zu Unterbewertungen von Vermögensgegenständen. Wichtige Anwendungsfälle im geltenden Recht sind:

❑ **Sonderabschreibungen**

Sonderabschreibungen sind neben den planmäßigen Abschreibungen zu berücksichtigen (§ 7a Abs. 4 EStG). Über die zwingend vorzunehmenden Absetzungen hinaus wird also ein „Mehr an Abschreibungen" ergebniswirksam verrechnet. Folglich kommt es zu einer Verminderung des ausgewiesenen Ergebnisses sowie der daran anknüpfenden Zahlungsverpflichtungen.

Die Sonderabschreibungen werden in Höhe eines bestimmten Prozentsatzes der Anschaffungs- oder Herstellungskosten gewährt und können innerhalb eines mehrperiodischen Begünstigungszeitraums in Anspruch genommen werden. Die Verteilung der Sonderabschreibungen auf die einzelnen Perioden dieses Zeitraums steht dem Bilanzierenden frei. Nach Ablauf des maßgebenden Begünstigungszeitraums ist ein dann noch vorhandener Restwert gleichmäßig auf die verbleibende Restnutzungsdauer zu verteilen (§ 7a Abs. 9 EStG).

Als Beispiel anzuführen ist die Sonderabschreibung zur Förderung kleiner und mittlerer Betriebe nach § 7g Abs. 1 EStG. Danach besteht unter gewissen Voraussetzungen die Möglichkeit zur Vornahme von Sonderabschreibungen bei neuen beweglichen Gütern des Anlagevermögens im Jahr der Anschaffung oder Herstellung und in den vier folgenden Jahren bis zur Höhe von 20 % der Anschaffungs- oder Herstellungskosten. Diese Sonderabschreibung kommt sowohl neben der linearen wie auch neben der geometrisch-degressiven Abschreibung in Betracht.

Ein Einzelunternehmer, der die Voraussetzungen des § 7g Abs. 2 EStG erfüllt, erwirbt im Januar 01 einen neuen Lkw mit Anschaffungskosten von 240.000 €. Die maßgebende Nutzungsdauer beträgt 6 Jahre. Ein Restbuchwert ist nicht zu berücksichtigen. Die Sonderabschreibung nach § 7g EStG soll im Anschaffungsjahr neben der linearen Abschreibung erfolgen.

Stellen Sie den Abschreibungsverlauf dar.

Seite 174

❏ **Übertragung stiller Reserven**

Die steuerlichen Möglichkeiten zur Übertragung stiller Reserven, auch als Bewertungsabschläge bezeichnet, führen gleichfalls zu einer vorzeitigen Aufwandsverrechnung.

Nach den einschlägigen Regelungen von § 6b EStG sowie R 35 EStR können die vornehmlich beim Ausscheiden bestimmter Anlagegüter aufgedeckten stillen Reserven auf andere Vermögensgegenstände übertragen werden. Dies geschieht durch Abzug der realisierten stillen Reserven von den Anschaffungs- oder Herstellungskosten begünstigter Reinvestitionsobjekte. Der entsprechend gekürzte Betrag ist für die Bemessung der weiteren Abschreibungen maßgebend. Die Übertragung stiller Reserven wirkt damit wie eine „Vorwegabschreibung" (*Börner / Krawitz*, S. 154).

Sofern eine Übertragung nicht sofort im Jahr der Aufdeckung der stillen Reserven erfolgt, kann in entsprechender Höhe eine steuerfreie Rücklage gebildet werden.

Die handelsrechtliche Zulässigkeit derartiger Abschreibungen ergibt sich allgemein aus § 254 HGB. Für Kapitalgesellschaften und Personengesellschaften i. S. des § 264a HGB wird zusätzlich verlangt, dass die steuerliche Anerkennung der betreffenden Bewertungsmaßnahme an einen entsprechenden handelsbilanziellen Ausweis gebunden ist (§ 279 Abs. 2 HGB). Einschlägig hierfür ist die Regelung des § 5 Abs. 1 Satz 2 EStG, die eine einheitliche Wahlrechtsausübung in Handels- und Steuerbilanz fordert. Insoweit wird das Steuerrecht direkt maßgeblich für die handelsrechtliche Bilanzierung und das Maßgeblichkeitsprinzip damit faktisch umgekehrt.

2.3.1.2.2 Abschreibungen nach vernünftiger kaufmännischer Beurteilung

Einzelunternehmen und Personengesellschaften mit einer natürlichen Person als Vollhafter können zudem Abschreibungen im Rahmen vernünftiger kaufmännischer Beurteilung vornehmen (§ 253 Abs. 4 HGB). Für Unternehmen mit Haftungsbeschränkung ist diese Abschreibungsalternative ausgeschlossen (§ 279 Abs. 1 Satz 1 HGB).

Dieses nur in der Handelsbilanz bestehende Wahlrecht führt zu einem unter dem (Rest-)Buchwert aufgrund planmäßiger, außerplanmäßiger und steuerrechtlicher Abschreibungen liegenden Wert. Hierdurch wird die Möglichkeit zur Legung stiller Reserven geschaffen. Als zulässige Abschreibungsgründe kommen nach herrschender Auffassung u. a. in Betracht:

– Vorsorge für künftige Investitionen
– Kompensation von Scheingewinnen
– Verstetigung des Gewinnausweises (= Gewinnglättung).

Sachlich unbegründete und damit willkürliche Abwertungen sind allerdings mit dem Willkürverbot und den GoB nicht vereinbar.

Mangels steuerlicher Anerkennung kommt diesem Wertansatz nur geringe praktische Relevanz zu.

Die handelsrechtlichen und damit korrespondierenden steuerlichen Abschreibungsarten sind in nachfolgender Übersicht zusammengefasst:

Abschreibungsarten - Anlagevermögen	
Handelsrecht	**Steuerrecht**
Planmäßige Abschreibungen (*§ 253 Abs. 2 Satz 1 HGB*)	Absetzungen für Abnutzung • in gleichen Jahresbeträgen (*§ 7 Abs. 1 Satz 1, § 7 Abs. 4 EStG*) • nach Maßgabe der Leistung (*§ 7 Abs. 1 Satz 5 EStG*) • in fallenden Jahresbeträgen (*§ 7 Abs. 2, § 7 Abs. 5 EStG*) Absetzungen für Substanzverringerung (*§ 7 Abs. 6 EStG*)
Außerplanmäßige Abschreibungen • auf den niedrigeren beizulegenden Wert (*§ 253 Abs. 2 Satz 3 HGB*)	Absetzungen für außergewöhnliche technische oder wirtschaftliche Abnutzung (*§ 7 Abs. 1 Satz 6 EStG*) Teilwertabschreibung (*§ 6 Abs. 1 Nr. 1 Satz 2 und Nr. 2 Satz 2 EStG*)
• im Rahmen vernünftiger kaufmännischer Beurteilung (*§ 253 Abs. 4 HGB*)	
Steuerrechtliche Abschreibungen (*§ 254, § 279 Abs. 2 HGB*)	Sonderabschreibungen Bewertungsabschläge

2.3.2 Zuschreibungen

Sofern nach Vornahme außerplanmäßiger oder steuerrechtlicher Abschreibungen in späteren Jahren die Gründe für diese Wertminderungen entfallen, können Einzelunternehmer und Personengesellschaften mit einer natürlichen Person als Vollhafter generell den niedrigeren Wert beibehalten (§ 253 Abs. 5, § 254 Satz 2 HGB). Bei diesen Rechtsformen müssen gebildete stille Reserven also nicht zwangsweise wieder aufgelöst werden.

Für Kapitalgesellschaften und Personengesellschaften i. S. des § 264a HGB besteht in entsprechenden Fällen ein Wertaufholungsgebot (§ 280 Abs. 1 HGB). Das Prinzip des Wertzusammenhangs wird insoweit durchbrochen.

Bei nicht abnutzbaren Anlagegütern ist danach der Buchwert bis maximal zu den Anschaffungs- oder Herstellungskosten zu erhöhen. Beim abnutzbaren Anlagevermögen ist die Zuschreibung begrenzt auf die nach Maßgabe der – ursprünglichen – planmäßigen Abschreibungen ermittelten fortgeführten Anschaffungs- oder Herstellungskosten.

Steuerlich besteht ab Veranlagungszeitraum 1999 eine generelle Zuschreibungspflicht, sofern nicht vom Steuerpflichtigen wegen voraussichtlich dauernder Wertminderung der Ansatz eines niedrigeren Teilwerts nachgewiesen werden kann (§ 6 Abs. 1 Nr. 1 Satz 4 EStG). Anders als im Handelsrecht kommt es also nicht auf den Wegfall der Gründe einer früheren außerplanmäßigen Abschreibung an. Allein entscheidend ist vielmehr ein Anstieg des Teilwerts. Folglich ist dieser Wert zu jedem Bilanzstichtag zu ermitteln und unter dem Aspekt der Dauerhaftigkeit zu qualifizieren.

Für die ganz überwiegende Zahl der praktischen Anwendungsfälle wird davon auszugehen sein, dass die für eine Zuschreibung maßgebenden Kriterien in Handels- und Steuerbilanz inhaltlich deckungsgleich sind. Damit gilt Folgendes:

Bei Unternehmen ohne Haftungsbeschränkung bleibt das handelsrechtliche Zuschreibungswahlrecht von dem steuerlichen Zuschreibungsgebot unberührt. Insoweit ergeben sich unterschiedliche Wertansätze in beiden Bilanzen.

Für Unternehmen mit Haftungsbeschränkung gilt handels- wie auch steuerbilanziell in entsprechenden Fällen eine Zuschreibungspflicht. Die Bewertung erfolgt damit in beiden Rechenwerken gleich. Aus diesem Grunde kommt der Sonderregelung des § 280 Abs. 2 HGB nunmehr keine Bedeutung mehr zu.

Die ab 1999 steuerlich zwingend vorzunehmenden Zuschreibungen unterliegen keiner zeitlichen Begrenzung. Folglich sind sämtliche in der Vergangenheit vorgenommenen Teilwertabschreibungen zu überprüfen und – so weit erforderlich – zu korrigieren. Zurückzugehen ist bis zum erstmaligen Zeitpunkt der Bilanzierung der betreffenden Gegenstände, gegebenenfalls also bis zur DM-Eröffnungsbilanz 1948 (in den alten Bundesländern) bzw. bis zur DM-Eröffnungsbilanz 1990 (in den neuen Bundesländern).

Für den im Abschluss 1999 aus der Zuschreibung resultierenden Gewinn konnte in Höhe von 4/5 eine den steuerlichen Gewinn mindernde Rücklage gebildet werden. Diese Rücklage ist in den folgenden vier Wirtschaftsjahren generell mit 1/4 gewinnerhöhend aufzulösen (§ 52 Abs. 16 Satz 3 EStG).

Die handelsrechtlichen Regelungen zur Wertaufholung sind nachfolgend zusammengefasst:

Abschreibungsart \ Rechtsform	Einzelunternehmen/ Personengesellschaft mit natürlicher Person als Vollhafter	Kapitalgesellschaft/ Personengesellschaft ohne natürliche Person als Vollhafter
planmäßige Abschreibungen	Zuschreibungsverbot	
außerplanmäßige Abschreibungen auf den niedrigeren beizulegenden Wert	Zuschreibungswahlrecht	Zuschreibungsgebot
Abschreibungen nach vernünftiger kaufmännischer Beurteilung	Zuschreibungswahlrecht	✕
steuerrechtliche Abschreibungen	Zuschreibungswahlrecht	Zuschreibungsgebot

22 ▷ Ein Einzelunternehmer erwirbt im März 01 eine Anlage für 200.000 €, deren maßgebende Nutzungsdauer acht Jahre beträgt. Die planmäßigen Abschreibungen erfolgen nach der linearen Methode; ein Restverkaufserlös ist nicht zu berücksichtigen. Im Abschluss 02 wird eine außerplanmäßige Abschreibung nach § 253 Abs. 2 HGB in Höhe von 18.000 € vorgenommen. Die hierfür maßgebenden Gründe bestehen zum Ende des Jahres 05 nicht mehr.

Stellen Sie die Entwicklung der Buchwerte während der Nutzungsdauer bei Unterlassung bzw. bei Vornahme der höchstmöglichen Zuschreibung dar!

Seite 175 ▷

2.3.3 Bewertungsvereinfachungen

Grundsätzlich sind sämtliche Vermögensgegenstände einzeln für sich zu bewerten. Abweichungen hiervon werden aus Wirtschaftlichkeitsgründen zugelassen. Als Bewertungsvereinfachungen sind anzuführen:

❑ **Festbewertung** (§ 240 Abs. 3 HGB)

Gegenstände des Sachanlagevermögens können mit einem Festwert angesetzt werden. Hierdurch werden die Inventur- und Bewertungsarbeiten vereinfacht.

Eine Festbewertung kommt bei Sachanlagegütern in Betracht, wenn sie

– regelmäßig ersetzt werden
– ihr Gesamtwert für das Unternehmen von nachrangiger Bedeutung ist und
– ihr Bestand in Größe (Menge), Wert und Zusammensetzung nur geringen Veränderungen unterliegt.

Zudem muss alle drei Jahre eine körperliche Bestandsaufnahme durchgeführt werden (vgl. zu weiteren Einzelheiten BMF-Schreiben vom 8.3.1993, BStBl 1993 I, S. 276).

Das Festwertverfahren basiert auf der Annahme, dass sich für eine gewisse Zeit Verbrauch und Zugänge in etwa entsprechen. Daher kann die Bilanzierung mit gleichbleibender Menge und gleichbleibendem Wert erfolgen. Zugänge werden sofort in voller Höhe aufwandswirksam verbucht. Typische Anwendungsfälle für die Festbewertung sind Gerüst- und Schalungsteile, Formen und Werkzeuge sowie Büroausstattungen.

Ergibt sich aufgrund der Inventur, dass der aktuelle Wert von dem bisherigen Festwert abweicht, gilt analog zur steuerrechtlichen Regelung nach R 31 Abs. 4 EStR Folgendes:

o **Abweichung nach oben**
≤ 10 %: Der bisherige (alte) Festwert kann beibehalten werden.

> 10 %: Der bisherige Festwert ist auf den erhöhten neuen Wert anzupassen. Zu diesem Zweck werden Ersatzbeschaffungen als Zugänge aktiviert, bis der neue Wert erreicht ist.

o **Abweichung nach unten**
In diesem Fall besteht Abwertungspflicht.

> **2 3** Ein Bauunternehmer hat Schalungs- und Gerüstteile im Abschluss 01 mit einem Festwert von 72.000 € bilanziert. Aufgrund körperlicher Bestandsaufnahme ergeben sich zum 31.12.04 hierfür folgende alternativen Inventurwerte:
>
> (1) 68.000 €
>
> (2) 79.000 €
>
> (3) 95.000 €.
>
> Welche Konsequenzen sind hiermit für die Festbewertung verbunden? Seite 176

❑ **Gruppenbewertung** (§ 240 Abs. 4 HGB)

Gleichartige oder annähernd gleichwertige bewegliche Anlagegüter können zu einer Gruppe zusammengefasst und mit dem gewogenen Durchschnittswert angesetzt werden. Diese Durchbrechung des Grundsatzes der Einzelbewertung erleichtert und vereinfacht die Bewertung, nicht jedoch die Inventurarbeiten.

❏ **Sofortabschreibung geringwertiger Anlagegüter**

Geringwertige Anlagegegenstände können sofort im Jahr der Anschaffung oder Herstellung in voller Höhe abgeschrieben werden. Entsprechend § 6 Abs. 2 EStG gilt diese Regelung für abnutzbare bewegliche Anlagegüter, die selbständig nutzungsfähig sind und deren Anschaffungs- oder Herstellungskosten nicht mehr als 410 € betragen.

Alternativ kommt in den entsprechenden Fällen die lineare oder degressive Abschreibung in Betracht.

Auf eine Erfassung der Zugänge im Bestandsverzeichnis kann bei Gegenständen mit Anschaffungs- oder Herstellungskosten von nicht mehr als 60 € verzichtet werden, so genannte *geringstwertige Anlagegegenstände* (vgl. R 31 Abs. 3 und R 40 Abs. 2 EStR).

Die für das Anlagevermögen geltende Bewertungskonzeption ist in nachstehendem Überblick zusammengefasst:

Wertkomponente	abnutzbares Anlagevermögen	nicht abnutzbares Anlagevermögen
Ausgangswert/ Wertobergrenze	Anschaffungs-/ Herstellungskosten	Anschaffungskosten
Abschreibungs- pflichten	planmäßige Abschreibungen	
	außerplanmäßige Abschreibungen bei voraussichtlich dauernder Wertminderung	
Abschreibungs- wahlrechte	außerplanmäßige Abschreibungen bei voraussichtlich nicht dauernder Wertminderung *(bei Kapitalgesellschaften und Personengesellschaften ohne natürliche Person als Vollhafter nur für Finanzanlagen)*	
	Abschreibungen auf den niedrigeren steuerlich zulässigen Wert	
	Abschreibungen auf den Wert nach vernünftiger kaufmännischer Beurteilung *(nur Einzelunternehmen und Personengesellschaften mit natürlicher Person als Vollhafter)*	
Zuschreibung	Zuschreibungswahlrecht *(bei Einzelunternehmen und Personengesellschaften mit natürlicher Person als Vollhafter)* Zuschreibungspflicht *(bei Kapitalgesellschaften und Personengesellschaften ohne natürliche Person als Vollhafter)*	

2.4 Anlagespiegel

Die Wertveränderungen können bei Einzelunternehmen und Personengesellschaften mit einer natürlichen Person als Vollhafter aktivisch (direkt) oder passivisch (indirekt) berücksichtigt werden.

Beim aktivischen Ausweis werden die ursprünglichen Werte saldiert mit den zwischenzeitlich eingetretenen Wertänderungen ausgewiesen, d. h. auf der Aktivseite werden die fortgeführten Anschaffungs- oder Herstellungskosten angesetzt. Beim passivischen Ausweis erfolgt keine Saldierung. Hier wird auf der Aktivseite das Anlagevermögen mit den ursprünglichen Anschaffungs- oder Herstellungskosten gezeigt und auf der Passivseite für die Wertberichtigungen ein gesonderter Posten gebildet.

Für Kapitalgesellschaften und bestimmte Personengesellschaften kommt allein die direkte Abschreibung in Betracht. Die Entwicklung der einzelnen Posten ist in einem Anlagespiegel (Anlagegitter) darzustellen (§ 268 Abs. 2 HGB). Dieser kann alternativ in der Bilanz oder im Anhang ausgewiesen werden. Kleine Gesellschaften mit Haftungsbeschränkung sind von der Aufstellung eines Anlagegitters befreit (§ 274a Nr. 1 HGB).

Der Anlagespiegel ist nach dem Prinzip der direkten Bruttomethode wie folgt aufgebaut:

Bilanzposten	historische Anschaffungs-/ Herstellungskosten	Zu-gänge	Ab-gänge	Um-bu-chun-gen	Zu-schrei-bungen-Ge-schäfts-jahr	kumu-lierte Ab-schrei-bungen	Rest-buch-wert - Ge-schäfts-jahr	Rest-buch-wert - Vor-jahr	Ab-schrei-bungen - Ge-schäfts-jahr
gesondert für									
• **Aufwendungen für die Ingangsetzung und Erweiterung des Geschäftsbetriebs**									
• **jeden Posten des Anlagevermögens**									

Die im Unternehmen vorhandenen Vermögensgegenstände werden bis zu ihrem Ausscheiden mit den historischen Ausgangswerten berücksichtigt.

Die Zu- bzw. Abgänge beziehen sich auf die mit Anschaffungs- oder Herstellungskosten zu erfassenden Anlagegüter des laufenden Jahres. Beim Abgang von Gegenständen müssen die kumulierten Abschreibungen um die entsprechenden Werte korrigiert werden.

Umbuchungen sind erforderlich zur Darstellung von Umgliederungen vorhandener Anlagewerte. Hiermit ist keine Mengen- oder Wertänderung des Anlagevermögens verbunden. Als typische Beispiele anzuführen sind Umbuchungen geleisteter Anzahlungen oder von Anlagen im Bau auf die entsprechende Einzelposition. Insgesamt müssen sich die Umbuchungen eines Geschäftsjahrs ausgleichen.

Die Zuschreibungen sind Korrekturen der in früheren Jahren erfolgten (außerplanmäßigen oder steuerrechtlichen) Abschreibungen. Der Betrag der Zuschreibung ist im nachfolgenden Geschäftsjahr mit den insgesamt vorgenommenen Abschreibungen zu saldieren.

Die Abschreibungen werden kumuliert ausgewiesen, d. h. als Gesamtgröße, die alle Abschreibungsarten umfasst. Diese Position ermittelt sich wie folgt:

> kumulierte Abschreibungen - Vorjahr
> + Abschreibungen - Geschäftsjahr
> ./. Zuschreibungen - Vorjahr
> ./. kumulierte Abschreibungen auf Abgänge
> ± kumulierte Abschreibungen auf Umbuchungen
>
> **= kumulierte Abschreibungen - Geschäftsjahr**

Die im laufenden Geschäftsjahr erfolgten Abschreibungen sind entweder in der Bilanz oder im Anhang anzugeben.

Für geringwertige Anlagegegenstände empfiehlt sich im Jahr der Anschaffung oder Herstellung eine betragsgleiche Erfassung bei den Zugängen und gleichzeitig bei den Abschreibungen. Die Ausbuchung erfolgt durch Fiktion eines Abgangs zweckmäßigerweise im folgenden Geschäftsjahr. Ausgenommen hiervon sind insbesondere die mit einem Festwert angesetzten Vermögensgegenstände.

Die steuerrechtlichen Abschreibungen können nach § 281 Abs. 1 HGB alternativ auch indirekt erfolgen. In diesem Fall wird der Unterschiedsbetrag zwischen handelsrechtlich gebotener und steuerlich zulässiger Abschreibung als Wertberichtigung in den Sonderposten mit Rücklageanteil eingestellt.

24 Eine Kapitalgesellschaft erwirbt im Januar 01 eine Maschine mit fünfjähriger Nutzungsdauer zum Gesamtpreis von 350.000 €. Die Maschine wird bis zur Verschrottung im Dezember 06 betrieblich genutzt. Eine weitere Anlage mit einer Nutzungsdauer von vier Jahren wird im März 02 zum Preis von 220.000 € angeschafft. Hierauf erfolgt im Jahr 03 eine außerplanmäßige Abschreibung in Höhe von 38.000 €. Infolge eines Schadens im November 04 kann die Anlage nicht mehr genutzt werden und scheidet aus dem betrieblichen Vermögen aus.

Die planmäßigen Abschreibungen werden nach der linearen Methode vorgenommen; bei Abschreibungsbeginn im ersten Halbjahr wird ein voller Jahresbetrag angesetzt (vgl. R 44 Abs. 2 EStR).

Stellen Sie obige Vorgänge im Anlagespiegel (unter Verzicht auf die Zuschreibungs- und Umbuchungsspalte) dar. Seite 176

3. Bilanzierung des Umlaufvermögens

3.1 Begriff des Umlaufvermögens

Das Handelsrecht enthält keine Begriffsdefinition des Umlaufvermögens. Im Umkehrschluss zur Regelung des § 247 Abs. 2 HGB kann eine negative Abgrenzung erfolgen. Dementsprechend gehören zum Umlaufvermögen alle Gegenstände, die nicht dauernd dazu bestimmt sind, dem Geschäftsbetrieb zu dienen. Es handelt sich also um zur Verarbeitung, zum Verbrauch oder zur Veräußerung angeschaffte oder hergestellte Güter (vgl. R 32 Abs. 2 EStR).

3.2 Posten des Umlaufvermögens

Das Umlaufvermögen setzt sich aus folgenden Hauptposten zusammen:

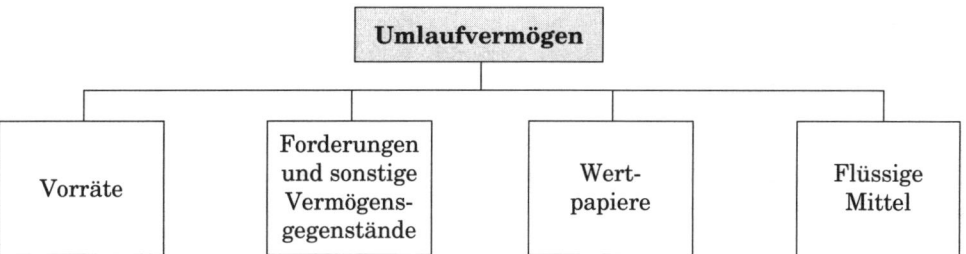

3.2.1 Vorräte

Bei den als Vorräte zu erfassenden Posten wird entsprechend dem Ablauf des Fertigungsprozesses in einem Industrieunternehmen wie folgt differenziert:

○ **vor Beginn der Leistungserstellung**
Die für den betrieblichen Leistungsprozess erforderlichen Güter sind als Roh-, Hilfs- und Betriebsstoffe auszuweisen.

Rohstoffe gehen unmittelbar als Hauptbestandteile oder wesentliche Bestandteile in ein Produkt ein (z. B. Hölzer und Bezugstoffe zur Möbelproduktion; Bleche und Reifen zur Autoproduktion).

Hilfsstoffe gehen zwar auch unmittelbar in betriebliche Erzeugnisse ein, sie sind allerdings von untergeordneter Bedeutung für die jeweiligen Endprodukte (z. B. Schrauben, Nägel, Farben, Klebstoffe).

Betriebsstoffe werden für den Produktionsablauf benötigt, sie gehen selbst jedoch nicht in das Fertigprodukt ein (z. B. Schmiermittel, Brennstoffe, Werbematerialien, Reinigungsmittel).

○ **während der Leistungserstellung**
In der Zeit vom Beginn der Be- oder Verarbeitung bis zur Entstehung eines verkaufs- bzw. marktreifen Produkts liegen **unfertige Erzeugnisse** vor. Dabei handelt es sich um in Arbeit befindliche Produkte.

○ **nach Beendigung der Leistungserstellung**
Nach Beendigung des Fertigungsprozesses sind die verkaufs- bzw. marktfähigen Produkte als **fertige Erzeugnisse** auszuweisen.

Bei **Waren** handelt es sich um von Dritten bezogene Handelsartikel, die ohne wesentliche Be- oder Verarbeitung zur Weiterveräußerung bestimmt sind.

Die Unterscheidung zwischen Fertigerzeugnissen und Waren hat für den anzuwendenden Wertansatz Bedeutung:

– Herstellungskosten bei Fertigerzeugnissen
– Anschaffungskosten bei Waren.

Entsprechend den verschiedenen Stufen des Leistungsprozesses erfolgen Umgliederungen zwischen den Einzelposten, und zwar zunächst von den Roh-, Hilfs- und Betriebsstoffen zu den unfertigen Erzeugnissen und danach von den unfertigen zu den fertigen Erzeugnissen.

Gesondert auszuweisen sind **geleistete Anzahlungen** für noch nicht bezogene Gegenstände des Vorratsvermögens. Hierdurch wird die wirtschaftliche Zugehörigkeit dieses Forderungsanspruchs zu der betreffenden Bilanzposition zum Ausdruck gebracht.

3.2.2 Forderungen und sonstige Vermögensgegenstände

Forderungen stellen schuldrechtlich begründete Ansprüche dar. Für die Bilanz können folgende Arten von Forderungen unterschieden werden:

○ **Forderungen aus der eigentlichen Unternehmenstätigkeit**
Die aus der eigentlichen unternehmerischen Betätigung resultierenden Ansprüche auf Geld-, Sach- bzw. Dienstleistungen sind als **Forderungen aus Lieferungen und Leistungen** zu erfassen. Grundlage hierfür bilden gegenseitige (Kauf-, Werk- oder Dienstleistungs-)Verträge, bei denen das bilanzierende Unternehmen seine Verpflichtung bereits erfüllt hat, die Leistung der Gegenseite jedoch noch aussteht.

○ **Forderungen gegen finanziell verflochtene Unternehmen**
Unabhängig von der Entstehungsursache (Lieferung und Leistung, Finanzierung, Unternehmensvertrag) sind stets gesondert auszuweisen **Forderungen gegen verbundene Unternehmen** sowie **Forderungen gegen Unternehmen, mit denen ein Beteiligungsverhältnis besteht**. Dies entspricht der Verfahrensweise im Bereich der Ausleihungen. Von dieser Position unterscheiden sich die Forderungen durch ihre kürzere Laufzeit.

○ **sonstige Vermögensgegenstände**
Hierbei handelt es sich um einen Misch- bzw. Sammelposten für alle Vermögensgegenstände des Umlaufvermögens, die keiner anderen Position zugeordnet werden können. Beispielhaft anzuführen sind kurzfristige Darlehen, Gehaltsvorschüsse, Schadenersatzansprüche, Steuererstattungsansprüche, Ansprüche auf Investitionszulagen.

Bei jedem der vorgenannten Posten ist der Betrag mit einer Restlaufzeit von mehr als einem Jahr gesondert zu vermerken (§ 268 Abs. 4 HGB).

Personengesellschaften ohne natürliche Person als Vollhafter haben Forderungen gegenüber Gesellschaftern in der Regel jeweils gesondert auszuweisen oder im Anhang anzugeben (§ 264c Abs. 1 Satz 1 HGB). Sofern der Ausweis unter anderen Posten erfolgt, muss dies vermerkt werden (§ 264c Abs. 1 Satz 2 HGB).

Als Restlaufzeit gilt der Zeitraum zwischen dem Bilanzstichtag und dem Tag des voraussichtlichen tatsächlichen Forderungseingangs. Unerheblich ist diesbezüglich die vertraglich vereinbarte Laufzeit oder die rechtliche Restlaufzeit.

Eine AG hat am 15.10.01 Fertigerzeugnisse im Wert von 60.000 € an eine GmbH geliefert. Das branchenübliche Zahlungsziel beträgt 90 Tage.

Welchem Posten ist dieser Vorgang in der Bilanz der AG zum 31.12.01 in nachstehenden Fällen zuzuordnen:

(1) vereinbarungsgemäße Bezahlung der Rechnung am 15.1.02.

(2) vorzeitige Rechnungsbegleichung durch Scheck am 29.12.01; der Scheck wird von der AG am 3.1.02 eingelöst.

(3) Stundung des Rechnungsbetrags bis 31.12.02.

(4) vereinbarungsgemäße Bezahlung der Rechnung am 15.1.02; mit Wirkung vom 1.12.01 hat die AG 80 % der Anteile der GmbH erworben.

Seite 177

3.2.3 Wertpapiere

Wertpapiere des Umlaufvermögens sind allgemein dadurch charakterisiert, dass sie nicht auf Dauer gehalten werden sollen. Zu unterscheiden sind:

○ **Anteile an verbundenen Unternehmen**
Diese werden nur zu vorübergehenden Zwecken gehalten.

○ **eigene Anteile**
Dabei handelt es sich um Wertpapiere, die eine Gesellschaft an sich selbst hält. Der Erwerb eigener Anteile ist geregelt in §§ 71 ff. AktG bzw. § 33 GmbHG.

Eigene Anteile haben einen Doppelcharakter:

Bei zur Veräußerung bestimmten eigenen Anteile handelt es sich um Vermögens-
werte.

Im Falle der Liquidation oder Sanierung gehaltene eigene Anteile stellen einen
Korrekturposten zum Eigenkapital dar.

Aus Gründen des Gläubigerschutzes ist für eigene Anteile eine Rücklage zu
bilden.

Für den Ausweis im Umlaufvermögen ist die zeitliche Besitzabsicht unerheblich.

○ **sonstige Wertpapiere**
Hierzu zählen Wertpapiere zur kurzfristigen Kapitalanlage, die keinem anderen
Posten zuzuordnen sind (z. B. öffentliche Anleihen, Pfandbriefe, Aktien, Industrie-
obligationen).

3.2.4 Flüssige Mittel

Sämtliche liquiden Mittel werden in einem Posten zusammengefasst. Im Einzelnen
handelt es sich um

○ **Bestände aller Haupt- und Nebenkassen einschließlich fremder Währun-
gen sowie Brief- oder andere Wertmarken**

○ **Bundesbankguthaben**

○ **Guthaben bei Kreditinstituten aus täglich fälligen Geldern sowie aus
Festgeldern**

○ **Schecks.**

3.3 Bewertung des Umlaufvermögens

Ausgangspunkt und Höchstbetrag für die Bewertung des Umlaufvermögens bilden
die Anschaffungs- oder Herstellungskosten (§ 253 Abs. 1 Satz 1 HGB). Korrekturen
ergeben sich aus Wertherabsetzungen (Abschreibungen) und Werterhöhungen
(Zuschreibungen).

3.3.1 Abschreibungen

Anders als bei Anlagegütern sind bei Gegenständen des Umlaufvermögens keine
laufenden, planmäßigen Abschreibungen vorzunehmen. Vielmehr werden dem
jeweiligen Ausgangswert stichtagsbezogene Werte gegenübergestellt. Sofern die
Stichtagswerte unter dem Basiswert liegen, erfolgen entweder zwangsläufig Aufwandsabschreibungen oder wahlweise aufwandsantizipierende Abschreibungen.
Die einzelnen Abschreibungsarten sind nachfolgend im Überblick dargestellt:

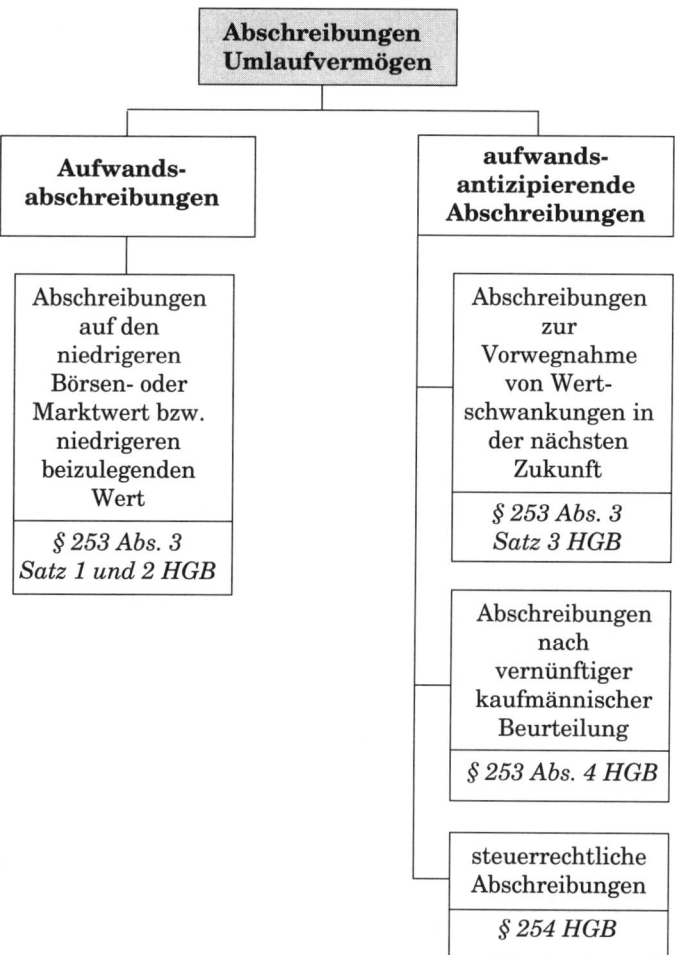

3.3.1.1 Aufwandsabschreibungen

Im Bereich des Umlaufvermögens gilt für die nach § 253 Abs. 3 Satz 1 und 2 HGB obligatorischen Abwertungen das so genannte *strenge Niederstwertprinzip*. Danach besteht Abschreibungspflicht sowohl bei voraussichtlich dauernder wie auch bei nur vorübergehender Wertminderung. Das aus dem Imparitätsprinzip folgende strenge Niederstwertprinzip bewirkt, dass am Bilanzstichtag erkennbare, aber noch nicht realisierte Verluste bereits in der betreffenden Abrechnungsperiode berücksichtigt werden.

Als Vergleichswerte, auf die zwingend abzuwerten ist, kommen in Betracht:

❑ **Börsen- oder Marktpreis**

Für die Bewertung ist vorrangig auf den Börsenkurs abzustellen. Sofern ein Gegenstand nicht an einer Börse gehandelt wird, ist zu prüfen, ob ein Marktpreis ermittelt werden kann.

Börsenpreis ist der an einer amtlichen Börse festgestellte Preis.

Als **Marktpreis** gilt der Preis, der für eine bestimmte Warengattung durchschnittlicher Art und Güte an einem Handelsplatz zu einem bestimmten Zeitpunkt im Durchschnitt gezahlt worden ist.

Vergleichswert ist der aus einem Börsen- oder Marktpreis sich ergebende Wert. Es erfolgt also keine Bewertung zum eigentlichen Börsen- oder Marktpreis. Hiervon ausgehend sind vielmehr noch folgende Korrekturen vorzunehmen:

Beschaffungsmarkt	Absatzmarkt *(verlustfreie Bewertung)*
Wiederbeschaffungspreis + Anschaffungsnebenkosten ./. Abschläge für Wertminderungen und eingeschränkte Verwertbarkeit	voraussichtlicher Veräußerungspreis ./. Erlösminderungen ./. noch anfallende Aufwendungen (Verwaltung, Vertrieb, Fracht, Verpackung)
= **beschaffungsmarktbe-zogener Wert**	= **absatzmarktbezogener Wert**

❑ **beizulegender Wert**

Sofern kein Börsen- oder Marktpreis festgestellt werden kann, hat eine Abwertung auf den niedrigeren am Abschlussstichtag beizulegenden Wert zu erfolgen (§ 253 Abs. 3 Satz 2 HGB). Wie dieser Wert zu bestimmen ist, ergibt sich nicht aus dem Gesetz. Nach allgemeiner Auffassung sind Vergleichspreise heranzuziehen, also Preise für Produkte ähnlicher Art und Güte.

Ebenfalls nicht gesetzlich geregelt ist die Frage, ob bei der Bewertung auf den Beschaffungs- oder Absatzmarkt abzustellen ist. Diesbezüglich gelten nach herrschender Meinung folgende Grundsätze:

o **Beschaffungsmarkt** für
  – Roh-, Hilfs- und Betriebsstoffe
  – fremdbeziehbare unfertige und fertige Erzeugnisse

○ **Absatzmarkt** für
  – Überbestände an Roh-, Hilfs- und Betriebsstoffen
  – Wertpapiere
  – nicht fremdbeziehbare fertige und unfertige Erzeugnisse

○ **Beschaffungs- oder Absatzmarkt** für
  – Handelswaren
  – Überbestände an fertigen und unfertigen Erzeugnissen.

Maßgebend ist dabei jeweils der niedrigere Wert vom Beschaffungs- oder Absatzmarkt.

> Für nicht marktfähige unfertige Erzeugnisse sind bis zum Bilanzstichtag Herstellungskosten von 14.200 € pro Stück entstanden. Bis zur Marktreife fallen noch Aufwendungen in Höhe von jeweils 5.600 € an. Der voraussichtliche Verkaufspreis für die fertigen Erzeugnisse wird auf 20.300 € je Stück geschätzt.
>
> Welcher Betrag ist für die Bewertung maßgebend, wenn
>
> (1) kein Rabatt
>
> (2) ein Rabatt von 5 % auf den Verkaufspreis
>
> gewährt wird?

Seite 177

3.3.1.2 Aufwandsantizipierende Abschreibungen

Wahlweise können Abschreibungen auf folgende Werte erfolgen, die niedriger als der Börsen- oder Marktpreis bzw. der am Abschlussstichtag beizulegende Wert sein müssen:

❏ **Wert zur Vorwegnahme von Wertschwankungen in der nächsten Zukunft** (*naher Zukunftswert*) [§ 253 Abs. 3 Satz 3 HGB]

Diese nur handelsrechtlich zulässige Abschreibung bezieht sich auf künftige, erst nach dem Bilanzstichtag zu erwartende Wertminderungen, die bereits vorab bilanziell berücksichtigt werden können. Insoweit wird der Grundsatz der Stichtagsbewertung durchbrochen.

Eine Abwertung auf den nahen Zukunftswert setzt voraus, dass

○ **der Wertansatz nach vernünftiger kaufmännischer Beurteilung notwendig ist**
  d. h. objektiv nachvollziehbar und damit willkürfrei ist

○ **Wertminderungen in der nächsten Zukunft zu erwarten sind**
  d. h. innerhalb eines Zeitraums von zwei Jahren.

Für die Bewertung maßgebend sind folglich nicht die Preisverhältnisse zum Bilanzstichtag, sondern prognostizierte zukünftige Preise. Typischerweise findet der nahe Zukunftswert Anwendung bei einem zu erwartenden Preisverfall bei Roh-, Hilfs- und Betriebsstoffen, Kursschwankungen von Wertpapieren oder Bonitätsverlusten von Schuldnern.

❑ **Abschreibungen nach vernünftiger kaufmännischer Beurteilung** (§ 253 Abs. 4 HGB)

Ebenso wie Anlagegüter können auch Gegenstände des Umlaufvermögens auf einen nach vernünftiger kaufmännischer Beurteilung zulässigen niedrigeren Wert abgeschrieben werden. Diese Möglichkeit kommt nur für Einzelunternehmen und Personengesellschaften ohne Haftungsbeschränkung, nicht jedoch auch für Kapitalgesellschaften und Personengesellschaften i. S. des § 264a HGB in Betracht.

❑ **Steuerrechtliche Abschreibungen** (§ 254 HGB)

Zulässig sind ferner auch Abschreibungen aufgrund besonderer steuerlicher Vorschriften. Als wichtiges Anwendungsbeispiel ist derzeit die Übertragung stiller Reserven auf Gegenstände des Umlaufvermögens nach R 35 EStR anzuführen.

Einzelheiten zu den beiden letzten Wertmaßstäben wurden im Zusammenhang mit dem Anlagevermögen behandelt. Die betreffenden Ausführungen gelten hier analog.

27 > Für die Bewertung von Gegenständen des Umlaufvermögens einer Personengesellschaft gelten folgende alternativen Datenkonstellationen:

	Alternative (1)	Alternative (2)	Alternative (3)
	€	€	€
Anschaffungskosten	5.000	5.000	5.000
Börsen- oder Marktpreis bzw. beizulegender Wert	5.120	4.830	5.060
naher Zukunftswert	5.200	4.950	4.950
steuerlich zulässiger Wert	4.750	4.750	4.750

Prüfen Sie für jeden Einzelfall, ob für die Berücksichtigung des betreffenden Wertmaßstabs im Rahmen der Bewertung ein

• Wahlrecht
• Gebot
• Verbot

besteht.

Seite 177 >

Die handelsrechtlichen und damit korrespondierenden steuerlichen Abschreibungen sind nachfolgend dargestellt:

Abschreibungsarten - Umlaufvermögen	
Handelsrecht	**Steuerrecht**
Abschreibungen auf den niedrigeren Börsen- oder Marktpreis bzw. den niedrigeren beizulegenden Wert (§ 253 Abs. 3 Satz 1 und 2 HGB)	Teilwertabschreibung (§ 6 Abs. 1 Nr. 2 Satz 2 EStG)
Abschreibungen zur Vorwegnahme von Wertschwankungen in der nächsten Zukunft (§ 253 Abs. 3 Satz 3 HGB)	
Abschreibungen im Rahmen vernünftiger kaufmännischer Beurteilung (§ 253 Abs. 4 HGB)	
Steuerrechtliche Abschreibungen (§ 254, § 279 Abs. 2 HGB)	Bewertungsabschläge (R 35 EStR)

3.3.2 Zuschreibungen

Diesbezüglich besteht für Einzelunternehmen und Personengesellschaften mit einer natürlichen Person als Vollhafter ein Wahlrecht (§ 253 Abs. 5 HGB), für Kapitalgesellschaften und Personengesellschaften mit Haftungsbeschränkung ein Wertaufholungsgebot (§ 280 Abs. 1 HGB).

Steuerlich gilt ebenso wie im Bereich des Anlagevermögens eine Zuschreibungspflicht, sofern nicht ein niedrigerer Teilwert nachgewiesen werden kann (§ 6 Abs. 1 Nr. 2 Satz 3 EStG). Das handelsrechtliche Wahlrecht zur Wertaufholung bei Einzelunternehmen und Personengesellschaften ohne Haftungsbeschränkung bleibt hiervon unberührt.

28 Im November 01 sind von einem Einzelunternehmer Gegenstände des Umlaufvermögens zu Anschaffungskosten von 350 €/Einheit bezogen worden. Die an den nachfolgenden Bilanzstichtagen jeweils beizulegenden Werte betragen:

Bilanzstichtag	beizulegender Wert (€/Einheit)
31.12.01	340
31.12.02	360
31.12.03	320

Welche Abschreibungspflichten/-rechte und welche Zuschreibungspflichten/-rechte bestehen handelsrechtlich an den einzelnen Bilanzstichtagen?

Seite 177

Die für das Umlaufvermögen geltende Bewertungskonzeption ist nachfolgend im Überblick zusammengefasst:

Wertkomponente	Umlaufvermögen
Ausgangswert/ Wertobergrenze	Anschaffungs-/Herstellungskosten
Abschreibungs- pflichten	Abschreibungen auf den niedrigeren • Börsen- oder Marktpreis oder • den am Abschlussstichtag beizulegenden Wert *(strenges Niederstwertprinzip)*
Abschreibungs- wahlrechte	Abschreibungen zur Vorwegnahme von Wertschwankungen in der nächsten Zukunft *(naher Zukunftswert)*
	Abschreibungen auf den Wert nach vernünftiger kauf-männischer Beurteilung *(nur Einzelunternehmen und Personengesellschaften mit natürli-cher Person als Vollhafter)*
	Abschreibungen auf den niedrigeren steuerlich zulässigen Wert
Zuschreibung	Zuschreibungswahlrecht *(bei Einzelunternehmen und Personen-gesellschaften mit natürlicher Person als Vollhafter)* Zuschreibungspflicht *(bei Kapitalgesellschaften und Personenge-sellschaften ohne natürliche Person als Vollhafter)*

3.3.3 Bewertungsvereinfachungen

Bei Gegenständen des Umlaufvermögens erweist sich die Anwendung des Grund-satzes der Einzelbewertung in der Praxis oftmals als ebenso schwierig wie unwirt-schaftlich. Daher bestehen insbesondere im Bereich des Vorratsvermögens gesetz-liche Bewertungsvereinfachungen.

3.3.3.1 Sammelbewertung der Vorräte

Als vereinfachte Bewertungsverfahren kommen in Betracht:

❑ **Festbewertung** (§ 240 Abs. 3 HGB)

Innerhalb des Umlaufvermögens können Roh-, Hilfs- und Betriebsstoffe mit einem Festwert angesetzt werden. Dabei gelten die gleichen Voraussetzungen wie für die Festbewertung von Gegenständen des Sachanlagevermögens. Auf die diesbezüglichen obigen Ausführungen wird verwiesen.

❑ **Gruppenbewertung** (§ 240 Abs. 4 HGB)

Gleichartige Gegenstände des Vorratsvermögens können zu einer Gruppe zu-sammengefasst und mit dem gewogenen Durchschnittswert angesetzt werden.

Als gleichartig gelten:

o **artgleiche Gegenstände**
d. h. Güter der gleichen Warengattung (z. B. Tischwäsche unterschiedlicher Formen und Farben, Schränke und Betten bestimmter Formen und Größen)

o **funktionsgleiche Gegenstände**
d. h. Güter mit gleichem Verwendungszweck (z. B. Nägel, Schrauben, Transportbehälter aus unterschiedlichem Material).

Gleichartigkeit bedeutet mithin nicht Gleichheit.

Darüber hinaus wird allgemein eine annähernde Gleichwertigkeit verlangt. Als zulässig gilt nach herrschender Meinung ein Preisunterschied bis zu 20 % zwischen höchstem und niedrigstem Preis in einer Gruppe.

Die Durchschnittsbewertung ist das in der Praxis gebräuchlichste Verfahren. Durch Verzicht auf die Berücksichtigung von Einzelwerten je Vermögensgegenstand wird die Bewertung erheblich erleichtert; eine Vereinfachung der Inventur tritt demgegenüber nicht ein.

Für die Ermittlung der Durchschnittspreise sind alternativ folgende Methoden zulässig:

o **gewogener periodischer Durchschnitt**
Die Durchschnittspreisermittlung erfolgt hier nur einmal jährlich, und zwar zum Ende eines Geschäftsjahrs. Dabei wird der – durch Multiplikation von Preis und Menge – ermittelte Wert des Anfangsbestands und der Zugänge auf die betreffende Gesamtmenge bezogen. Formelmäßig dargestellt gilt:

$$\text{gewogener Durchschnitt} = \frac{\text{Wert-Anfangsbestand} + \text{Wert-Zugänge}}{\text{Menge-Anfangsbestand} + \text{Menge-Zugänge}}$$

Der so berechnete gewogene Durchschnittswert ist für die Bewertung des Schlussbestands sowie der Abgänge maßgebend.

29 > Für die Bewertung eines Rohstoffs werden aus der Buchhaltung folgende Daten zur Verfügung gestellt:

Anfangsbestand	1.1.01:	190 Einheiten à 12,00 €
Zugang	14.2.01:	250 Einheiten à 14,00 €
Abgang	6.4.01:	200 Einheiten
Zugang	21.6.01:	120 Einheiten à 12,50 €
Abgang	25.7.01:	200 Einheiten
Zugang	30.8.01:	140 Einheiten à 16,00 €
Abgang	2.10.01:	120 Einheiten

Ermitteln Sie den Wert des Endbestands zum 31.12.01 nach der gewogenen periodischen Durchschnittsmethode.

Seite 178

○ **gleitender (permanenter) Durchschnitt**
Bei dieser Methode wird nach jedem Zugang ein neuer Durchschnittspreis ermittelt, der sodann für die Bewertung nachfolgender Abgänge bzw. des Jahresendbestands herangezogen wird. Die Bewertung erfolgt damit zeitnäher und entspricht eher den tatsächlichen Wertverhältnissen. Dem steht ein höherer Arbeitsaufwand gegenüber, da jeder einzelne Abgang erfasst werden muss.

⑧⓪

> Für die Bewertung eines Rohstoffs erhalten Sie nachstehende Daten aus der Buchhaltung:
>
> | | | |
> |---|---|---|
> | Anfangsbestand | 1.1.01: | 500 Einheiten à 6,00 € |
> | Abgang | 27.2.01: | 200 Einheiten |
> | Zugang | 2.5.01: | 100 Einheiten à 5,00 € |
> | Zugang | 10.9.01: | 300 Einheiten à 4,00 € |
> | Abgang | 26.11.01: | 340 Einheiten |
>
> Ermitteln Sie den Wert des Endbestands zum 31.12.01 nach der gleitenden Durchschnittsmethode.

Seite 178

❏ **Verbrauchsfolgeverfahren**

Für gleichartige Vermögensgegenstände des Vorratsvermögens können Anschaffungs- oder Herstellungskosten nach Maßgabe einer unterstellten Verbrauchs- oder Veräußerungsfolge ermittelt werden, sofern dies den GoB entspricht (§ 256 HGB).

Die anzuwendenden Verfahren lassen sich wie folgt systematisieren:

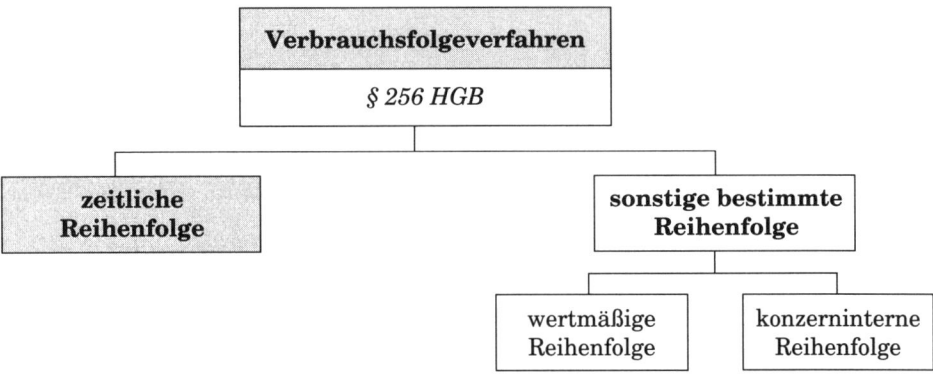

Von den alternativ möglichen Verfahren werden im Hinblick auf ihre praktische Bedeutung nachfolgend allein zeitliche Verbrauchsfolgeverfahren behandelt:

○ **Fifo-Verfahren** (**F**irst **i**n - **f**irst **o**ut)

Bei der Fifo-Methode wird davon ausgegangen, dass die jeweils ältesten Bestände zuerst verbraucht bzw. veräußert werden. Der Jahresendbestand umfasst folglich die zeitlich letzten Zugänge und wird dementsprechend mit aktuellen Preisen angesetzt. Die Verbrauchsbewertung erfolgt hingegen generell mit historischen Preisen.

Der Vorteil der Fifo-Methode besteht darin, dass sie relativ einfach zu handhaben ist.

B 1

Der Bestand eines Rohstoffs entwickelt sich im Jahr 01 wie folgt:

Anfangsbestand	1.1.01:	2.000 Einheiten à 1,50 €
Zugang	31.3.01:	1.500 Einheiten à 1,20 €
Zugang	30.6.01:	1.000 Einheiten à 1,15 €
Zugang	30.9.01:	1.300 Einheiten à 1,25 €
Abgänge	Jahr 01:	3.600 Einheiten
Endbestand	31.12.01:	2.200 Einheiten

Der am Abschlussstichtag beizulegende Wert beträgt 1,18 €/Einheit.

Ermitteln Sie den Wert des Endbestands zum 31.12.01 nach dem Fifo-Verfahren sowie den für den Bilanzansatz maßgebenden Betrag.

Seite 178

○ **Lifo-Verfahren** (**L**ast **i**n - **f**irst **o**ut)

Dem Lifo-Verfahren liegt die Annahme zu Grunde, dass die zuletzt erfolgten Zugänge zuerst wieder verbraucht bzw. veräußert werden. Der Endbestand setzt sich demgemäß aus dem historischen Anfangsbestand sowie gegebenenfalls Zugängen vom Beginn des Geschäftsjahrs zusammen.

Die Abgänge werden hier mit gegenwartsnahen Preisen bewertet, der Bestand hingegen tendenziell mit historischen Preisen. Daher kommt es in Zeiten steigender Preise unter sonst gleichen Verhältnissen zu einem geringeren Ergebnisausweis und damit zur Legung stiller Reserven. Insoweit trägt das Lifo-Verfahren zur Substanzerhaltung bei.

Das Lifo-Verfahren ist als einziges Verbrauchsfolgeverfahren steuerlich zulässig (§ 6 Abs. 1 Nr. 2 a EStG; vgl. zu Einzelheiten R 36a EStR).

In der Praxis gebräuchlich ist die periodische Lifo-Methode, bei der die Bewertung einmal jährlich erfolgt.

32 Über die Bestandsentwicklung eines Rohstoffs liegen folgende Daten vor:

Anfangsbestand	1.1.01:	100 Einheiten à 50 €
Zugang	6.4.01:	50 Einheiten à 80 €
Zugang	10.11.01:	100 Einheiten à 100 €
Abgänge	Jahr 01:	130 Einheiten
Endbestand	31.12.01:	120 Einheiten

Der am Abschlussstichtag beizulegende Wert beträgt 60 €/Einheit.

Ermitteln Sie den Wert des Endbestands zum 31.12.01 nach dem periodischen Lifo-Verfahren. Mit welchem Betrag erfolgt der Bilanzansatz?

Seite 179

3.3.3.2 Pauschalbewertung der Forderungen

Forderungen sind grundsätzlich mit ihrem Nennbetrag - zuzüglich etwaiger Nebenkosten - auszuweisen. Bei Forderungen aus Lieferungen und Leistungen handelt es sich hierbei regelmäßig um den (Netto-)Rechnungsbetrag.

Bei der Bewertung von Forderungen kommt dem Grundsatz des § 252 Abs. 1 Nr. 4 HGB, der eine vorsichtige Bewertung unter Berücksichtigung aller vorhersehbaren Risiken und Verluste verlangt, besondere Bedeutung zu. Dementsprechend gilt:

○ **uneinbringliche Forderungen**
sind auszubuchen

○ **zweifelhafte Forderungen**
sind nach den Umständen des jeweiligen Einzelfalls mit dem voraussichtlich zu erwartenden Betrag anzusetzen

○ **unverzinsliche bzw. besonders niedrig verzinsliche Forderungen**
sind grundsätzlich mit dem Barwert zu bilanzieren.

Für das allgemeine Kreditrisiko ist eine pauschale Wertberichtigung vorzunehmen. Maßgebend sind dabei die branchentypischen Besonderheiten sowie die unternehmensspezifischen Gegebenheiten. Bezugsgröße bildet der gesamte Forderungsbestand abzüglich einzelwertberichtigter Forderungen.

Einzel- und Pauschalwertberichtigungen sind bei Kapitalgesellschaften und Personengesellschaften ohne natürliche Person als Vollhafter unmittelbar vom Buchwert der Forderungen abzusetzen (aktivischer Ausweis). Bei Einzelunternehmen und Personengesellschaften ohne Haftungsbeschränkung kommt alternativ auch der Ausweis eines passiven Wertberichtigungspostens in Betracht.

Der Forderungsbestand einer GmbH beläuft sich zum 31.12.02 auf insgesamt 942.000 €. Hiervon werden Forderungen über 16.000 € wegen Insolvenz des Schuldners uneinbringlich; das Insolvenzverfahren ist im Dezember 02 eröffnet worden.

Für Forderungen in Höhe von 50.000 € ist das gerichtliche Mahnverfahren eingeleitet worden. Diesbezüglich ist mit einem Forderungsausfall von 30 % zu rechnen. Das allgemeine Ausfallrisiko beträgt nach den Erfahrungen der Vorjahre 4 % des verbleibenden Forderungsbestands.

In welcher Höhe sind – unter Vernachlässigung umsatzsteuerlicher Aspekte – Wertberichtigungen auf den Forderungsbestand zum 31.12.02 vorzunehmen?

Seite 179

3.3.3.3 Retrograde Bewertung

Anschaffungs- oder Herstellungskosten werden regelmäßig progressiv, also entsprechend dem fortschreitenden Ablauf des betrieblichen Leistungsprozesses ermittelt. Insbesondere bei der Bewertung von Warenbeständen im Einzelhandel wird auch eine retrograde, d. h. rückwärts gewandte Ermittlung der Anschaffungskosten als den GoB entsprechend und damit für zulässig erachtet.

Ausgangsgröße bildet der (voraussichtliche) Verkaufspreis. Nach Vornahme eines Abschlags für den Rohgewinn (so genannnte *Rohgewinnspanne*) ergeben sich die Anschaffungskosten. Für die Anwendung der retrograden Bewertung müssen folglich in der jeweiligen Warengruppe die anfallenden Erlösminderungen sowie die Rohgewinnspanne bekannt sein.

Die retrograde Wertermittlung entspricht grundsätzlich der Vorgehensweise im Rahmen der verlustfreien Bewertung.

 Ermitteln Sie für Waren mit einem voraussichtlichen Verkaufspreis von 12.000 € und einer Rohgewinnspanne von 60 % die Anschaffungskosten mithilfe der retrograden Bewertung.

Seite 179

4. Bilanzierung der Schulden

Den auf der Aktivseite der Bilanz auszuweisenden Vermögensgegenständen sind auf der Passivseite die Schulden gegenüberzustellen. Hierbei handelt es sich um das dem Unternehmen zeitlich befristet zur Verfügung stehende Fremdkapital.

Über die in der Bilanz auszuweisenden Schulden hinaus sind im Jahresabschluss weitere finanzielle Verpflichtungen zu erfassen. Deren Berücksichtigung korreliert wie folgt mit dem Grad an Sicherheit, mit dem die Inanspruchnahme betragsmäßig dem Grunde und der Höhe nach sowie hinsichtlich der Eintrittswahrscheinlichkeit vorherbestimmt werden kann:

Grund/Höhe der finanziellen Verpflichtungen	Art des Ausweises	Art der finanziellen Verpflichtungen
sicher ▲	Posten in der Bilanz	Verbindlichkeiten
		Rückstellungen
	Vermerk unter der Bilanz	Haftungsverhältnisse
unsicher	Angabe im Anhang	Sonstige finanzielle Verpflichtungen

Der bilanzielle Begriff der Schulden umfasst Verbindlichkeiten und Rückstellungen. Entsprechend der Reihenfolge im bilanziellen Gliederungsschema wird zunächst auf die Rückstellungen und danach auf die Verbindlichkeiten eingegangen.

4.1 Bilanzierung der Rückstellungen

4.1.1 Begriff und Arten der Rückstellungen

Rückstellungen werden für Verpflichtungen eines Unternehmens gebildet, die zum Abschlussstichtag dem Grund und/oder der Höhe nach ungewiss sind. Anlass bzw. Ursache der Schuld oder Last liegen im abgelaufenen Jahr, während die Erfüllung erst in einer nachfolgenden Rechnungsperiode erfolgt.

Dementsprechend sind für die Rückstellungsbilanzierung folgende Fälle zu unterscheiden:

Verpflichtungsgrund	Verpflichtungshöhe	Beispiel
gewiss	ungewiss	Verursachung eines Schadens in unbekannter Höhe
ungewiss	gewiss	Mögliche Zahlung einer fixierten Vertragsstrafe
ungewiss	ungewiss	Mögliche Garantieleistungen in unbekannter Höhe

Die Bildung von Rückstellungen bewirkt, dass künftige Vermögensminderungen bereits im Jahr ihrer rechtlichen Entstehung oder wirtschaftlichen Verursachung aufwandswirksam berücksichtigt werden. Durch die Verringerung des Perioden-ergebnisses und der daran anknüpfenden Zahlungsansprüche werden – bei ausreichend hohen Erlösen – bis zum Zeitpunkt der späteren Auszahlung folglich Finanzmittel an das Unternehmen gebunden. Hiermit sind Liquiditäts- und Zinsvorteile verbunden.

Stellen Sie die Auswirkungen der Rückstellungsbildung für folgenden Sachverhalt dar:

Für im Jahr 01 verkaufte Maschinen hat ein Unternehmer im Jahr 03 Garantieleistungen in Höhe von 80.000 € zu erbringen. Das handelsrechtliche Ergebnis vor Berücksichtigung dieses Garantieaufwands bzw. einer entsprechenden Rückstellungsbildung beträgt in den Jahren 01 - 03 jeweils 400.000 €. An das nach aufwandsmäßiger Verrechnung der Garantieleistungen verbleibende Resultat knüpfen ergebnisabhängige Zahlungsverpflichtungen von 60 %.

Stellen Sie die Ergebnissituation ohne und mit Rückstellungsbildung dar. Seite 180

Die Rückstellungsbilanzierung kann aus bilanztheoretischer Sicht folgenden Zielen dienen:

o **zutreffender (Rein-)Vermögensausweis nach der statischen Bilanzauffassung**
durch Ansatz sämtlicher Schulden entsprechend dem Vollständigkeitsgebot des § 246 Abs. 1 HGB

o **periodengerechte Erfolgsermittlung nach der dynamischen Bilanzauffassung**
durch Zuordnung von Aufwendungen zum Jahr ihrer rechtlichen Entstehung oder wirtschaftlichen Verursachung.

Die handelsrechtliche Rückstellungsbilanzierung berücksichtigt beide Bilanzauffassungen. Eine ausdrückliche Begriffsdefinition fehlt jedoch. Statt dessen werden einzelne Rückstellungsarten in § 249 HGB abschließend aufgeführt. Folglich können keine Rückstellungen für andere als die im Gesetz explizit genannten Zwecke gebildet werden (§ 249 Abs. 3 Satz 1 HGB); insofern besteht ein Passivierungsverbot.

Bei den in der Bilanz obligatorisch bzw. fakultativ anzusetzenden Rückstellungen ist hinsichtlich der Art der Verpflichtung zu differenzieren zwischen

❑ **Außenverpflichtungen** (*Verbindlichkeitsrückstellungen*)

Diese beruhen auf Verpflichtungen gegenüber Dritten.

❑ **Innenverpflichtungen** (*Aufwandsrückstellungen*)

Gegenstand dieser Rückstellungen sind Selbstverpflichtungen des Unternehmens zur Durchführung bestimmter Maßnahmen in der Zukunft.

Die einzelnen Rückstellungsarten sind nachfolgend dargestellt:

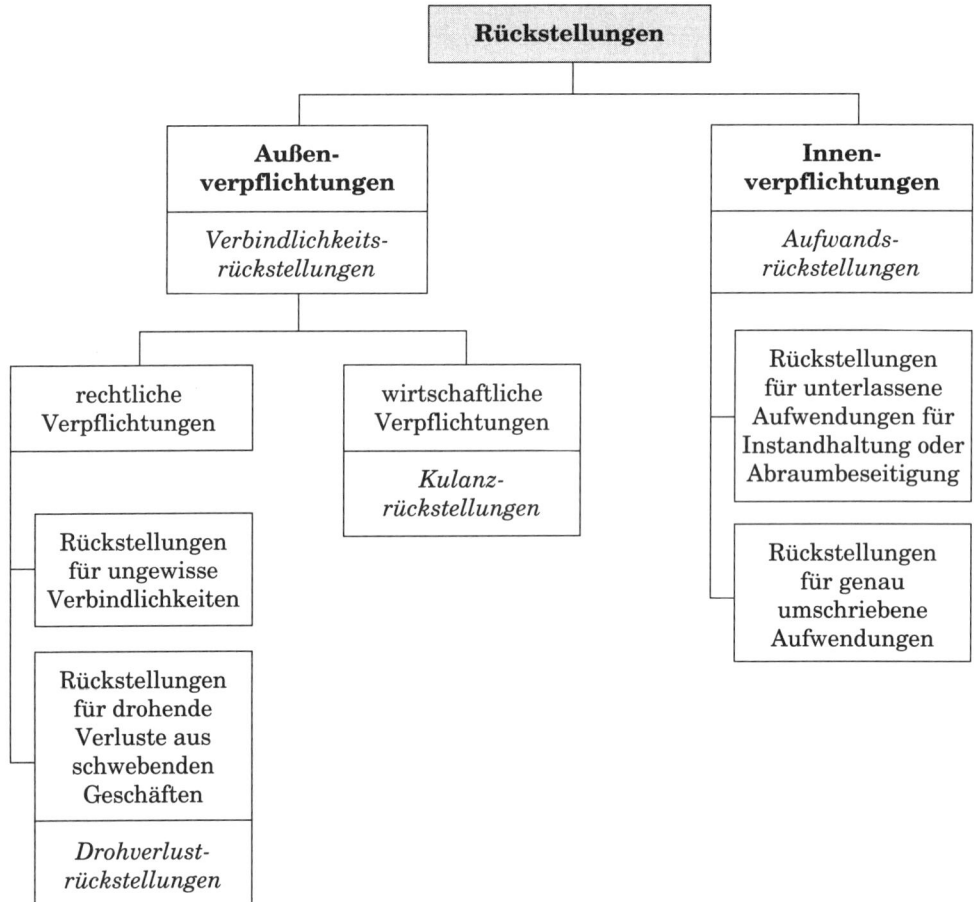

4.1.2 Ansatzregelungen

Für die weitere Darstellung ist zweckmäßigerweise danach zu unterscheiden, ob für die Rückstellungsbilanzierung eine Passivierungspflicht oder ein Passivierungswahlrecht besteht.

4.1.2.1 Rückstellungen mit Passivierungspflicht

❑ **Rückstellungen für ungewisse Verbindlichkeiten** (§ 249 Abs. 1 Satz 1 HGB)

Bei dieser Rückstellungsart muss eine Verpflichtung gegenüber einem Dritten bis zum Bilanzstichtag entstanden sein. Alternativ können hierfür ursächlich sein:

o **bürgerlich-rechtliche Verpflichtungen**
z. B. künftige Pensionsleistungen, ausstehende Urlaubsansprüche, Garantieverpflichtungen, Patentverletzungen, Prozesskosten, Rekultivierungsver-
pflichtungen

o **öffentlich-rechtliche Verpflichtungen**
z. B. Nachzahlungen betrieblicher Steuern, Aufwendungen für die Erstellung
und Prüfung des handelsrechtlich zwingend vorgeschriebenen Jahresabschlusses, Aufwendungen aufgrund von Umweltschutzauflagen.

❑ **Rückstellungen für drohende Verluste aus schwebenden Geschäften**
(*Drohverlustrückstellungen*) [§ 249 Abs. 1 Satz 1 HGB]

Hierbei handelt es sich um einen speziellen Fall der Rückstellungen für ungewisse Verbindlichkeiten. Die Bilanzierung setzt voraus, dass ein schwebendes
Geschäft vorliegt und hieraus ein Verlust erwartet wird.

Als schwebende Geschäfte gelten wechselseitig verpflichtende Verträge, die noch
von keiner Vertragspartei erfüllt worden sind. Grundsätzlich schlagen sich
derartige Vorgänge nicht in der Bilanz nieder. Regelmäßig wird nämlich eine
Ausgewogenheit zwischen Leistung und Gegenleistung unterstellt.

Sofern diese Annahme nicht zutrifft, muss nach dem Imparitätsprinzip der
künftig zu erwartende Verlust berücksichtigt werden. Unerheblich ist dabei, ob
ein Verlust bewusst herbeigeführt wird oder ungeplant eintritt.

Gegenstand der Rückstellungsbilanzierung ist nicht das gesamte schwebende
Geschäft, sondern nur ein hieraus resultierender negativer Ergebnisbeitrag (so
genannter *Verpflichtungsüberhang*). Dieser ergibt sich aus der Differenz zwischen dem Wert der Leistung des Bilanzierenden und dem Wert der zu erwartenden Gegenleistung.

Typischerweise kommt die Bildung von Drohverlustrückstellungen bei folgenden Arten von Geschäften in Betracht:

o **Beschaffungsgeschäfte**
bei Sinken des Marktpreises unter den vereinbarten Abnahmepreis

o **Absatzgeschäfte**
bei Sinken des vereinbarten Verkaufspreises unter die Selbstkosten

o **Dauerschuldverhältnisse**
bei Änderung der wirtschaftlichen Gegebenheiten und damit verbundenem
Überhang der Leistungsverpflichtungen des Unternehmens über den Wert der
Gegenleistungen.

③ ⑥ | Eine Kapitalgesellschaft hat langfristig Büroräume angemietet. Im Zuge der Fertigstellung und dem Nutzungsbeginn eines eigenen Gebäudes ab April 02 wird der Mietvertrag im November 01 zum nächstmöglichen Zeitpunkt (= Jahresende 02) gekündigt. Die monatlichen Mietzahlungen betragen 20.000 €. Eine anderweitige Nutzung der Räumlichkeiten bis Ende 02 ist nicht möglich.

Kann bzw. muss für diesen Sachverhalt im Abschluss 01 eine Rückstellung gebildet werden?

Seite 180

❏ **Kulanzrückstellungen** (§ 249 Abs. 1 Satz 2 Nr. 2 HGB)

Rückstellungen sind ferner für ohne rechtliche Verpflichtung erbrachte Gewährleistungen zu bilden. In diesen Fällen scheiden gesetzliche oder vertraglich vereinbarte Gewährleistungen aus, und zwar wegen Fristablaufs oder aufgrund der Art der aufgetretenen Mängel. Ersatzleistungen erfolgen aus Kulanzgründen zur Sicherung von Geschäftsbeziehungen, Erhaltung der Wettbewerbsposition oder Verbesserung der Reputation. Erforderlich ist damit ein unmittelbarer wirtschaftlicher Zusammenhang zwischen einem früheren Geschäftsvorgang und der späteren Ersatzleistung.

❏ **Rückstellungen für im Geschäftsjahr unterlassene Aufwendungen für Instandhaltung, die innerhalb der ersten drei Monate des folgenden Geschäftsjahrs nachgeholt werden, und für im nächsten Geschäftsjahr nachgeholte Aufwendungen für Abraumbeseitigung** (§ 249 Abs. 1 Satz 2 Nr. 1 HGB)

Rückstellungen für unterlassene Instandhaltung betreffen Maßnahmen zur Erhaltung der Betriebs- bzw. Funktionsfähigkeit von Vermögensgegenständen. Regelmäßig handelt es sich um Reparatur-, Inspektions- oder Wartungsarbeiten, durch die Abnutzungs- und Verschleißerscheinungen beseitigt werden. Eine Rückstellungsbildung scheidet aus für Herstellungsaufwand, also für die Erweiterung, Substanzvermehrung oder wesentliche Verbesserung eines Gegenstands.

Die Instandhaltungsarbeiten hätten in der abgelaufenen Periode durchgeführt werden müssen. Sie sind aber aus wirtschaftlichen oder technischen Gründen unterblieben. Die Nachholung erfolgt innerhalb der ersten drei Monate des nächsten Geschäftsjahrs.

Rückstellungen für unterlassene Abraumbeseitigung kommen insbesondere bei Substanzausbeutungsbetrieben (z. B. Steinbrüchen, Bergwerken) in Betracht. Gegenstand der Rückstellungsbildung sind Ausgaben für die Beseitigung von Erd- und Gesteinsmassen, die beim Abbau von Bodenschätzen angefallen sind. Der Nachholungszeitraum umfasst dabei das gesamte folgende Geschäftsjahr.

4.1.2.2 Rückstellungen mit Passivierungswahlrecht

❏ **Rückstellungen für unterlassene Instandhaltungen, die im folgenden Geschäftsjahr nach Ablauf von drei Monaten nachgeholt werden (§ 249 Abs. 1 Satz 3 HGB)**

❏ **Rückstellungen für genau umschriebene Aufwendungen (§ 249 Abs. 2 HGB)**

Bei dieser besonderen Art von Aufwandsrückstellungen knüpft die Bilanzierung an folgende Voraussetzungen:

o **ihrer Eigenart nach genau umschriebene Aufwendungen**
Hierdurch wird eine Rückstellungsbildung zur allgemeinen Risikovorsorge bzw. zur Abdeckung des allgemeinen Geschäftsrisikos ausgeschlossen. Aus Gründen der Objektivierung sind vielmehr Art, Umfang und Zweck der künftig zu erwartenden Aufwendungen hinreichend zu konkretisieren.

o **Zuordnung zum laufenden oder einem früheren Geschäftsjahr**

o **am Abschlussstichtag wahrscheinlich oder sicher**

o **hinsichtlich Höhe oder Zeitpunkt jedoch unbestimmt.**

Typische Anwendungsbeispiele für diese Rückstellungskategorie sind unterlassene Großreparaturen, künftige Instandhaltungsmaßnahmen oder Aufwendungen für freiwillige Jahresabschlussprüfungen.

Wurden Rückstellungen bewusst oder unbewusst nicht bilanziert, ist bei gegebener Passivierungspflicht die Nachholung zum nächstmöglichen Zeitpunkt zwingend vorzunehmen. Unterlassene Rückstellungen mit Passivierungswahlrecht dürfen nachgeholt werden.

Gebildete Rückstellungen sind in jedem Geschäftsjahr daraufhin zu untersuchen, ob bzw. inwieweit ihre Bilanzierung noch gesetzlich zulässig ist. Eine Auflösung kommt nur bei Wegfall des Rückstellungsgrunds in Betracht (§ 249 Abs. 3 Satz 2 HGB); dann besteht Auflösungspflicht. Dies gilt auch für Rückstellungen, die aufgrund eines bestehenden Wahlrechts bilanziert wurden. Das Passivierungswahlrecht bezieht sich ausschließlich auf den erstmaligen Ansatz, nicht jedoch auf die Fortführung der betreffenden Rückstellung.

Die Rückstellungsbilanzierung im Zeitablauf wird nachfolgend veranschaulicht (vgl. hierzu *Maus*, S. 3):

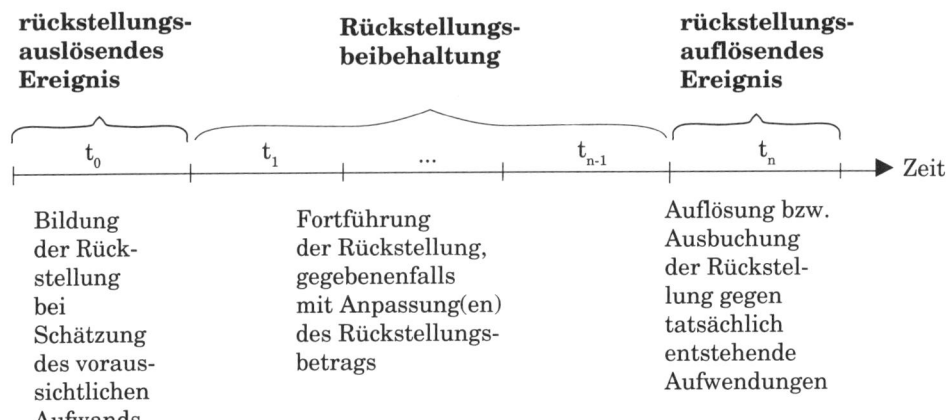

Die steuerliche Rückstellungsbildung basiert auf den handelsrechtlichen Regelungen (vgl. R 31c EStR). Bei einzelnen Merkmalen der Bilanzierung dem Grunde nach werden steuerlich aufgrund der Finanzrechtsprechung jedoch strengere Anforderungen gestellt. Dies gilt insbesondere hinsichtlich der Kriterien wirtschaftliche Verursachung vor dem Bilanzstichtag und Vorliegen einer wirtschaftlichen Verpflichtung (vgl. R 31c Abs. 4 und 5 EStR).

So weit das Steuerrecht keine Sondervorschriften enthält, gelten nach dem Maßgeblichkeitsprinzip Passivierungspflichten des Handelsrechts gleichfalls für das Steuerrecht. Demgegenüber führen handelsrechtliche Passivierungswahlrechte zu steuerlichen Passivierungsverboten (vgl. H 31c Abs. 1 [Handelsrechtliches Passivierungswahlrecht] EStH). Folglich sind Rückstellungen für im Geschäftsjahr unterlassene Instandhaltungen, die im darauf folgenden Jahr nach dem dritten Monat nachgeholt werden, und Aufwandsrückstellungen nach § 249 Abs. 2 HGB steuerlich unzulässig.

Branchenunabhängig bestehen darüber hinaus ertragsteuerliche Sonderregelungen für folgende Fälle (vgl. als branchenspezifische Vorschrift § 5 Abs. 4b Satz 2 EStG):

o **Rückstellungen für aus künftigen Erträgen zu tilgenden Verpflichtungen** (§ 5 Abs. 2a EStG)
   Betroffen sind bedingt rückzahlbare Zuwendungen, wie z. B. aus künftigen Veräußerungserlösen zurückzuzahlende Druckbeihilfen oder in Abhängigkeit vom Erreichen bestimmter wirtschaftlicher Größen zu tilgende öffentliche Forschungs- und Entwicklungszuwendungen.

o **Rückstellungen wegen Verletzung fremder Patent-, Urheber- oder ähnlicher Schutzrechte** (§ 5 Abs. 3 EStG; R 31c Abs. 7 EStR) o **Rückstellungen für Dienstjubiläumsverpflichtungen** (§ 5 Abs. 4 EStG)

o **Rückstellungen für drohende Verluste aus schwebenden Geschäften**
(§ 5 Abs. 4a EStG)
Für nach dem 31.12.1996 endende Wirtschaftsjahre dürfen steuerlich keine
Rückstellungen für drohende Verluste aus schwebenden Geschäften mehr gebildet werden. Hierdurch wird das nach § 249 Abs. 1 Satz 1 HGB unverändert
fortbestehende handelsrechtliche Passivierungsgebot durchbrochen.

o **Rückstellungen für Anschaffungs- oder Herstellungskosten** (§ 5 Abs. 4b
Satz 1 EStG)
Gegenstand dieser Sonderregelung sind hauptsächlich Aufwendungen für die
Entsorgung von Kern-Brennelementen.

o **Pensionsrückstellungen** (§ 6a EStG).

Die generelle Behandlung der einzelnen Rückstellungsarten in Handels- und
Steuerbilanz ist nachfolgend zusammengefasst:

Rückstellungsart	Handelsbilanz	Steuerbilanz
Außenverpflichtungen *(Verbindlichkeitsrückstellungen)*		
(1) Rechtliche Verpflichtungen		
○ ungewisse Verbindlichkeiten	+	+
○ drohende Verluste aus schwebenden Geschäften (Drohverlustrückstellungen)	+	–
(2) Wirtschaftliche Verpflichtungen		
○ Gewährleistungen ohne rechtliche Verpflichtung (Kulanzrückstellungen)	+	+
Innenverpflichtungen *(Aufwandsrückstellungen)*		
(1) Im Geschäftsjahr unterlassene Maßnahmen		
○ Abraumbeseitigung, die im folgenden Geschäftsjahr nachgeholt wird	+	+
○ Instandhaltungen, die		
- innerhalb der ersten drei Monate	+	+
- in der Zeit vom vierten bis zwölften Monat des folgenden Geschäftsjahrs nachgeholt werden	0	–
(2) Genau umschriebene Aufwendungen (Großreparaturen)	0	–
Steuerabgrenzung	+	–

Symbole: +: Passivierungspflicht
         –: Passivierungsverbot
         0: Passivierungswahlrecht

> **3 7** | Prüfen Sie nachfolgende Sachverhalte im Hinblick auf die handelsrechtliche Möglichkeit einer Rückstellungsbildung sowie die jeweils in Betracht kommende Rückstellungsart:
>
> (1) Ein Einzelhändler schließt im November 01 mit einem Lieferanten einen Vertrag über den Bezug von Waren im Februar 02 zu einem Festpreis ab. Zum Bilanzstichtag zeigt sich, dass die betreffenden Artikel nur unter Einstandspreis verkauft werden können.
>
> (2) Bei einer Spezialmaschine wird die im Dezember 01 fällige regelmäßige Wartung
>
>   a) im Februar 02
>   b) im Mai 02
>
>   nachgeholt.
>
> (3) Bei einer Anlage wird zur Erhaltung der Betriebsbereitschaft alle vier Jahre eine Generalüberholung durchgeführt.
>
> (4) Die für November 01 geplante Fertigstellung der Aufstockung eines Betriebsgebäudes verzögert sich witterungsbedingt bis März 02.
>
> (5) Ein Unternehmer verpflichtet sich zu Dienstjubiläumszahlungen an seine Mitarbeiter.
>
> (6) Ein Händler erbringt branchenübliche Garantieleistungen, die über die gesetzlichen Verpflichtungen hinausgehen.   Seite 181

4.1.3 Bewertung der Rückstellungen

Rückstellungen sind in der Handelsbilanz grundsätzlich mit dem nach vernünftiger kaufmännischer Beurteilung notwendigen Betrag anzusetzen (§ 253 Abs. 1 Satz 2 HGB).

Eine Abzinsung langfristiger Rückstellungen kommt handelsrechtlich nur in Betracht, sofern die zu Grunde liegenden Verpflichtungen einen Zinsanteil enthalten. Diese Voraussetzung ist gegeben, wenn bei einer sofortigen Begleichung ein geringerer Geldbetrag aufgewandt werden muss als bei zukünftiger Tilgung der Verpflichtung.

Abgesehen von der Rückstellung für die Rücknahme und Entsorgung von Fahrzeugen, die vor dem 1.7.2002 zugelassen wurden, sind steuerlich Rückstellungen für (Sach- und Geldleistungs-)Verpflichtungen zwingend abzuzinsen (§ 6 Abs. 1 Nr. 3a Buchst. e EStG). Die hiervon allgemein bestehenden Ausnahmen entsprechen den für Verbindlichkeiten weiter oben bereits dargestellten Sonderregelungen. Gleiches gilt für die Möglichkeit der Bildung einer zeitlich befristeten steuerfreien Rücklage für den Gewinn aus der Abzinsung von Rückstellungen, die bereits in einem vor dem 1.1.1999 endenden Geschäftsjahr gebildet worden sind (§ 52 Abs. 16 Satz 11 EStG).

Der für die Abzinsung maßgebende Zeitraum ist für nachstehende Verpflichtungen ausdrücklich im Gesetz geregelt (§ 6 Abs. 1 Nr. 3a Buchst. e Satz 2 und 3 EStG):

o **Sachleistungsverpflichtungen**
Abzustellen ist auf den Zeitraum zwischen dem Bilanzstichtag und dem Beginn der Erfüllung der Sachleistung.

o **Verpflichtungen zur Stilllegung von Kernkraftwerken**
Relevant ist der Zeitraum von der erstmaligen Nutzung bis zum Zeitpunkt, in dem mit der Stilllegung begonnen werden muss. Sofern der Zeitpunkt der Stilllegung nicht feststeht, ist eine Betriebsdauer von 25 Jahren anzunehmen.

Für den Bereich der Steuerbilanz sind branchenunabhängig folgende Grundsätze für die Bewertung von Rückstellungen in § 6 Abs. 1 Nr. 3a EStG kodifiziert worden (vgl. zu branchenspezifischen Regelungen § 6 Abs. 1 Nr. 3a Buchst. d Satz 3 EStG; § 20 Abs. 2, § 21a KStG):

o **Berücksichtigung von Erfahrungen in der Vergangenheit über die Wahrscheinlichkeit der Inanspruchnahme**
bei Rückstellungen für gleichartige Verpflichtungen (z. B. Gewährleistungs- oder Garantieverpflichtungen)

o **Bewertung mit den Einzelkosten und den angemessenen Teilen der notwendigen Gemeinkosten**
bei Rückstellungen für Sachleistungsverpflichtungen

o **wertmindernde Berücksichtigung künftiger Vorteile**
Eine Saldierung hat zu erfolgen, wenn konkret - z. B. aufgrund abgeschlossener Verträge - Vorteile mit der Erfüllung einer Verpflichtung verbunden sind.

o **zeitanteilige Zuführung in gleichen Raten**
bei Rückstellungen für Verpflichtungen, für deren Entstehen im wirtschaftlichen Sinne der laufende Betrieb ursächlich ist (z. B. Entsorgungs- oder Abbruchverpflichtungen).

Durch das Altfahrzeug-Gesetz vom 21.6.2002 (BStBl 2002 I, S. 854 - Auszug -) ist ab Veranlagungszeitraum 2002 geregelt worden, dass Rückstellungen für gesetzliche Verpflichtungen zur Rücknahme und Verwertung von Erzeugnissen, die vor Inkrafttreten entsprechender gesetzlicher Verpflichtungen in Verkehr gebracht worden sind, zeitanteilig in gleichen Raten bis zum Beginn der jeweiligen Erfüllung anzusammeln sind (§ 6 Abs. 1 Nr. 3a Buchst. d Satz 2 EStG). Diese Bestimmung erlangt derzeit Bedeutung für die im Zuge des vorgenannten Gesetzes ebenfalls geänderte Altfahrzeug-Verordnung. Danach sind Hersteller und gewerbliche Importeure unmittelbar zur Rücknahme von ab dem 1.7.2002 zugelassenen Fahrzeugen (= Neufahrzeuge) verpflichtet. Folglich ist ab diesem Zeitpunkt handels- wie auch steuerrechtlich eine entsprechende Verbindlichkeitsrückstellung für die Rücknahme und Entsorgung von Neufahrzeugen zu bilden.

Für vor dem 1.7.2002 zugelassene Fahrzeuge (= Altfahrzeuge) besteht diese Rücknahmeverpflichtung erst ab dem 1.1.2007. Handelsrechtlich ist auch in diesen Fällen sofort eine Rückstellung in voller Höhe zu bilden, und zwar erstmals für nach dem 26.4.2002 endende Geschäftsjahre (Art. 53 Abs. 1 EGHGB). Steuerrechtlich wird durch obige Sonderregelung eine zeitanteilige Verteilung dieses Rückstellungsaufwands auf die Geschäftsjahre 2002 bis 2006 vorgeschrieben. Eine Abzinsung dieser Rückstellung hat nicht zu erfolgen (§ 6 Abs. 1 Nr. 3a Buchst. d Satz 2 2. Halbsatz EStG).

Mit Ausnahme der ab Veranlagungszeitraum 2002 geltenden Vorschrift zur Rückstellungsbildung für die Rücknahme und Entsorgung von Erzeugnissen, waren die vorstehenden Regelungen erstmals im Veranlagungszeitraum 1999 anzuwenden. Sie galten dabei auch für bereits in früheren Jahren gebildete Rückstellungen. Für die diesbezüglich sich ergebenden Gewinne konnte in Höhe von 9/10 eine gewinnmindernde Rücklage gebildet werden (§ 52 Abs. 16 Satz 11 EStG). Diese Rücklage ist in den folgenden neun Jahren regelmäßig mit mindestens 1/10 aufzulösen.

4.1.4 Ausweisregelungen

Einzelunternehmen und Personengesellschaften mit einer natürlichen Person als Vollhafter sowie kleine Kapitalgesellschaften und Personengesellschaften mit Haftungsbeschränkung können die Rückstellungen insgesamt in einem Betrag ausweisen (§ 247 Abs. 1 HGB bzw. § 266 Abs. 1 Satz 2 HGB). Mittelgroße und große Kapitalgesellschaften sowie Personengesellschaften i. S. des § 264a HGB haben zwischen folgenden Rückstellungsposten zu trennen:

Rückstellungen für Pensionen und ähnliche Verpflichtungen
Steuerrückstellungen
sonstige Rückstellungen

Die Zuordnung der einzelnen Rückstellungsarten zu diesen Einzelposten ist in nachfolgender Abbildung dargestellt:

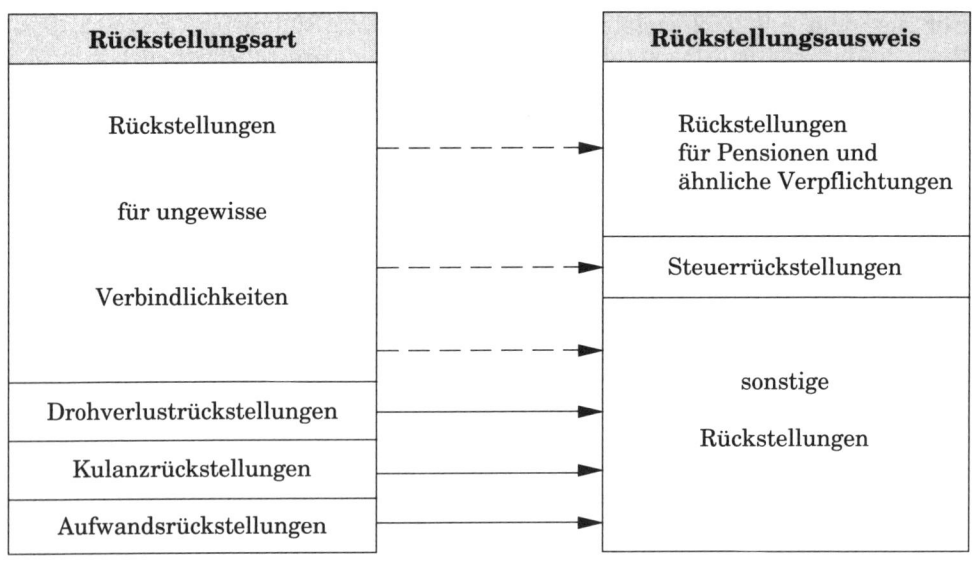

Symbole: − − − ➤ anteiliger Betrag
───────➤ gesamter Betrag

4.2 Bilanzierung der Verbindlichkeiten

4.2.1 Begriff der Verbindlichkeiten

Als Verbindlichkeiten gelten Verpflichtungen eines Unternehmens, die dem Grunde und der Höhe nach feststehen. Die entsprechenden Verpflichtungen in Form von Geldzahlungen, Warenlieferungen, Dienstleistungen oder Preisnachlässen führen künftig zu einer Vermögensminderung. Hierdurch wird das zur Schuldentilgung verfügbare Vermögen reduziert. Der Verbindlichkeitsausweis bewirkt damit eine zutreffende Darstellung der Vermögenslage.

Entscheidendes Merkmal der Verbindlichkeiten ist ein von einem Dritten einforderbarer Leistungsanspruch. Bei Personen- und Kapitalgesellschaften sind dabei auch schuldrechtliche Verpflichtungen gegenüber Gesellschaftern bilanziell zu berücksichtigen.

4.2.2 Posten der Verbindlichkeiten

Die Gliederung der Einzelposten der Verbindlichkeiten basiert auf unterschiedlichen, z. T. einander überschneidenden Systematisierungen. Als tragende Kriterien lassen sich anführen (vgl. *Baetge / Kirsch / Thiele*, S. 331 f.):

❑ **Art der einander gegenüberstehenden Leistung und Gegenleistung**

Auf dem Kapitalmarkt aufgenommene langfristige Fremdmittel in verbriefter oder unverbriefter Form sind als **Anleihen** auszuweisen. Wichtige Beispiele sind:

o **Schuldverschreibungen (Obligationen)**
   mit ausschließlich fester Verzinsung

o **Gewinnschuldverschreibungen**
   ausgestattet mit einer festen und einer gewinnabhängigen Verzinsung

o **Wandelanleihen**
   neben einer Verzinsung wird ein Umtauschrecht in Aktien gewährt

o **Optionsanleihen**
   zusätzlich zur Verzinsung wird ein Bezugsrecht auf Aktien eingeräumt.

Gesondert zu vermerken ist der Betrag der konvertiblen, d. h. der hinsichtlich Zins- und/oder Tilgungskonditionen wandelbaren Anleihen (§ 266 Abs. 3 HGB).

Nicht am öffentlichen Kapitalmarkt aufgenommene Darlehen (z. B. Schuldscheindarlehen) zählen nicht zu den Anleihen. Sie sind den sonstigen Verbindlichkeiten oder den Verbindlichkeiten gegenüber Kreditinstituten zuzuordnen. Von einem Vertragspartner im Rahmen eines schwebenden Geschäfts geleistete Vorauszahlungen sind als **erhaltene Anzahlungen auf Bestellungen** zu erfassen. Eine Saldierung mit nicht abgerechneten Leistungen ist unzulässig (§ 246 Abs. 2 HGB).

Sofern die Anzahlungen mit Posten des Vorratsvermögens in wirtschaftlichem Zusammenhang stehen, kommt alternativ auch ein aktivischer Ausweis durch offene Absetzung der erhaltenen Vorauszahlungen von den Vorräten in Betracht (§ 268 Abs. 5 Satz 2 HGB). Hierdurch wird eine Verkürzung der Bilanzsumme erreicht.

Die **Wechselverbindlichkeiten** betreffen Verpflichtungen aus der Annahme gezogener und der Ausstellung eigener Handels- und Finanzwechsel.

Alle nicht einer der bisherigen Positionen zuzuordnenden Verbindlichkeiten sind unter der Sammelposition **sonstige Verbindlichkeiten** auszuweisen. Hierunter fallen auch Verpflichtungen des Unternehmens, denen keine unmittelbaren Gegenleistungen gegenüberstehen (z. B. Schadenersatzleistungen). Gesondert zu vermerken sind Steuerverbindlichkeiten und Verpflichtungen im Rahmen der sozialen Sicherheit (z. B. Beiträge zur Sozialversicherung oder zur Berufsgenossenschaft).

❑ **Empfänger der zu erbringenden Leistung**

Verbindlichkeiten gegenüber Kreditinstituten umfassen alle Arten von Verpflichtungen gegenüber inländischen und ausländischen Banken. Ohne Bedeutung sind dabei die Laufzeit oder die Art der Besicherung der Fremdmittel.

Die **Verbindlichkeiten aus Lieferungen und Leistungen** beinhalten noch ausstehende Zahlungsverpflichtungen für bereits erhaltene Lieferungen und Leistungen im Zusammenhang mit der eigentlichen Geschäftstätigkeit.

Vertragliche Ansprüche aus Lieferungen bzw. Leistungen, Darlehen oder Unternehmensverträgen zwischen finanziell miteinander verbundenen Unternehmen sind entsprechend dem Grad der Verflechtung als **Verbindlichkeiten gegenüber verbundenen Unternehmen** oder als **Verbindlichkeiten gegen Unternehmen, mit denen ein Beteiligungsverhältnis besteht**, auszuweisen.

Personengesellschaften i. S. des § 264a HGB haben Verbindlichkeiten gegenüber Gesellschaftern regelmäßig als solche jeweils gesondert auszuweisen oder im Anhang anzugeben (§ 264c Abs. 1 Satz 1 HGB). Bei einem Ausweis unter anderen Posten ist ein entsprechender Vermerk erforderlich (§ 264c Abs. 1 Satz 2 HGB).

4.2.3 Bewertung der Verbindlichkeiten

Grundsätzlich sind Verbindlichkeiten mit dem Rückzahlungsbetrag zu bewerten (§ 253 Abs. 1 Satz 2 HGB). Auszugehen ist mithin von dem Betrag, der zur Tilgung der Verpflichtung benötigt wird. Dies gilt auch für unverzinsliche oder niedrig verzinsliche Verbindlichkeiten. Handelsrechtlich kommt eine Abzinsung – anders als bei Forderungen – nicht in Betracht.

Rentenverpflichtungen sind mit dem Barwert der künftigen Auszahlungen zu passivieren.

Ändert sich die Höhe der Verbindlichkeit, ist das so genannte *Höchstwertprinzip* zu beachten. Danach bleiben Minderungen des Rückzahlungsbetrags unberücksichtigt, während Erhöhungen zwingend eine Aufstockung des Bilanzansatzes erfordern.

38

Eine inländische Kapitalgesellschaft hat im Dezember 01 von einem Lieferanten Waren im Wert von 15.000 US-Dollar bezogen. Der Kurs des US-Dollar beträgt im Zeitpunkt der Lieferung 1,10 €.

Mit welchem Wert ist die im Januar 02 beglichene Verbindlichkeit zum 31.12.01 anzusetzen bei einem amtlichen US-Dollarkurs von

(1) 1,15 €

(2) 1,05 €

am Abschlussstichtag?

Seite 181

Insbesondere bei Darlehen und Anleihen weichen Auszahlungs- und Rückzahlungsbetrag häufig voneinander ab. In diesen Fällen gilt:

o **Auszahlungsbetrag < Rückzahlungsbetrag** (§ 250 Abs. 3 HGB)
Für den auf einem Rückzahlungsagio oder (Auszahlungs-) Disagio beruhenden Differenzbetrag besteht ein Wahlrecht zwischen

- sofortiger erfolgswirksamer Verbuchung
und
- Aktivierung als aktiver Rechnungsabgrenzungsposten und Abschreibung über die Laufzeit.

o **Auszahlungsbetrag > Rückzahlungsbetrag**
Der als (Auszahlungs-)Agio bezeichnete Unterschiedsbetrag stellt wirtschaftlich ein vom Gläubiger gewährtes Entgelt für künftige, die marktübliche Verzinsung übersteigende Zinszahlungen dar.

Das Agio darf nicht sofort ergebniswirksam vereinnahmt werden; dies würde gegen das Realisationsprinzip verstoßen. Vielmehr hat ein Ausweis unter den passiven Rechnungsabgrenzungsposten und eine Verteilung auf die einzelnen Jahre der Laufzeit zu erfolgen.

4.2.4 Verbindlichkeitsspiegel

Einzelunternehmen und Personengesellschaften ohne Haftungsbeschränkung können die Verbindlichkeiten insgesamt in einem Posten zusammenfassen. Gleiches gilt für kleine Kapitalgesellschaften bzw. Personengesellschaften i. S. des § 264a HGB (§ 266 Abs. 1 Satz 2 HGB). Diese müssen jedoch den Betrag der Verbindlichkeiten mit einer Restlaufzeit bis zu einem Jahr vermerken (§ 268 Abs. 5 Satz 1 HGB).

Bei mittelgroßen und großen Kapitalgesellschaften sowie Personengesellschaften ohne natürliche Person als Vollhafter bezieht sich die Vermerkpflicht auf alle auszuweisenden Einzelposten. Darüber hinaus ist jeweils der Gesamtbetrag der Verbindlichkeiten mit einer Restlaufzeit von mehr als fünf Jahren anzugeben (§ 285 Nr. 1 Buchst. a HGB); dies kann entweder in der Bilanz oder im Anhang erfolgen (§ 285 Nr. 2 i. V. mit § 288 Satz 1 HGB).

Die Restlaufzeit umfasst den Zeitraum zwischen Abschlussstichtag und dem vertraglich festgelegten Fälligkeitszeitpunkt der Verbindlichkeit bei planmäßiger Abwicklung.

Den Angabepflichten wird regelmäßig durch die Aufstellung eines so genannten *Verbindlichkeitsspiegels* entsprochen. Dieser ist wie folgt aufgebaut:

Art der Verbindlichkeit	Gesamt-betrag	davon mit einer Restlaufzeit		gesicherte Beträge	Art der Sicherheit
		bis zu einem Jahr	von mehr als 5 Jahren		
gesondert für jeden Posten der Verbindlichkeiten					
Summe					

Neben der Gliederung nach Fristigkeit sind auch die durch Pfandrechte oder ähnliche Rechte gesicherten Verbindlichkeiten – unter Angabe von Art und Form der Sicherheiten – anzuführen (§ 285 Nr. 1 Buchst. b HGB). Relevant sind diesbezüglich insbesondere folgende Arten von Sicherheiten (vgl. *Baetge / Kirsch / Thiele*, S. 347 f.):

– Grundpfandrechte (Hypotheken, Grundschulden, Rentenschulden)
– Pfandrechte an beweglichen Sachen
– Pfandrechte an Rechten
– Sicherungsübereignungen
– Sicherungsabtretungen.

5. Sonstige Bilanzposten

5.1 Eigenkapital

5.1.1 Merkmale des Eigenkapitals

Auf der Passivseite der Bilanz wird das dem Unternehmen zur Verfügung gestellte Kapital ausgewiesen. Dabei handelt es sich um von Dritten gewährtes Fremdkapital sowie Eigenkapital der Eigentümer bzw. Gesellschafter. Beide Kapitalkategorien können anhand folgender Merkmale generell gegeneinander abgegrenzt werden:

Merkmal	Eigenkapital	Fremdkapital
Rechtsstellung des Kapitalgebers	Eigentümer/ Gesellschafter	Gläubiger
Dauer der Kapital-überlassung	unbefristet	befristet
Haftung	haftendes Kapital	kein haftendes Kapital
Vergütungsanspruch	ergebnisabhängig	ergebnisunabhängig

Das Eigenkapital ergibt sich generell als rechnerische Differenzgröße zwischen dem Wert der Vermögensgegenstände und der Schulden.

Der Ausweis erfolgt mittels variabler bzw. konstanter Kapitalkonten:

❏ **variables Eigenkapital(-konto)**

Bei Einzelunternehmen und Personengesellschaften werden regelmäßig variable Kapitalkonten geführt. Deren im Zeitablauf wechselnde Bestände resultieren aus

    o **Eigenkapitalerhöhungen**
      durch Einlagen oder erwirtschaftete Gewinne

    o **Eigenkapitalminderungen**
      durch Entnahmen oder eingetretene Verluste.

❏ **konstantes Eigenkapital(-konto)**

Bei Unternehmen mit beschränkt haftenden Gesellschaftern, insbesondere also bei Kapitalgesellschaften, wird auf konstanten Kapitalkonten das gesellschaftsvertraglich festgelegte Haftungskapital ausgewiesen. Veränderungen dieser Größe beruhen grundsätzlich auf Beschlüssen der Gesellschafter zur Erhöhung oder Herabsetzung des Kapitals.

Aus der Unternehmenstätigkeit stammende Eigenkapitalmehrungen bzw. -minderungen werden auf variablen Kapitalkonten (Rücklagen, [Vorjahres-/Jahres-] Ergebnis) erfasst.

Die rechtsformspezifischen Formen des Eigenkapitalausweises sind nachfolgend im Überblick zusammengefasst:

Rechtsform	Eigenkapitalkonto	
	konstant	variabel
Einzelunternehmen		Kapital-/Privatkonto des Einzelunternehmers
Personengesellschaft • OHG		Kapital-/Privatkonten der Gesellschafter
• KG	Kapitalkonten der Kommanditisten	Kapital-/Privatkonten der Komplementäre
Kapitalgesellschaft • AG	Grundkapital	Kapitalrücklage Gewinnrücklagen
• GmbH	Stammkapital	Ergebnisvortrag Jahresergebnis

5.1.2 Posten des Eigenkapitals

Einzelunternehmen und Personengesellschaften mit einer natürlichen Person als Vollhafter haben das Eigenkapital „gesondert auszuweisen und hinreichend aufzugliedern" (§ 247 Abs. 1 HGB).

Bei Kapitalgesellschaften und Personengesellschaften i. S. des § 264a HGB setzt sich das bilanzielle Eigenkapital nach § 266 Abs. 3 HGB aus folgenden Hauptgrößen zusammen:

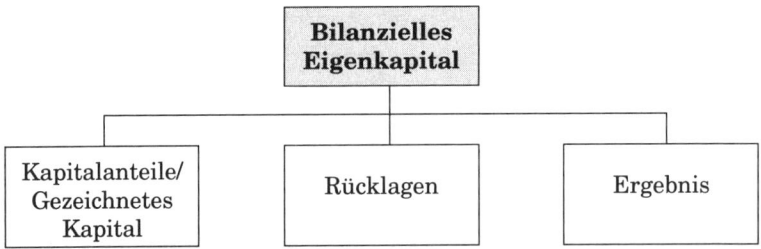

Auf diese für Unternehmen mit Haftungsbeschränkung verbindlich geregelten Bestandteile des Eigenkapitals beziehen sich die weiteren Ausführungen.

5.1.2.1 Kapitalanteile/Gezeichnetes Kapital

Personengesellschaften ohne natürliche Person als Vollhafter haben für die jeweilige Gesellschaftergruppe auszuweisen (§ 264c Abs. 2 HGB):

○ **Kapitalanteile der persönlich haftenden Gesellschafter**
   gesondert nach Gesellschaftern oder in einem Betrag zusammengefasst

○ **Kapitalanteile der Kommanditisten**.

Bei **Kapitalgesellschaften** umfasst das gezeichnete Kapital die Beträge, auf die „die Haftung der Gesellschafter für die Verbindlichkeiten der Kapitalgesellschaft gegenüber den Gläubigern beschränkt ist" (§ 272 Abs. 1 Satz 1 HGB). Das gezeichnete Kapital entspricht dem

❑ **Grundkapital von Aktiengesellschaften** (§ 152 Abs. 1 AktG)

   in Höhe von mindestens 50.000 € (§ 7 AktG). Das Grundkapital ist in Aktien zerlegt (§ 1 Abs. 2 AktG). Dabei kann es sich um Nennbetragsaktien oder Stückaktien handeln (§ 8 Abs. 1 AktG).

   Nennbetragsaktien müssen auf mindestens 1 € lauten (§ 8 Abs. 2 AktG).

   Stückaktien haben keinen Nennbetrag. Der auf die einzelne Aktie entfallende anteilige Betrag des Grundkapitals darf 1 € nicht unterschreiten (§ 8 Abs. 3 AktG).

Die Ausgabe von Aktien hat in Höhe des Nennbetrags bzw. des auf die einzelne Aktie entfallenden anteiligen Betrags am Grundkapital zu erfolgen. Eine Ausgabe unter dem gesetzlichen Mindestbetrag, so genannte *Unterpariemission*, ist ausgeschlossen. Zulässig ist jedoch eine Ausgabe zu einem höheren Betrag, so genannte *Überpariemission* (§ 9 AktG).

Die auf einzelne Aktiengattungen entfallenden Kapitalbeträge sind gesondert auszuweisen. Aktien einer Gattung zeichnen sich dadurch aus, dass sie mit gleichen Rechten ausgestattet sind (§ 11 AktG). Als Aktiengattungen kommen in Betracht:

o **Stammaktien**
Aktien mit Stimmrecht (§ 12 Abs. 1 Satz 1 AktG)

o **Vorzugsaktien**
Aktien ohne Stimmrecht (§ 12 Abs. 1 Satz 2 AktG).

❑ **Stammkapital von Gesellschaften mit beschränkter Haftung** (§ 42 Abs. 1 GmbHG)

in Höhe von mindestens 25.000 €. Von jedem Gesellschafter ist eine Stammeinlage von mindestens 100 € zu leisten (§ 5 Abs. 1 GmbHG).

Das Grund- bzw. Stammkapital ist in Höhe des Nennbetrags auszuweisen (§ 283 HGB). Dies gilt auch in den Fällen, in denen das Nominalkapital nicht sofort vollständig eingezahlt wird (vgl. zu Einzelheiten § 36a Abs. 1 AktG bzw. § 7 Abs. 2 GmbHG).

Die Differenz zwischen Nennbetrag und tatsächlich geleisteter Zahlung ist als ausstehende Einlage zu bilanzieren. Für den Ausweis bestehen nach § 272 Abs. 1 Satz 2 und 3 HGB folgende Alternativen:

o **aktivischer Ausweis** (= Bruttomethode)
vor dem Anlagevermögen mit Vermerk des eingeforderten Betrags der Einlagen

o **passivischer Ausweis** (= Nettomethode)
durch offene Absetzung der nicht eingeforderten ausstehenden Einlagen vom gezeichneten Kapital und Ausweis der eingeforderten ausstehenden Einlagen auf der Aktivseite unter dem Posten „Forderungen und sonstige Vermögensgegenstände". Bei der Nettomethode tritt eine Verkürzung der Bilanzsumme ein.

Das Stammkapital einer im März 01 gegründeten GmbH beträgt laut Gesellschaftsvertrag 150.000 €. Hierauf sind bei Gründung 80.000 € eingezahlt worden. Von den ausstehenden Einlagen ist ein Betrag von 30.000 € eingefordert.

Stellen Sie die alternativen Formen für den Ausweis der ausstehenden Einlagen dar.

Seite 181

5.1.2.2 Rücklagen

Bei **Personengesellschaften mit Haftungsbeschränkung** dürfen nur aufgrund einer gesellschaftsrechtlichen Vereinbarung gebildete Rücklagen ausgewiesen werden (§ 264 c Abs. 2 Satz 8 HGB).

Bei **Kapitalgesellschaften** sind folgende Arten von offen in der Bilanz auszuweisenden Rücklagen zu unterscheiden:

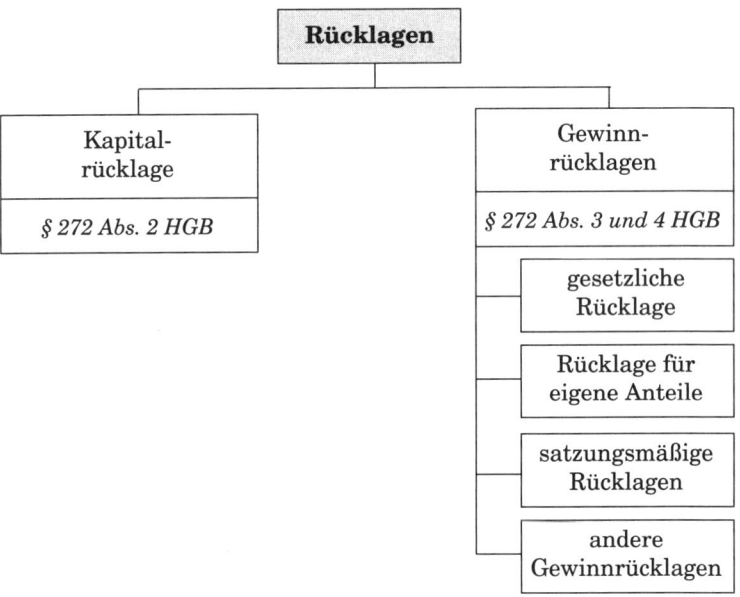

❑ **Kapitalrücklage**

Die Kapitalrücklage umfasst alle einer Kapitalgesellschaft von außen zugeflossenen Beträge, die keine Forderungsrechte begründen und nicht auf das Grund- bzw. Stammkapital erfolgen. Die hierunter fallenden Sachverhalte sind in § 272 Abs. 2 HGB abschließend aufgeführt.

Größte praktische Bedeutung kommt dabei dem Ausgabeaufgeld (Agio) zu, das bei der Ausgabe von Aktien über den Nennbetrag bzw. den rechnerischen Wert hinaus erzielt wird.

Die als Kapitalrücklage auszuweisenden Vermögensmehrungen sind gesellschaftsrechtlich begründet; sie stammen nicht aus der laufenden Geschäftstätigkeit.

❑ **Gewinnrücklagen**

Gewinnrücklagen entstehen durch Einbehaltung (Thesaurierung) erwirtschafteter Gewinne (§ 272 Abs. 3 Satz 1 HGB). Die Bildung aus dem versteuerten Ergebnis stellt Ergebnisverwendung dar.

Insofern unterscheiden sich offene Rücklagen von stillen Rücklagen, so genannte *stille Reserven*. Diese werden aus dem unversteuerten Gewinn gebildet, und zwar durch Unterbewertung von Aktiva bzw. Überbewertung von Passiva. Es handelt sich folglich um Vorgänge im Rahmen der Ergebnisermittlung. Stille Reserven sind nicht direkt aus der Bilanz ersichtlich.

Bei den Gewinnrücklagen sind folgende Arten zu unterscheiden (§ 272 Abs. 3 HGB):

o **gesetzliche Rücklage**
Aktiengesellschaften haben nach § 150 Abs. 1 und 2 AktG eine gesetzliche Rücklage in Höhe von mindestens 10 % des Grundkapitals zu bilden. Diese Rücklage dient vornehmlich zum Ausgleich auftretender Verluste, bevor auf das Nominalkapital zurückgegriffen wird (vgl. zu den einzelnen Verwendungsmöglichkeiten § 150 Abs. 3 und 4 AktG).

o **Rücklage für eigene Anteile**
Von einer Kapitalgesellschaft erworbene eigene Anteile sind auf der Aktivseite im Umlaufvermögen als Wertpapiere gesondert auszuweisen. In entsprechender Höhe ist eine Rücklage für eigene Aktien zu bilden (§ 272 Abs. 4 Satz 1 HGB). Gleiches gilt für Anteile eines herrschenden oder eines mit Mehrheit beteiligten Unternehmens (§ 272 Abs. 4 Satz 4 HGB).

Eigene Anteile sind als Korrekturposten zum gezeichneten Kapital zu betrachten. Die Rücklagenbildung bewirkt eine Ausschüttungssperre. Hierdurch wird verhindert, dass der Erwerb eigener Anteile zur Rückzahlung von Grundkapital oder satzungsmäßig gebundenen offenen Rücklagen verwendet wird.

o **satzungsmäßige Rücklagen**
Diese Rücklagenkategorie beruht auf einer zwingenden Regelung in der Satzung bzw. im Gesellschaftsvertrag (§ 58 Abs. 4 AktG; § 29 Abs. 1 GmbHG). Die Rücklagenbildung kann zweckfrei oder zweckgebunden (z. B. zur Substanzerhaltung oder Werkerneuerung) erfolgen.

o **andere Gewinnrücklagen**
Die anderen Gewinnrücklagen enthalten alle freiwillig gebildeten, nicht unter einer der vorstehenden Positionen auszuweisenden Rücklagenbeträge. Diese beruhen regelmäßig auf von den zuständigen Gremien getroffenen Beschlüssen über die Gewinnverwendung (vgl. § 58 AktG; § 29 GmbHG).

Aktiengesellschaften haben in der Bilanz oder im Anhang gesondert anzugeben

o **den Betrag der Kapitalrücklage** (§ 152 Abs. 2 AktG)
– der während des Geschäftsjahrs eingestellt wurde
– der für das Geschäftsjahr entnommen wurde.

o **die Beträge der Gewinnrücklagen** (§ 152 Abs. 3 AktG)
– die die Hauptversammlung aus dem Bilanzgewinn des Vorjahrs eingestellt hat
– die aus dem Jahresüberschuss des Geschäftsjahrs eingestellt werden
– die für das Geschäftsjahr entnommen werden.

5.1.2.3   Ergebnis

Die Art des Ausweises dieser Eigenkapitalkomponente hängt davon ab, unter welcher Annahme über die Ergebnisverwendung die Bilanz aufgestellt wird (§ 266 Abs. 3 und § 268 Abs. 1 Satz 1 HGB). Diesbezüglich bestehen folgende Alternativen:

❑ **Bilanzaufstellung vor Ergebnisverwendung**

Auf dieser Annahme basiert der Eigenkapitalausweis im Gliederungsschema der Bilanz nach § 266 Abs. 3 HGB. Hierbei erfolgen keine Zuführungen oder Auflösungen der Rücklagen.

Im Eigenkapital sind dann gesondert auszuweisen:

  o **Gewinnvortrag/Verlustvortrag**
    Der Gewinnvortrag resultiert aus dem nach Rücklagendotierung bzw. Ausschüttung verbleibenden Teil des Bilanzgewinns des Vorjahrs.

    Der Verlustvortrag entspricht dem Bilanzverlust des vorangegangenen Geschäftsjahrs.

  o **Jahresüberschuss/Jahresfehlbetrag**
    Das Jahresergebnis – als Saldogröße zwischen Erträgen und Aufwendungen – wird aus der Gewinn- und Verlustrechnung in die Bilanz übernommen.

❑ **Bilanzaufstellung nach teilweiser Ergebnisverwendung**

Bei dieser Alternative wird davon ausgegangen, dass die geschäftsführenden Organe aufgrund gesetzlicher oder gesellschaftsvertraglicher Regelungen zu Rücklagenveränderungen verpflichtet bzw. berechtigt sind. Über die Verwendung des danach verbleibenden Betrags entscheidet die Gesellschafterversammlung.

Zuführungen bzw. Auflösungen von Rücklagen sind in der Gewinn- und Verlustrechnung nach der Position Jahresüberschuss/-fehlbetrag darzustellen; alternativ können diese Angaben auch im Anhang erfolgen (§ 158 Abs. 1 AktG).

In der Bilanz werden die Posten Jahresüberschuss/-fehlbetrag sowie Gewinn-/Verlustvortrag durch die Größe **Bilanzgewinn/Bilanzverlust** ersetzt (§ 268 Abs. 1 Satz 2 HGB).

❑ **Bilanzaufstellung nach vollständiger Ergebnisverwendung**

In diesem – in der Praxis nur ausnahmsweise anzutreffenden – Fall enthält die Bilanz keine Ergebnisposition. Vielmehr sind die im Unternehmen verbleibenden Teile des Jahresergebnisses bereits unter der(n) betreffenden Rücklagenposition(en) erfasst. Für Ausschüttungen vorgesehene Beträge sind als sonstige Verbindlichkeiten passiviert.

Die für die Praxis bedeutsamen Ausweisalternativen vor bzw. nach teilweiser Ergebnisverwendung sind nachfolgend im Überblick dargestellt:

Ergebnisausweis	Bilanz	Gewinn- und Verlustrechnung
vor Ergebnis-verwendung	Gewinn-/Verlustvortrag Jahresüberschuss/ -fehlbetrag	Jahresüberschuss/ -fehlbetrag
nach teilweiser Ergebnis-verwendung	Bilanzgewinn/-verlust (davon Gewinn-/ Verlustvortrag)	Jahresüberschuss/ -fehlbetrag ± Gewinn-/Verlust-vortrag + Entnahmen aus Rücklagen ./. Einstellungen in Rücklagen = Bilanzgewinn/ -verlust

Sofern bei Personengesellschaften mit Haftungsbeschränkung eingetretene Verluste die Kapitalanteile übersteigen, gelten folgende Ausweisregeln (§ 264 c Abs. 2 Satz 4 und 5 HGB):

○ **bei bestehender Zahlungsverpflichtung**
   ist der übersteigende Betrag auf der Aktivseite unter den Forderungen als „**Einzahlungsverpflichtungen persönlich haftender Gesellschafter bzw. von Kommanditisten**" in die Bilanz aufzunehmen.

○ **bei fehlender Zahlungsverpflichtung**
   ist der übersteigende Betrag am Schluss der Bilanz als „**Nicht durch Vermögens-einlagen gedeckter Verlustanteil persönlich haftender Gesellschafter bzw. von Kommanditisten**" auszuweisen.

Sofern bei Kapitalgesellschaften eingetretene Verluste das gezeichnete Kapital sowie die übrigen Eigenkapitalpositionen übersteigen und sich dadurch ein Über-schuss der Passivposten über die Aktivposten ergibt, ist der Unterschiedsbetrag auf der Aktivseite als letzter Posten unter der Bezeichnung „**Nicht durch Eigenkapi-tal gedeckter Fehlbetrag**" auszuweisen (§ 268 Abs. 3 HGB).

Das Eigenkapital einer GmbH umfasst zum 1.1.01 folgende Posten:

	€
Stammkapital	300.000
Kapitalrücklage	60.000
Gewinnrücklagen	222.000
Gewinnvortrag	48.000

Im Geschäftsjahr 01 wird ein Jahresüberschuss von 110.000 € erzielt.

Stellen Sie den Eigenkapitalausweis in der Bilanz zum 31.12.01 dar

(1) vor Ergebnisverwendung

(2) nach teilweiser Ergebnisverwendung bei Rücklagendotierung durch die Geschäftsführung entsprechend einer Satzungsbefugnis in Höhe von 25 % des Jahresüberschusses.

Seite 182

5.2 Sonderposten mit Rücklageanteil

Zur Berücksichtigung besonderer steuerrechtlicher Bewertungsvorschriften dürfen von allen Kaufleuten in der Handelsbilanz Sonderposten mit Rücklageanteil gebildet werden (§ 247 Abs. 3 HGB).

Dieses Wahlrecht steht Kapitalgesellschaften und Personengesellschaften i. S. des § 264a HGB nur zu, wenn der Ansatz in der Steuerbilanz zwingend an eine entsprechende handelsbilanzielle Vorgehensweise gebunden ist (§ 273 Satz 1 HGB). Hiervon ist aufgrund der Regelung des § 5 Abs. 1 Satz 2 EStG stets auszugehen. Faktisch bestehen damit keine rechtsformspezifischen Unterschiede für die Bilanzierung des Sonderpostens.

Der zwischen dem Eigen- und Fremdkapital auszuweisende Sonderposten umfasst folgende zwei Bestandteile:

❏ **steuerfreie Rücklagen**

Steuerfreie Rücklagen sind dadurch gekennzeichnet, dass sie auf steuerlichen Spezialregelungen beruhen und zu Lasten des unversteuerten Ergebnisses gebildet werden.

Diese Posten dürfen nur zeitlich befristet beibehalten werden. Bei Rücklagenauflösung erhöht sich das steuerliche Ergebnis wieder. Daher führen steuerfreie Rücklagen regelmäßig nur zu einer zeitlichen Verlagerung der Besteuerung, nicht jedoch zu einer endgültigen Steuerersparnis. In Höhe der künftigen Steuerbelastung handelt es sich bei dem Sonderposten folglich um Fremdkapital, bei dem Restbetrag um Eigenkapital.

Bedeutende Anwendungsfälle sind:

– Ersatzbeschaffungs-Rücklage (R 35 EStR)
– Ansparabschreibungs-Rücklage (§ 7g Abs. 3 bzw. Abs. 7 EStG)
– Euroumrechnungs-Rücklage (Art. 43 EGHGB; § 6d EStG).

Bei einem Unternehmen scheidet im November 01 eine Anlage – mit einem Restbuchwert von 29.000 € – aufgrund höherer Gewalt (Brand) aus dem betrieblichen Vermögen aus. Von der Versicherung erhält das Unternehmen eine Entschädigung in Höhe von 65.000 €. Im März 02 wird eine Ersatzmaschine zum Preis von 120.000 € angeschafft. Hierauf werden entsprechend R 35 EStR die aufgedeckten stillen Reserven übertragen, und zwar mittels aktivischer Wertberichtigung.

Welche Buchungssätze ergeben sich bei Bildung der steuerfreien Rücklage im Jahr 01 sowie bei deren Auflösung und Übertragung im Jahr 02?

Seite 182

❏ **steuerrechtliche Abschreibungen nach § 254 HGB**

Die zur Erreichung außerfiskalischer, insbesondere wirtschafts- und sozialpolitischer Ziele bestehenden Möglichkeiten steuerlicher Sonderabschreibungen (= aufwandsantizipierende Abschreibungen) können entweder direkt (= aktivischer Ausweis) oder indirekt (= passivischer Ausweis) erfolgen. Im letzteren Fall wird die steuerliche Mehrabschreibung im Sonderposten mit Rücklageanteil erfasst (§ 281 Abs. 1 HGB). Der Unterschiedsbetrag ist erfolgswirksam als sonstiger betrieblicher Aufwand, nicht als Abschreibungen zu verbuchen (§ 281 Abs. 2 Satz 2 HGB).

Vorbehaltlich steuerlicher Regelungen ist der Sonderposten nach § 281 Abs. 1 Satz 3 HGB alternativ aufzulösen, wenn

o **der betreffende Vermögensgegenstand aus dem Vermögen ausscheidet**

o **die handelsrechtlich gebotenen Abschreibungen die steuerrechtlichen Abschreibungen übersteigen.**

Der Auflösungsbetrag ist als sonstige betriebliche Erträge zu erfassen (§ 281 Abs. 2 Satz 2 HGB).

In der Bilanz oder im Anhang sind die maßgebenden steuerlichen Vorschriften anzugeben, nach denen die verschiedenen Bestandteile des Sonderpostens mit Rücklageanteil gebildet worden sind (§ 273 Satz 2, § 281 Abs. 1 Satz 2 HGB).

Für eine zwangsweise aus dem betrieblichen Vermögen ausgeschiedene Anlage wird am 1.5.01 eine Ersatzmaschine erworben. Deren Anschaffungskosten belaufen sich auf 80.000 €. Die maßgebende Nutzungsdauer beträgt fünf Jahre; die planmäßigen Abschreibungen erfolgen nach der linearen Methode.

Auf die Anschaffungskosten der Ersatzinvestition werden zulässigerweise aufgedeckte stille Reserven in Höhe von 28.000 € übertragen. Hierfür wird ein Sonderposten mit Rücklageanteil gebildet.

Stellen Sie die Entwicklung dieses Postens dar.

Seite 183

5.3 Rechnungsabgrenzungsposten

Die Bildung von Rechnungsabgrenzungsposten dient dem Zweck einer periodengerechten Erfolgsermittlung. Hierdurch werden Aufwendungen und Erträge derjenigen Periode zugeordnet, zu der sie wirtschaftlich gehören. Bei den Rechnungsabgrenzungsposten handelt sich weder um Vermögensgegenstände noch um Schulden.

Handels- wie auch steuerbilanziell sind nur so genannte *transitorische Rechnungsabgrenzungsposten* zulässig (§ 250 Abs. 1 und 2 HGB; § 5 Abs. 5 Satz 1 EStG). Diese Posten beziehen sich auf Zahlungen vor dem Abschlussstichtag für wirtschaftliche Gegenleistungen in späterer Zeit. Der erforderliche Zeitbezug muss von vornherein eindeutig festliegen, d. h. Anfang und Ende des Zeitraums der Gegenleistungen müssen kalendermäßig bestimmt sein.

Kennzeichen der abzubildenden Vorgänge sind für

○ **aktive Rechnungsabgrenzungsposten**
  Ausgabe jetzt, Aufwand später

○ **passive Rechnungsabgrenzungsposten**
  Einnahme jetzt, Ertrag später.

 Ein Unternehmer hat für ein vermietetes Bürogebäude bereits im Dezember 01 die Miete für Januar 02 erhalten. Zudem wurde am 31.10.01 der Jahresbeitrag für eine betriebliche Sachversicherung in Höhe von 1.440 € geleistet (Versicherungszeitraum: 1.11.01 - 31.10.02).

Wie schlagen sich diese Vorgänge in der Bilanz zum 31.12.01 nieder?

Seite 183

Unter den aktiven Rechnungsabgrenzungsposten darf auch ein Disagio oder Damnum, also der Unterschiedsbetrag zwischen Ausgabe- und Rückzahlungsbetrag von Verbindlichkeiten, aufgenommen werden (§ 250 Abs. 3 HGB). Steuerlich besteht diesbezüglich Aktivierungspflicht (vgl. H 37 [Damnum] EStH).

Kapitalgesellschaften und Personengesellschaften ohne natürliche Person als Vollhafter haben den entsprechenden Betrag gesondert auszuweisen oder im Anhang anzugeben (§ 268 Abs. 6 HGB).

Eine Kapitalgesellschaft nimmt am 7.1.01 einen Kredit in Höhe von 800.000 € auf. Bei 94 % Auszahlung beträgt der Zinssatz nominal 5 %. Die Zinsen sind jeweils zum Jahresende fällig. Der für sechs Jahre gewährte Kredit wird in einem Betrag am Ende der Laufzeit zurückgezahlt.

Welche ergebnismäßigen Unterschiede ergeben sich, wenn das Damnum alternativ

(1) sofort erfolgswirksam verbucht wird

(2) als Rechnungsabgrenzungsposten aktiviert und über die Laufzeit abgeschrieben wird?

Seite 184

5.4 Bilanzierungshilfen

Bilanzierungshilfen sind bestimmte Aktivposten, bei denen es sich weder um Vermögensgegenstände noch um Rechnungsabgrenzungsposten handelt. Die Bilanzierung beruht nicht auf den allgemeinen GoB. Damit gilt für diese Posten nicht das Maßgeblichkeitsprinzip. Folglich scheidet eine Übernahme in die Steuerbilanz aus.

Durch Bilanzierungshilfen werden ansonsten nicht aktivierungsfähige Aufwendungen zunächst neutralisiert. Aufgrund zwingend vorzunehmender Wertminderungen erfolgt eine ergebnismäßige Berücksichtigung in nachfolgenden Geschäftsperioden. Somit wird ein gleichmäßiger Ergebnisausweis erreicht.

In folgenden Fällen sind Bilanzierungshilfen zulässig:

❑ **Aufwendungen für die Ingangsetzung und Erweiterung des Geschäftsbetriebs** (§ 269 HGB)

Diese Bilanzierungshilfe kommt nur für Kapitalgesellschaften und Personengesellschaften i. S. des § 264a HGB in Betracht. Hierdurch soll insbesondere bei Kapitalgesellschaften in der Gründungsphase eine Überschuldung vermieden werden. Im Falle der Aktivierung werden die vergleichsweise hohen Aufwendungen in der Anlaufphase, so genannte *Anlaufverluste*, den hiermit wirtschaftlich zusammenhängenden Erträgen späterer Perioden zugeordnet.

Aufwendungen für die **Ingangsetzung** entstehen insbesondere für den Aufbau
der Innen- und Außenorganisation, für Fertigungsprobeläufe oder für Ein-
führungswerbung.

Nicht begünstigt sind allerdings Gründungsaufwendungen (z. B. Gerichts-
gebühren, Notarkosten, Maklerkosten, Provisionen). Hierfür besteht nach § 248
Abs. 1 HGB ein Aktivierungsverbot.

Aufwendungen für die **Erweiterung** beziehen sich vor allem auf den Ausbau der
Betriebs-, Verwaltungs- und Vertriebsorganisation sowie auf Marktstudien.

Die aktivierte Bilanzierungshilfe ist in jedem folgenden Geschäftsjahr zu mindestens 25 % abzuschreiben (§ 282 HGB).

Zudem besteht eine Erläuterungspflicht im Anhang und eine Ausschüttungssperre (§ 269 HGB).

❑ **Aufwendungen für die Währungsumstellung auf den Euro** (Art. 44 EGHGB)

Von allen Kaufleuten dürfen Aufwendungen für selbstgeschaffene immaterielle
Vermögensgegenstände des Anlagevermögens im Zusammenhang mit der
Währungsumstellung auf den Euro aktiviert werden.

Diese Bilanzierungshilfe bezieht sich insbesondere auf Aufwendungen für selbsterstellte Datenverarbeitungsprogramme. Alle übrigen durch die Währungsumstellung bedingten Aufwendungen sind im Jahr ihrer Entstehung als Aufwand
zu erfassen.

Die Regelung des Art. 44 EGHGB gilt erstmals für nach dem 31.12.1997 endende
Geschäftsjahre. Der aktivierte Betrag ist in jedem nachfolgenden Geschäftsjahr
zu mindestens 25 % durch Abschreibungen zu tilgen.

Kapitalgesellschaften und Personengesellschaften ohne natürliche Person als
Vollhafter haben diesen Posten im Anhang gesondert zu erläutern (Art. 44 Abs.
1 Satz 4 EGHGB). Zudem besteht eine Ausschüttungssperre in Höhe der
ausgewiesenen Bilanzierungshilfe.

❑ **Ausgleichsbetrag nach dem Altfahrzeug-Gesetz** (Art. 53 Abs. 2 EGHGB)

Vor dem 1.7.2002 in Verkehr gebrachte Fahrzeuge sind ab 1.1.2007 von den
jeweiligen Herstellern und gewerblichen Importeuren zurückzunehmen und zu
entsorgen. Für diese Verpflichtung ist erstmals für nach dem 26.4.2002 endende
Geschäftsjahre in der Handelsbilanz eine entsprechende Rückstellung zu bilden.
Zur Abmilderung der hiermit verbundenen Ergebnisauswirkung sowie im Hinblick auf eine mit der Steuerbilanz übereinstimmende Vorgehensweise, darf in
den Geschäftsjahren 2002 bis 2006 für den Unterschiedsbetrag zwischen der
handelsrechtlich in voller Höhe anzusetzenden Rückstellung und der steuerlich

zeitanteilig anzusammelnden Rückstellung eine Bilanzierungshilfe gebildet werden. Dieser Posten ist vor dem Anlagevermögen auszuweisen. Analog zur Bilanzierungshilfe betreffend Aufwendungen für die Währungsumstellung auf den Euro besteht in obigen Fällen eine Erläuterungspflicht im Anhang sowie eine Ausschüttungssperre.

5.5 Latente Steuern

Die handels- und steuerrechtliche Gewinnermittlung ist zwar allgemein durch den Maßgeblichkeitsgrundsatz des § 5 Abs. 1 EStG miteinander verbunden. Aufgrund zahlreicher Sonderregelungen werden jedoch Aufwendungen und Erträge in Handels- und Steuerbilanz zeitlich und/oder betragsmäßig teilweise unterschiedlich berücksichtigt. Daher können die auf der Grundlage des steuerlichen Ergebnisses ermittelten tatsächlichen (Ertrag-) Steuern im Verhältnis zum handelsbilanziellen Erfolg zu hoch oder zu niedrig sein.

In Höhe des Unterschiedsbetrags zwischen dem effektiven und dem auf das Handelsbilanzergebnis bezogenen fiktiven Steueranspruch haben Kapitalgesellschaften und Personengesellschaften mit Haftungsbeschränkung nach § 274 HGB so genannte *latente Steuern* auszuweisen. Damit wird dem Grundsatz der Abgrenzung der Sache nach entsprochen, und zwar durch sachlich zutreffende Zuordnung der Aufwendungen – einschließlich der Steueraufwendungen – zu den jeweiligen Erträgen eines Geschäftsjahrs.

Den Abgrenzungsposten für latente Steuern kommt steuerlich keine Bedeutung zu. Eine Übernahme in die Steuerbilanz scheidet aus.

Für die Ermittlung der latenten Steuern gilt folgendes vereinfachtes Berechnungsschema:

fiktive Steuerbelastung nach Handelsbilanzergebnis
./. effektive Steuerbelastung nach Steuerbilanzergebnis
= latente Steuern

Ursächlich für die Belastungsunterschiede können sein:

❏ **permanente Differenzen**

Maßgebend für permanente Differenzen sind Erfolgskomponenten, die ausschließlich in Handels- oder Steuerbilanz erfasst werden. Ein Ausgleich der Ergebnisunterschiede findet im Zeitablauf nicht statt.

Beispielhaft anzuführen sind handelsrechtliche Aufwendungen, die steuerlich nicht als Betriebsausgaben abziehbar sind (z. B. 20 % der angemessenen Bewirtungsaufwendungen [§ 4 Abs. 5 Satz 1 Nr. 2 EStG], Hälfte der Aufsichtsratsvergütungen [§ 10 Nr. 4 KStG]) oder handelsrechtliche Erträge, die steuerfrei bleiben (z. B. steuerfreie Investitionszulagen [§ 9 InvZulG], steuerfreie ausländische Einkünfte).

In vorstehenden Fällen ergeben sich keine Rückwirkungen auf Ergebnisse späterer Abrechnungsperioden. Damit fehlt die Grundlage zur Abgrenzung latenter Steuern.

❏ **zeitliche Differenzen**

Zeitliche Differenzen beruhen darauf, dass Ergebnisgrößen gleicher Art und insgesamt gleichen Betrags in Handels- und Steuerbilanz zu unterschiedlichen Zeitpunkten berücksichtigt werden. Bei einer Gesamtbetrachtung gleichen sich die voneinander abweichenden Periodenerfolge wieder aus.

Derartige zeitliche Differenzen können u. a. auf folgenden Sachverhalten basieren:

Handelsbilanzergebnis < Steuerbilanzergebnis	**Handelsbilanzergebnis > Steuerbilanzergebnis**

• handelsrechtliche sofortige Aufwandsverrechnung von
  - Disagio
  - derivativem Firmenwert
• handelsrechtliche Herstellungskosten auf Basis von Teilkosten
• handelsrechtliche Abschreibungen nach Maßgabe der wirtschaftlichen Nutzungsdauer
• Vorratsbewertung (bei steigenden Preisen) in der Handelsbilanz nach dem Lifo-Verfahren, in der Steuerbilanz nach dem Durchschnittsverfahren
• handelsrechtliche Bildung von Aufwandsrückstellungen
	• handelsrechtliche Aktivierung von Aufwendungen für
	  - Ingangsetzung und Erweiterung des Geschäftsbetriebs
	  - Währungsumstellung auf den Euro
	• handelsrechtliche Herstellungskosten unter Einbeziehung von Fremdkapitalzinsen
	• Vorratsbewertung (bei steigenden Preisen) in der Handelsbilanz nach dem Fifo-Verfahren, in der Steuerbilanz nach dem Durchschnittsverfahren

Latente Steuern kommen nur bei Vorliegen zeitlicher Differenzen in Betracht (§ 274 HGB).

Bei einem Handelsbilanzgewinn, der unter dem steuerbilanziellen Ergebnis liegt, sind für die Zukunft Steuerminderaufwendungen in Form von Erstattungsansprüchen zu berücksichtigen. In entsprechender Höhe darf auf der Aktivseite ein Abgrenzungsposten für die künftigen voraussichtlichen Steuerentlastungen als Bilanzierungshilfe gebildet werden (§ 274 Abs. 2 Satz 1 HGB). Dieser Posten ist gesondert auszuweisen und im Anhang zu erläutern (§ 274 Abs. 2 Satz 2 HGB). In Höhe dieser Bilanzierungshilfe besteht eine Ausschüttungssperre (§ 274 Abs. 2 Satz 3 HGB).

Der für latente Steuern gebildete Aktivposten ist aufzulösen, „sobald die Steuerentlastung eintritt oder mit ihr voraussichtlich nicht mehr zu rechnen ist" (§ 274 Abs. 2 Satz 4 HGB).

Beim Erwerb eines anderen Unternehmens im Jahr 01 zahlt eine GmbH für den Firmenwert 300.000 €. Die Bilanzierung dieses Postens erfolgt in der Handelsbilanz nach § 255 Abs. 4 HGB und in der Steuerbilanz nach § 7 Abs. 1 Satz 3 EStG. Die Ertragsteuerquote beträgt 40 %.

Stellen Sie die Entwicklung der in der Bilanz aktivierungsfähigen latenten Steuern in den ersten sieben Perioden nach dem Jahr des Erwerbs dar. Seite 184

Wenn das Handelsbilanzergebnis das der Steuerbilanz übersteigt, ergeben sich in nachfolgender Zeit Steuermehraufwendungen. Der im Abschluss ausgewiesene Steueraufwand ist im Verhältnis zu dem handelsbilanziellen Ergebnis zu gering. Für künftige nachträgliche Belastungen ist eine Rückstellung zu bilden (§ 274 Abs. 1 Satz 1 HGB); insoweit besteht Passivierungspflicht. Die Rückstellung für latente Steuern ist in der Bilanz oder im Anhang gesondert anzugeben.

Sofern die höhere Steuerbelastung in den Folgejahren eintritt oder mit ihr voraussichtlich nicht mehr zu rechnen ist, muss die Rückstellung aufgelöst werden (§ 274 Abs. 1 Satz 2 HGB).

Eine im Jahr 01 gegründete Kapitalgesellschaft aktiviert gem. § 269 HGB Aufwendungen für die Ingangsetzung des Geschäftsbetriebs in Höhe von 600.000 €. Dieser Betrag wird nach § 282 HGB planmäßig über vier Jahre abgeschrieben.

Wie entwickelt sich die hierfür zu bildende Rückstellung für latente Steuern, wenn von einer Ertragsteuerquote von 40 % auszugehen ist? Seite 185

Aus dem Wortlaut des § 274 HGB wird allgemein geschlossen, dass aktive und passive latente Steuern gegeneinander zu verrechnen sind. Mithin beruht die Bilanzierung latenter Steuern auf einem saldierten Gesamtbetrag aller vorübergehenden zeitlichen Unterschiede zwischen handels- und steuerrechtlichem Ergebnis. Nur die jeweilige Saldogröße wird wahlweise auf der Aktivseite als Bilanzierungshilfe oder zwingend auf der Passivseite als Rückstellung ausgewiesen.

Die Bilanzierungskonzeption der latenten Steuern ist nachfolgend zusammengefasst (vgl. *Tanski / Kurras / Weitkamp*, S. 299):

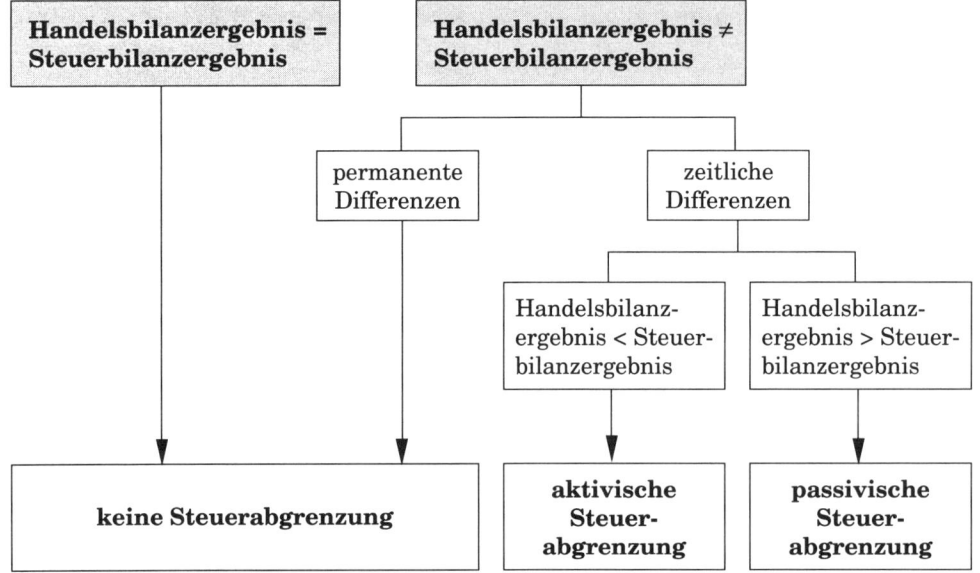

5.6 Eventualverbindlichkeiten

Unter der Bilanz („unter dem Strich") sind bestimmte Haftungsverhältnisse zu
vermerken (§ 251 HGB). Diese erfüllen nicht die Voraussetzungen für eine
Passivierung als Verbindlichkeit oder Rückstellung. Vielmehr handelt es sich um
Verpflichtungen, die nur unter ganz bestimmten Bedingungen zu erfüllen sind, so
genannte *Eventualverbindlichkeiten*. Eine tatsächliche Inanspruchnahme erscheint
wenig wahrscheinlich.

Folgende Arten von Haftungsverhältnissen sind unter der Bilanz zu vermerken:

❑ **Verbindlichkeiten aus der Begebung und Übertragung von Wechseln**

Als so genanntes *Wechselobligo* zu berücksichtigen sind alle weitergegebenen,
am Bilanzstichtag aber noch nicht eingelösten und noch nicht fälligen Wechsel.
Abzustellen ist auf die Gesamthöhe der Wechsel – regelmäßig also die Wechsel-
summe ohne Nebenkosten, für die der bilanzierende Kaufmann im Regressfall
haftet. Der Bonität des Akzeptanten kommt in diesem Zusammenhang keine
Bedeutung zu.

❑ **Verbindlichkeiten aus Bürgschaften, Wechsel- und Scheckbürgschaf-
ten**

Rechtliche Grundlagen für Bürgschaften bilden §§ 765 ff. BGB, Art. 30 ff.
Wechselgesetz sowie Art. 25 ff. Scheckgesetz.

Der Umfang sämtlicher Arten von Bürgschaften ist zu erfassen. Voraussetzung hierfür ist, dass die für die Verpflichtung des Bürgen maßgebende Hauptverbindlichkeit zum Bilanzstichtag besteht.

❏ **Verbindlichkeiten aus Gewährleistungsverträgen**

Unter diesen – rein bilanzrechtlichen – Begriff fallen vertragliche Verpflichtungen des Bilanzierenden gegenüber einem Dritten für den Eintritt bestimmter Ergebnisse. Dabei kann es sich um die Garantie für eine bestimmte Leistung, für einen bestimmten Erfolg oder für den Nichteintritt eines bestimmten Nachteils oder Schadens im eigenen oder fremden Bereich handeln. Wichtige praktische Beispiele für derartige Gewährleistungsverträge sind Freistellungsverpflichtungen, Schuldbeitritt oder Patronatserklärungen.

❏ **Haftungsverhältnisse aus der Bestellung von Sicherheiten für fremde Verbindlichkeiten**

In der Bilanz hat der Kaufmann nur seine eigenen Schulden auszuweisen. Hierfür bestellte Sicherheiten sind im Verbindlichkeitsspiegel anzugeben (§ 285 Nr. 1 Buchst. b HGB).

Für Verbindlichkeiten Dritter gestellte Sicherheiten wirken im Falle der Inanspruchnahme des Haftungsgegenstands wie eine Verbindlichkeit und sind daher unter der Bilanz zu vermerken. Beispielhaft zu nennen sind Grundpfandrechte, Sicherungsübereignungen von Vermögensgegenständen, Verpfändungen beweglicher Sachen und Rechte sowie Sicherungsabtretungen von Forderungen.

Eine Saldierung der Haftungsverhältnisse mit gleichwertigen Rückgriffsforderungen ist nicht zulässig. In diesen Fällen hat eine gesonderte Angabe ohne Berücksichtigung entsprechender Rückgriffsmöglichkeiten zu erfolgen (§ 251 Satz 2 HGB).

Einzelunternehmen und Personengesellschaften mit einer natürlichen Person als Vollhafter dürfen alle vorstehend aufgeführten Haftungsverhältnisse zusammen in einem Betrag angeben.

Für Kapitalgesellschaften und Personengesellschaften i. S. des § 264a HGB wird ein gesonderter Ausweis der jeweiligen Haftungsverhältnisse gefordert (§ 268 Abs. 7 HGB). Der Ausweis hat alternativ in der Bilanz oder im Anhang „unter Angabe der gewährten Pfandrechte und sonstigen Sicherheiten" zu erfolgen. Gesondert zu vermerken sind Verpflichtungen gegenüber verbundenen Unternehmen.

4 7

Erläutern Sie folgende Begriffe des Bilanzteils:

- Bilanzierungsfähigkeit
- Vermögensgegenstände
- Schulden
- Bilanzierungsverbote
- Bilanzierungswahlrechte
- Wertmaßstäbe
- Anschaffungskosten
- Herstellungskosten
- Herstellungsaufwand
- Erhaltungsaufwand
- Rückzahlungsbetrag
- Barwert
- Wert nach vernünftiger kaufmännischer Beurteilung
- Anlagevermögen
- Immaterielle Vermögensgegenstände
- Geschäfts-/Firmenwert, derivativer
- Sachanlagen
- Finanzanlagen
- Verbundene Unternehmen
- Beteiligungen
- Abschreibungen
- Abschreibungsplan
- Niederstwertprinzip
- Sonderabschreibungen
- Zuschreibungen
- Festbewertung
- Gruppenbewertung
- Sofortabschreibung geringwertiger Anlagegüter
- Geringstwertige Anlagegegenstände

- Anlagespiegel
- Umlaufvermögen
- Vorräte
- Forderungen und sonstige Vermögensgegenstände
- Wertpapiere
- Flüssige Mittel
- Verlustfreie Bewertung
- Verbrauchsfolgeverfahren
- Fifo-Verfahren
- Lifo-Verfahren
- Pauschalwertberichtigung
- Retrograde Bewertung
- Rückstellungen
- Verbindlichkeiten
- Höchstwertprinzip
- Verbindlichkeitsspiegel
- Eigenkapital
- Kapitalanteile
- Gezeichnetes Kapital
- Rücklagen
- Kapitalrücklage
- Gewinnrücklagen
- Jahresüberschuss/Jahresfehlbetrag
- Bilanzgewinn/Bilanzverlust
- Sonderposten mit Rücklageanteil
- Steuerfreie Rücklagen
- Rechnungsabgrenzungsposten
- Bilanzierungshilfen
- Latente Steuern
- Eventualverbindlichkeiten

Seite 185

C. Gewinn- und Verlustrechnung

1. Gegenstand und Struktur

In der Gewinn- und Verlustrechnung (GuV) sind für den Schluss eines jeden Geschäftsjahrs die Aufwendungen und Erträge der betreffenden Periode gegenüberzustellen (§ 242 Abs. 2 HGB). Nach dem Bruttoprinzip dürfen Erträge und Aufwendungen nicht miteinander verrechnet werden (§ 246 Abs. 2 HGB). Die GuV ist regelmäßig in Staffelform aufzustellen (§ 275 Abs. 1 Satz 1 HGB), und zwar alternativ nach dem Gesamtkostenverfahren oder nach dem Umsatzkostenverfahren. Durch die Zulässigkeit des im angelsächsischen Raums gebräuchlichen Umsatzkostenverfahrens soll die internationale Vergleichbarkeit von Abschlüssen ermöglicht werden.

Hinsichtlich Form und Verfahren der GuV ist damit festzuhalten:

Form Verfahren	Staffelform	Kontoform
Gesamtkosten- verfahren	alle Rechtsformen	nicht publizitätspflichtige Einzelunternehmen/
Umsatzkosten- verfahren		Personengesell- schaften mit natürlicher Person als Vollhafter

Die GuV bildet bei allen Kaufleuten neben der Bilanz den zweiten Pflichtbestandteil des Jahresabschlusses (§ 242 Abs. 3 HGB). Beiden im System der doppelten Buchführung unmittelbar miteinander verbundenen Rechenwerken liegen jedoch unterschiedliche Konzeptionen zu Grunde.

So ist die Bilanz zeitpunktbezogen und beinhaltet Bestandsgrößen, insbesondere Vermögensgegenstände und Schulden. Der Erfolg wird summarisch als Reinvermögensänderung zwischen zwei Stichtagen (Eröffnungs-/Schlussbilanz) ermittelt.

Demgegenüber handelt es sich bei der GuV um eine zeitraumbezogene Rechnung, die Art, Höhe und Quellen des Periodenergebnisses darlegt. Abgestellt wird dabei auf Erträge (= periodisierte Einnahmen) und Aufwendungen (= periodisierte Ausgaben). Deren zeitliche Zuordnung richtet sich nicht nach Zahlungsvorgängen, sondern nach der wirtschaftlichen Zugehörigkeit der jeweiligen Geschäftsvorfälle (§ 252 Abs. 1 Nr. 5 HGB). Maßgebend sind diesbezüglich die GoB zur Abgrenzung der Sache und der Zeit nach.

Erträge und Aufwendungen haben stets Veränderungen von Aktiva bzw. Passiva zur Folge, wie nachstehende Beispiele verdeutlichen:

○ **Aufwand jetzt, Ausgabe jetzt**
  Auszahlung von Löhnen und Gehältern

○ **Aufwand jetzt, Ausgabe früher**
  Verteilung der Anschaffungskosten einer im Vorjahr erworbenen Maschine auf die Jahre der Nutzungsdauer im Wege der Abschreibungen

○ **Aufwand jetzt, Ausgabe später**
  Bildung einer Rückstellung für einen später verlorenen Rechtsstreit.

Der Saldo aus Erträgen und Aufwendungen spiegelt den Erfolg eines Geschäftsjahrs wider. Das Ergebnis wird als Gesamtgröße im Eigenkapital der Bilanz als Jahresüberschuss/-fehlbetrag bzw. als Bilanzgewinn/-verlust ausgewiesen. Aus der GuV ergibt sich hingegen eine Ergebnisaufgliederung nach folgenden Komponenten:

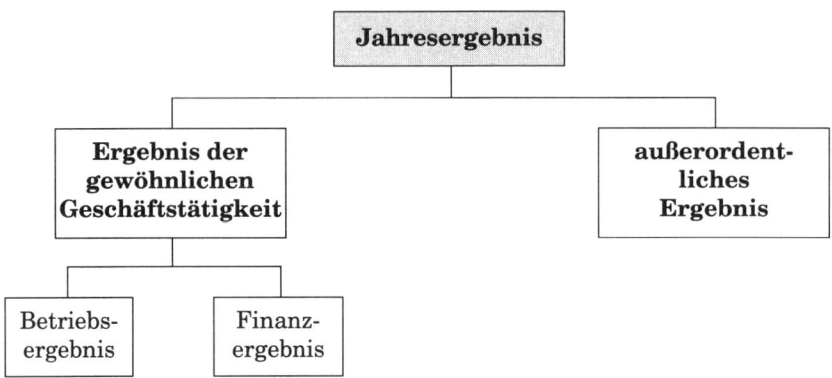

Eine zutreffende Erfolgsermittlung setzt voraus, dass Erträge und Aufwendungen auf dasselbe Mengengerüst bezogen werden. Diese Bedingung ist erfüllt, wenn sich ausnahmsweise Produktions- und Absatzmenge einer Periode genau entsprechen und damit keine Bestandsveränderungen eingetreten sind. Dann ist eine einfache Subtraktion der Aufwendungen von den Erträgen sachgerecht.

In der Praxis weichen jedoch Leistungs- und Absatzmenge regelmäßig voneinander ab. Die dann notwendigen rechnerischen Angleichungen erfolgen bei den für die Aufstellung der GuV alternativ in Betracht kommenden Verfahren vom Grundsatz her in folgender Weise:

❑ **Gesamtkostenverfahren** (*Produktionserfolgsrechnung*)

  Beim Gesamtkostenverfahren werden den Umsatzerlösen sämtliche im Geschäftsjahr entstandenen Aufwendungen gegenübergestellt. Dabei ist unerheblich, ob die Aufwendungen am Markt bereits abgesetzte oder auf Lager genommene Produkte betreffen. Folglich sind die Erträge an das Mengengerüst der Periodenaufwendungen anzupassen.

Eigenleistungen sowie Erhöhungen des Bestands an unfertigen und fertigen Erzeugnissen werden den Umsatzerlösen hinzugerechnet, Bestandsminderungen von den Umsatzerlösen subtrahiert.

Die Gliederung der GuV erfolgt primär nach Aufwandsarten (insbesondere Material- und Personalaufwendungen, Abschreibungen, sonstige betriebliche Aufwendungen).

❑ **Umsatzkostenverfahren** (*Absatzerfolgsrechnung*)

Hierbei werden den Umsatzerlösen nur die für die tatsächlich abgesetzten Produkte bzw. realisierten Leistungen entstandenen Aufwendungen gegenübergestellt. In welchem Geschäftsjahr die betreffenden Aufwendungen angefallen sind, ist in diesem Zusammenhang ohne Bedeutung. Mithin erfolgt eine Angleichung der Aufwendungen an das Mengengerüst der Erträge.

Die GuV ist nach Funktionsbereichen gegliedert (Herstellung, Vertrieb, allgemeine Verwaltung).

Beide Verfahren führen betragsmäßig zum gleichen Periodenerfolg. Auf nähere Einzelheiten wird an späterer Stelle eingegangen.

Die strukturellen Unterschiede der verfahrensmäßigen Zuordnung sind nachstehend zusammengefasst:

	Gesamtkostenverfahren	Umsatzkostenverfahren
Erträge	Umsatzerlöse der Periode ± Veränderungen des Bestands an fertigen und unfertigen Erzeugnissen + andere aktivierte Eigenleistungen	Umsatzerlöse der Periode
Aufwendungen	Produktionsaufwendungen der Periode	Produktionsaufwendungen ± Veränderungen des Bestands an fertigen und unfertigen Erzeugnissen ./. Aufwendungen für andere aktivierte Eigenleistungen

2. Posten der Gewinn- und Verlustrechnung

Die GuV setzt sich bei großen Kapitalgesellschaften und Personengesellschaften i. S. des § 264a HGB aus den nachfolgend aufgeführten Posten zusammen:

Gesamtkostenverfahren	Umsatzkostenverfahren	Ergebniskomponenten	
§ 275 Abs. 2 HGB	§ 275 Abs. 3 HGB		
1. Umsatzerlöse	1. Umsatzerlöse	Betriebs-ergebnis	Ergebnis der gewöhnlichen Geschäfts-tätigkeit
2. Erhöhung oder Verminderung des Bestands an fertigen oder unfertigen Erzeugnissen	2. Herstellungskosten der zur Erzielung der Umsatzerlöse erbrachten Leistungen		
3. andere aktivierte Eigenleistungen	3. Bruttoergebnis vom Umsatz		
4. sonstige betriebliche Erträge	4. Vertriebskosten		
5. Materialaufwand	5. allgemeine Verwaltungskosten		
6. Personalaufwand			
7. Abschreibungen	6. sonstige betriebliche Erträge		
8. sonstige betriebliche Aufwendungen	7. sonstige betriebliche Aufwendungen		
9. Erträge aus Beteiligungen	8. Erträge aus Beteiligungen		
10. Erträge aus anderen Wertpapieren und Ausleihungen des Finanzanlagevermögens	9. Erträge aus anderen Wertpapieren und Ausleihungen des Finanzanlagevermögens		
11. sonstige Zinsen und ähnliche Erträge	10. sonstige Zinsen und ähnliche Erträge	Finanz-ergebnis	
12. Abschreibungen auf Finanzanlagen und auf Wertpapiere des Umlaufvermögens	11. Abschreibungen auf Finanzanlagen und auf Wertpapiere des Umlaufvermögens		
13. Zinsen und ähnliche Aufwendungen	12. Zinsen und ähnliche Aufwendungen		
14. Ergebnis der gewöhnlichen Geschäftstätigkeit	13. Ergebnis der gewöhnlichen Geschäftstätigkeit		
15. außerordentliche Erträge	14. außerordentliche Erträge	außerordentliches Ergebnis	
16. außerordentliche Aufwendungen	15. außerordentliche Aufwendungen		
17. außerordentliches Ergebnis	16. außerordentliches Ergebnis		
18. Steuern vom Einkommen und vom Ertrag	17. Steuern vom Einkommen und vom Ertrag	Steuern	
19. sonstige Steuern	18. sonstige Steuern		
20. Jahresüberschuss/ Jahresfehlbetrag	19. Jahresüberschuss/ Jahresfehlbetrag	Jahresergebnis	

2.1 Betriebsergebnis

Ausgangsgröße für die Ermittlung des Betriebsergebnisses bilden die **Umsatzerlöse**. Hierunter fallen die aus der gewöhnlichen Geschäftstätigkeit, d. h. aus der Verwertung typischer Erzeugnisse, Waren und Dienstleistungen, erzielten Erträge (§ 277 Abs. 1 HGB). Durch die Bezugnahme auf die gewöhnliche Geschäftstätigkeit wird eine Abgrenzung zu nachstehenden anderen Erfolgskomponenten erreicht:

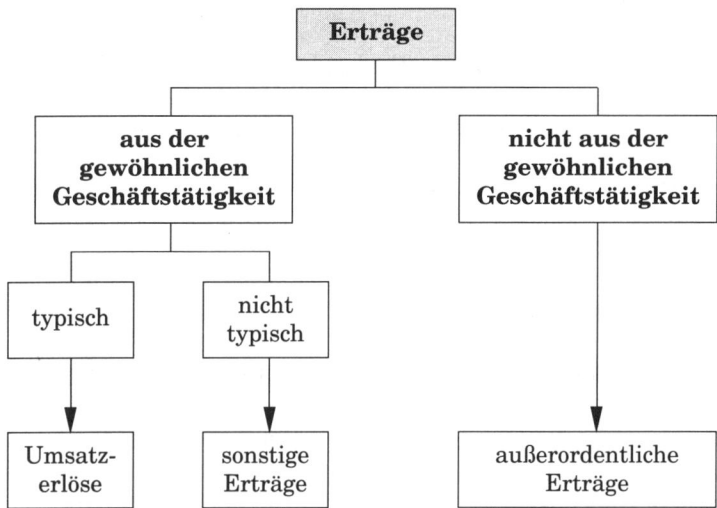

Bei den Umsatzerlösen handelt es sich um eine Nettogröße, da Erlösschmälerungen (z. B. Skonti, Rabatte, Boni) abgesetzt werden müssen. Gleiches gilt hinsichtlich der Umsatzsteuer, sofern der Unternehmer zum Vorsteuerabzug berechtigt ist.

2.1.1 Gesamtkostenverfahren

Nach den Umsatzerlösen ist die **Erhöhung oder Verminderung des Bestands an fertigen und unfertigen Erzeugnissen** zu berücksichtigen. Die Bestandsbewertung hat mit den Herstellungskosten zu erfolgen.

Ursächlich für Bestandsveränderungen können nach § 277 Abs. 2 HGB sein:

❏ **Mengenänderungen** aufgrund von

    ○ **Abweichungen zwischen Produktions- und Absatzmenge**
       und dadurch begründetem Bestandsaufbau bzw. -abbau

    ○ **Bestandsminderungen**
       durch Schwund, Verderb oder Diebstahl.

❑ **Wertänderungen** aufgrund von

   o **Veränderungen der Herstellungskosten**
     z. B. durch Lohnerhöhungen oder Preiserhöhungen für Rohstoffe

   o **Abwertungen in Höhe der üblichen Abschreibungen**
     z. B. wegen Qualitätsmängeln oder schlechter Verkäuflichkeit

   o **Zuschreibungen**.

Ebenso wie die Berücksichtigung der Bestandsveränderungen dient auch der Ansatz der **anderen aktivierten Eigenleistungen** zur Angleichung der Umsatzgröße an die insgesamt im Geschäftsjahr entstandenen Aufwendungen.

Wegen des Aktivierungsverbots für selbsterstellte immaterielle Vermögensgegenstände sind unter dieser Position vornehmlich unternehmensinterne Leistungen zu erfassen für

– selbsterstellte Sachanlagegüter
– Großreparaturen (Herstellungsaufwand)
– Ingangsetzung und Erweiterung des Geschäftsbetriebs nach § 269 HGB.

In dem Sammelposten **sonstige betriebliche Erträge** sind die mit der gewöhnlichen Geschäftstätigkeit zusammenhängenden, jedoch nicht betriebstypischen Erlöse auszuweisen. Dies gilt auch, so weit es sich um aperiodische (periodenfremde) Erträge handelt. Beispielhaft anzuführen sind Erträge aus

– Abgang bzw. Verkauf von Anlagegegenständen
– Zuschreibungen zu Gegenständen des Anlagevermögens
– Herabsetzung von Pauschalwertberichtigungen
– Auflösung von Rückstellungen
– Vermietung von Werkswohnungen
– Währungsgeschäften.

Der **Materialaufwand** umfasst

   o **Aufwendungen für Roh-, Hilfs- und Betriebsstoffe sowie für bezogene Waren**
     für den Fertigungs-, Verwaltungs- und Vertriebsbereich

   o **Aufwendungen für bezogene Leistungen**
     u. a. für Lohnbe- und -verarbeitungen, Fremdreparaturen, Fertigungslizenzen.

Der **Personalaufwand** wird untergliedert nach

   o **Löhne und Gehälter**
     Zu berücksichtigen sind die jeweiligen Bruttobeträge (einschließlich Steuern und Arbeitnehmeranteile zur Sozialversicherung)

o **soziale Abgaben und Aufwendungen für Altersversorgung und für Unterstützung**
Soziale Abgaben umfassen insbesondere Arbeitgeberanteile zur Sozialversicherung, Beiträge zur Berufsgenossenschaft sowie zur Insolvenzversicherung für Versorgungszusagen an Arbeitnehmer.

Zu den **Aufwendungen für Altersversorgung** gehören geleistete Pensionszahlungen, Zuführungen zu Pensionsrückstellungen sowie Zuweisungen zu anderen Versorgungseinrichtungen (Unterstützungs- und Pensionskassen).

Aufwendungen für Unterstützung beinhalten z. B. Krankheits- und Unfallunterstützungen, übernommene Kur- und Arztkosten, Erholungsbeihilfen, Heirats- und Geburtsbeihilfen.

Bei den **Abschreibungen** ist nach der Art der Vermögensgegenstände zu trennen zwischen Absetzungen auf

o **immaterielle Vermögensgegenstände des Anlagevermögens und Sachanlagen sowie auf aktivierte Aufwendungen für die Ingangsetzung und Erweiterung des Geschäftsbetriebs**
Hierunter zu berücksichtigen sind sämtliche Abschreibungen, also planmäßige und außerplanmäßige sowie darüber hinaus steuerrechtliche Abschreibungen, sofern diese nicht passivisch als Sonderposten mit Rücklageanteil gezeigt werden.

o **Vermögensgegenstände des Umlaufvermögens, soweit diese die üblichen Abschreibungen überschreiten**
Für den Bereich des Umlaufvermögens sind nur die „unüblichen" Abschreibungen zu erfassen. Hierzu zählen die wahlweise vorzunehmenden Abschreibungen auf den nahen Zukunftswert (§ 253 Abs. 3 Satz 3 HGB) oder auf den Wert nach vernünftiger kaufmännischer Beurteilung (§ 253 Abs.4 HGB).

Die Beträge der außerplanmäßigen sowie der steuerrechtlichen Abschreibungen sind gesondert auszuweisen oder alternativ im Anhang anzugeben (§ 277 Abs. 3 Satz 1, § 281 Abs. 2 HGB).

Bei den **sonstigen betrieblichen Aufwendungen** handelt es sich um einen Sammelposten für alle mit der gewöhnlichen Geschäftätigkeit regelmäßig zusammenhängenden Aufwendungen, wie z. B.

– Verluste aus dem Abgang von Gegenständen des Anlage- oder Umlaufvermögens
– übliche Abschreibungen auf Forderungen (Einzelwertberichtigungen, Einstellungen in Pauschalwertberichtigung)
– Einstellungen in den Sonderposten mit Rücklageanteil
– Bildung von Rückstellungen
– Aufsichtsrats-/Beiratsvergütungen
– Rechts-/Beratungskosten, Mieten/Pachten, Gebühren/Beiträge.

48 Unter welchen Posten des Gliederungsschemas der GuV nach dem Gesamtkostenverfahren sind die üblichen und unüblichen Abschreibungen auf Gegenstände des Anlage- und Umlaufvermögens auszuweisen?   Seite 185

2.1.2 Umsatzkostenverfahren

Den Umsätzen des Geschäftsjahrs werden die **Herstellungskosten der zur Erzielung der Umsatzerlöse erbrachten Leistungen** gegenübergestellt. Hierunter fallen insbesondere anteilige Material- und Personalaufwendungen, anteilige Abschreibungen auf das Anlage- und Umlaufvermögen sowie anteilige betriebliche Steuern.

Der Saldo aus beiden Größen ergibt das **Bruttoergebnis vom Umsatz**.

Als **Vertriebskosten** sind sämtliche im Geschäftsjahr in diesem Funktionsbereich entstandene Aufwendungen zu erfassen. Eine Aktivierung von Vertriebskosten scheidet nach § 255 Abs. 2 Satz 6 HGB aus.

Sofern auf die Möglichkeit der Einbeziehung in die Herstellungskosten verzichtet wird, sind sodann die **allgemeinen Verwaltungskosten** auszuweisen. Hierzu zählen insbesondere Aufwendungen für zentrale Funktionen (z. B. Unternehmensleitung, Rechts- und Steuerabteilung) oder für Spenden und Beiträge.

Der Inhalt des Postens **sonstige betriebliche Erträge** entspricht im Wesentlichen dem beim Gesamtkostenverfahren.

Als **sonstige betriebliche Aufwendungen** sind alle Aufwendungen der gewöhnlichen Geschäftstätigkeit zu erfassen, die nicht einem speziellen Funktionsbereich (Herstellung, Vertrieb, Verwaltung) zugeordnet werden. Insofern besteht ein gravierender Unterschied zum Gesamtkostenverfahren.

Ein Unternehmen stellt im Geschäftsjahr 01 von einem Produkt 5.000 Stück her. Im Jahr 01 werden hiervon 4.000 Stück zum Preis von je 600 € abgesetzt. In der Finanzbuchführung werden erfasst:

	€
Umsatzerlöse (4.000 x 600)	2.400.000
Materialaufwand	720.000
Personalaufwand	880.000
Abschreibungen	110.000
sonstige betriebliche Aufwendungen	200.000

Die Aufwendungen werden in der innerbetrieblichen Leistungsverrechnung nach folgenden Schlüsseln verteilt:

Kostenart	Kostenstelle		
	Herstellung	Verwaltung	Vertrieb
Materialaufwand	90 %	5 %	5 %
Personalaufwand	85 %	5 %	10 %
Abschreibungen	70 %	10 %	20 %
sonstige betriebliche Aufwendungen	5 %	15 %	80 %

Die Berechnung der Herstellungskosten erfolgt auf Basis von Vollkosten. Zu Beginn des Geschäftsjahrs sind keine Lagerbestände vorhanden.

Ermitteln Sie das Ergebnis der gewöhnlichen Geschäftstätigkeit nach dem

(1) Gesamtkostenverfahren

(2) Umsatzkostenverfahren.

Seite 186

2.2 Finanzergebnis

Das Finanzergebnis bildet die zweite Komponente des Ergebnisses der gewöhnlichen Geschäftstätigkeit.

Als **Erträge aus Beteiligungen** sind alle laufenden Ergebnisse zu erfassen, wie beispielsweise Gewinnanteile von Personengesellschaften, Gewinne aus stillen Beteiligungen oder Dividendenerträge aus Beteiligungen an Kapitalgesellschaften. Erträge aus verbundenen Unternehmen sind gesondert zu vermerken.

Abzustellen ist stets auf Bruttoerträge. Diese ermitteln sich bei inländischen Dividendenzahlungen wie folgt:

	Auszahlungs-/Gutschriftsbetrag
+	Kapitalertragsteuer zuzüglich Solidaritätszuschlag (21,1/78,9 x Auszahlungs-/Gutschriftsbetrag)
=	**Bruttodividende**

Gewinne aus der Veräußerung von Beteiligungen stellen keine Bestandteile des laufenden Ergebnisses dar und sind daher als sonstige betriebliche Erträge zu erfassen. Gleiches gilt für Zuschreibungen (Wertaufholungen).

Sofern keine Beteiligung i. S. des § 271 Abs. 1 HGB vorliegt, handelt es sich in entsprechenden Fällen um **Erträge aus anderen Wertpapieren und Ausleihungen des Finanzanlagevermögens**. Die aus verbundenen Unternehmen stammenden Erträge sind wiederum gesondert zu vermerken.

Erträge aus Wertpapieren des Umlaufvermögens sind als **sonstige Zinsen und ähnliche Erträge** auszuweisen. Dies gilt auch für Zinsen aus Bankguthaben oder aus Darlehen.

Das Finanzergebnis wird gemindert durch **Abschreibungen auf Finanzanlagen und auf Wertpapiere des Umlaufvermögens**. Hier sind alle den Finanzbereich betreffenden Abschreibungen des Anlage- und Umlaufvermögens zu erfassen. Eine Unterscheidung zwischen üblichen und unüblichen Abwertungen sowie steuerrechtlichen Abschreibungen erfolgt nicht.

Abzuziehen sind ferner **Zinsen und ähnliche Aufwendungen**. Hierunter fallen insbesondere

– Zinsen für jede Art von Verbindlichkeiten
– Kredit-/Bürgschaftsprovisionen, Überziehungs-/ Kreditbereitstellungsgebühren
– Abschreibungen auf ein aktiviertes Disagio.

2.3 Außerordentliches Ergebnis

Das außerordentliche Ergebnis bezieht sich auf Vorgänge „außerhalb der gewöhnlichen Geschäftstätigkeit" (§ 277 Abs. 4 Satz 1 HGB). Dieses Kriterium ist nach herrschender Meinung insbesondere dann gegeben, wenn Erfolgskomponenten äußerst ungewöhnlich sind, selten bzw. unregelmäßig auftreten und vom Betrag her wesentlich sind.

Periodenfremde (aperiodische) Beträge sind grundsätzlich nicht als außerordentlich zu klassifizieren.

Typische Beispiele für diesen nur ausnahmsweise in Betracht kommenden Posten sind:

- Ergebnisse aus der Veräußerung von Gesamtbetrieben oder Betriebsteilen
- Aufwendungen für Stilllegungen oder in Katastrophenfällen
- Ergebnisse im Zusammenhang mit Sanierungsmaßnahmen oder Umstrukturierungen.

Betrag und Art der betreffenden Positionen sind im Anhang zu erläutern (§ 277 Abs. 4 Satz 2 HGB).

2.4 Steuern

Bei den bisher ermittelten Ergebnissen handelt es sich jeweils um Bruttogrößen, also um Beträge vor Berücksichtigung von Steuern. Das ausgewiesene Jahresergebnis ist jedoch eine Nettogröße, d. h. ein Ergebnis nach Abzug von Steuern.

Relevant sind allein die Steuern, für die das Unternehmen selbst Steuerschuldner ist. Für Dritte (z. B. Arbeitnehmer oder Anteilseigner) einzubehaltene und abzuführende Steuern sind den entsprechenden Aufwandspositionen (Personalaufwand, Zinsaufwand) zuzuordnen.

Bei den Steuern wird getrennt zwischen:

o **Steuern vom Einkommen und vom Ertrag**
  Bei Einzelunternehmen und Personengesellschaften ist diesbezüglich allein die Gewerbesteuer auszuweisen. Bei Kapitalgesellschaften sind zusätzlich die Körperschaftsteuer sowie der Solidaritätszuschlag zu berücksichtigen. Der Art der Gewinnverwendung (Ausschüttung/Thesaurierung) kommt angesichts des einheitlichen Körperschaftsteuersatzes von 26,5 % (im Veranlagungszeitraum 2003) bzw. 25 % (ab 2004) der Bemessungsgrundlage keine Bedeutung mehr zu.

  Neben entsprechenden Zahlungen bzw. Zahlungsverpflichtungen sind auch die im Wege des Steuerabzugs von Dritten für das Unternehmen einbehaltenen Steuern (Kapitalertragsteuer zuzüglich Solidaritätszuschlag, anrechenbare ausländische Steuern) zu erfassen.

o **sonstige Steuern**
  Hierunter fallen alle übrigen den Betrieb betreffenden Steuern, wie insbesondere Grundsteuer, Versicherungsteuer oder Kraftfahrzeugsteuer.

2.5 Jahresergebnis

Nach Abzug der Steuern ergibt sich als Nettogröße der **Jahresüberschuss/Jahresfehlbetrag**.

Sofern sich bei **Kapitalgesellschaften** hieran die Verwendung des Ergebnisses anschließt, bildet die Größe Bilanzgewinn/Bilanzverlust den letzten Posten der Gewinn- und Verlustrechnung. Entsprechend § 158 Abs. 1 Satz 1 AktG gilt generell folgendes Ausweisschema:

> Jahresüberschuss/Jahresfehlbetrag
> ± Gewinnvortrag/Verlustvortrag aus dem Vorjahr
> + Entnahmen aus der Kapitalrücklage
> + Entnahmen aus Gewinnrücklagen
> ./. Einstellungen in Gewinnrücklagen
>
> **= Bilanzgewinn/Bilanzverlust**

Personengesellschaften ohne natürliche Person als Vollhafter dürfen nach dem Posten „Jahresüberschuss/Jahresfehlbetrag" einen Steueraufwand der Gesellschafter in Höhe des Körperschaftsteuersatzes offen absetzen oder hinzurechnen (§ 264c Abs. 3 Satz 2 HGB). Hierdurch soll eine Vergleichbarkeit der (Netto-)Ergebnisse unterschiedlicher Rechtsformen ermöglicht werden.

 Prüfen Sie, unter welchen Posten der GuV nach § 275 Abs. 2 HGB (Gesamtkostenverfahren) nachfolgende Aufwendungen und Erträge eines industriellen Produktionsunternehmens auszuweisen sind:

(1) Einnahmen aus der Vermietung von Werkswohnungen

(2) Abschreibungen auf einen derivativen Geschäftswert

(3) Einnahmen aus dem Verkauf von Wertpapieren des Umlaufvermögens

(4) Herabsetzung der Pauschalwertberichtigung auf Forderungen

(5) Zahlungseingang einer im Vorjahr in voller Höhe abgeschriebenen Warenforderung

(6) Erteilung einer Bonusgutschrift an einen Kunden

(7) Einnahmen aus dem Verkauf betrieblicher Fahrzeuge

(8) Bildung einer Rückstellung für zu erwartende Garantieleistungen aus laufenden Geschäften

(9) Inanspruchnahme von Lieferantenskonto für im Geschäftsjahr bezogene Rohstoffe

(10) Gutschrift der Dividende aus einer Beteiligung

(11) Nachzahlung von Gewerbesteuer.

Seite 187

D. Anhang

1. Bedeutung und Funktionen

Bei Kapitalgesellschaften und Personengesellschaften mit Haftungsbeschränkung bildet der Anhang den dritten Pflichtbestandteil des Jahresabschlusses (§ 264 Abs. 1 Satz 1 HGB). Der Anhang dient vorrangig Informationszwecken.

Zur Vermittlung eines den tatsächlichen Verhältnissen entsprechenden Bildes i. S. der Generalnorm des § 264 Abs. 2 Satz 1 HGB kommen dem Anhang folgende Funktionen zu:

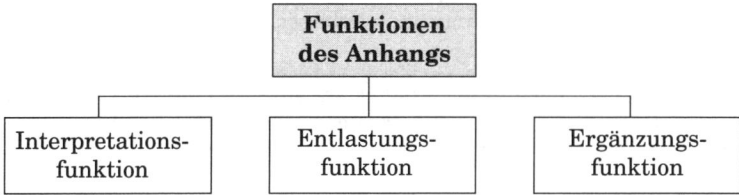

Hierzu ist allgemein festzuhalten:

❑ **Interpretationsfunktion**

Die quantitativen Informationen über Bestandswerte in der Bilanz und über Stromgrößen in der GuV werden im Anhang kommentiert bzw. analysiert und damit qualitativ ergänzt.

Hierdurch soll bei den Adressaten des Jahresabschlusses das Verständnis für das Zahlenmaterial verbessert und möglichen Fehlbeurteilungen vorgebeugt werden.

❑ **Entlastungsfunktion**

Zusätzliche bzw. detaillierte Informationen können vielfach statt in der Bilanz oder in der GuV alternativ im Anhang erfolgen. Die Nutzung entsprechender Ausweiswahlrechte ermöglicht eine straffe formelle Gestaltung des Jahresabschlusses. Hierdurch wird regelmäßig die Übersichtlichkeit und Klarheit gefördert und damit letztlich die Aussagefähigkeit von Bilanz und GuV verbessert.

❑ **Ergänzungsfunktion**

Der Anhang liefert zudem Informationen über nicht bilanzierungsfähige oder bilanzierungspflichtige Vorgänge sowie nicht in der Geschäftsbuchhaltung erfassbare Sachverhalte (z. B. Informationen zum Personalbereich oder über Organe der Gesellschaft). Hierdurch werden die in Bilanz und GuV abgebildeten Transaktionen ergänzt.

Für den Anhang finden sich im Gesetz vor allem folgende nach Art und Umfang unterschiedlichen Berichtspflichten:

Art der Berichtspflicht	Umfang der Berichtspflicht
Ausweis	quantitative Nennung
Angabe	verbale oder quantitative Nennung ohne weitere Zusätze
Aufgliederung	quantitative Aufteilung (Segmentierung) einer Größe in einzelne Komponenten
Erläuterung	verbale Kommentierung und Interpretation von Inhalt, Zustandekommen bzw. Verursachung
Darstellung	verbale bzw. quantitative Angaben, verbunden mit Aufgliederungen oder Erläuterungen
Begründung	nachvollziehbare verbale Darlegung von Motiven und Argumenten für eine bestimmte Verhaltens- oder Vorgehensweise

2. Inhalt

Entsprechend dem Verpflichtungscharakter zur Berichterstattung lassen sich die einzelnen Bestandteile des Anhangs wie folgt systematisieren:

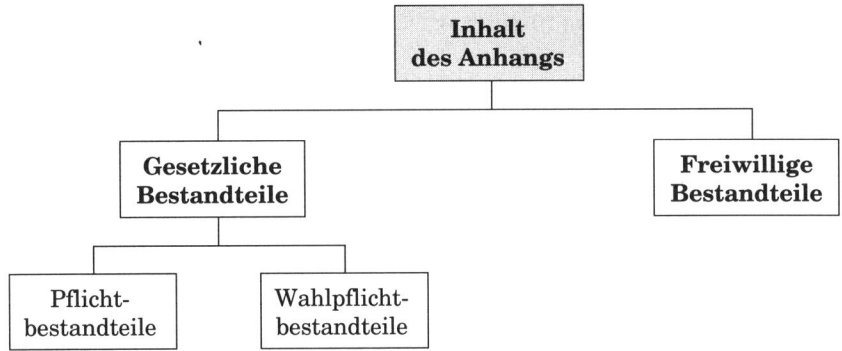

Die Wahlpflichtangaben, die nur alternativ im Anhang erfolgen, sind jeweils bereits im Zusammenhang mit den entsprechenden Posten der Bilanz und GuV behandelt worden. Daher beschränkt sich die nachfolgende Betrachtung auf die gesetzlichen Pflichtbestandteile und freiwilligen Informationen. Bezug genommen wird auf Berichtspflichten großer Kapitalgesellschaften bzw. Personengesellschaften i. S. des § 264a HGB. Die für kleine und mittelgroße Gesellschaften geltenden Erleichterungen nach § 288 HGB bleiben unberücksichtigt.

Aufbau bzw. Gliederung des Anhangs sind im Gesetz nicht geregelt. Üblicherweise ist von folgender Struktur auszugehen:

Gliederungsschema
1. **Allgemeine Informationen** zu den angewandten Bilanzierungs- und Bewertungsmethoden sowie den Grundlagen der Währungsumrechnung
2. **Spezielle Informationen** zu einzelnen Posten der Bilanz und GuV
3. **Sonstige Informationen**

2.1 Pflichtbestandteile

Die Pflichtbestandteile des Anhangs lassen sich folgendermaßen strukturieren:

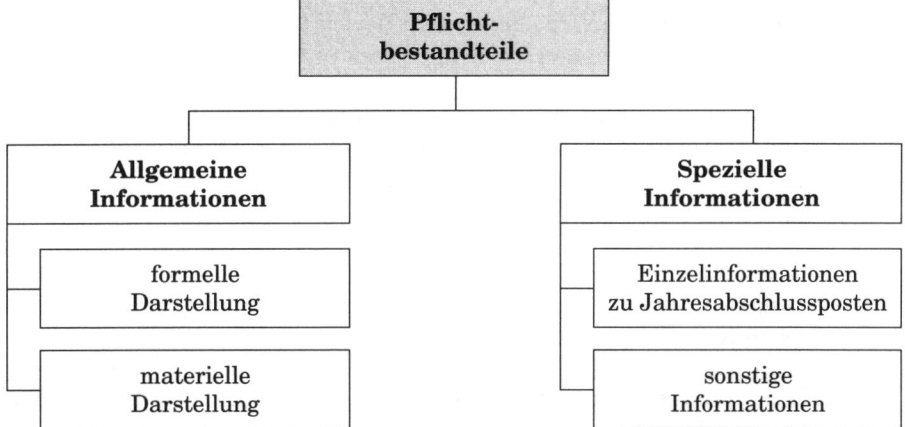

2.1.1 Allgemeine Informationen

❑ **Formelle Darstellung**

Bezüglich Ausweis und Gliederung des Jahresabschlusses ist hauptsächlich zu informieren über

o **Abweichungen der Darstellungsform, insbesondere bei der Gliederung des Jahresabschlusses** (§ 265 Abs. 1 HGB)

o **fehlende Vergleichbarkeit von Posten sowie Anpassung von Vorjahresbeträgen** (§ 265 Abs. 2 HGB).

❑ **Materielle Darstellung**

Zum Bilanzinhalt bestehen folgende bedeutsamen Berichtspflichten:

o **zusätzliche Angaben, sofern Bilanz und GuV aufgrund besonderer Umstände kein den tatsächlichen Verhältnissen entsprechendes Bild der Vermögens-, Finanz- und Ertragslage vermitteln** (§ 264 Abs. 2 Satz 2 HGB)
   Relevant sind allein außergewöhnliche betriebliche Verhältnisse bzw. Gegebenheiten, nicht jedoch Auswirkungen aufgrund gesetzlicher Bilanzierungs- und Bewertungswahlrechte.

o **angewandte Bilanzierungs- und Bewertungsmethoden** (§ 284 Abs. 2 Nr. 1 und 5 HGB)
   Für die Posten der Bilanz und GuV sind die maßgebenden Bilanzierungs- und Bewertungsmethoden anzugeben. Diese umfassen neben den Grundsätzen für den Bilanzansatz (insbesondere derivativer Firmen- oder Geschäftswert, Bilanzierungshilfen) auch die generellen Bewertungsregelungen (hauptsächlich Abschreibungsmethoden sowie angewandte Bewertungsverfahren).

   Verlangt werden darüber hinaus Angaben über die Art der Ermittlung der Herstellungskosten, d. h. welche Bestandteile im Einzelnen einbezogen werden. Über die etwaige Berücksichtigung von Fremdkapitalzinsen ist gesondert zu berichten.

   Die vorstehenden Informationen sollen die Inanspruchnahme von Ansatz- und Bewertungswahlrechten und damit die Rechnungslegungspolitik des Unternehmens verdeutlichen.

o **Abweichungen von angewandten Bilanzierungs- und Bewertungsmethoden** (§ 284 Abs. 2 Nr. 3 HGB)
   Derartige Methodenänderungen sind anzugeben und zu begründen; die hiermit verbundenen Auswirkungen auf die Vermögens-, Finanz- und Ertragslage sind gesondert darzustellen.

o **Grundlagen der Währungsumrechnung** (§ 284 Abs. 2 Nr. 2 HGB)

2.1.2 Spezielle Informationen

2.1.2.1 Einzelinformationen zu Jahresabschlussposten

Zu einzelnen Posten des Jahresabschlusses bestehen rechtsformunabhängig folgende wesentlichen Berichtspflichten:

❑ **Bilanz**

   o **Erläuterung von Bilanzierungshilfen**
     - Aufwendungen für die Ingangsetzung und Erweiterung des Geschäftsbetriebs (§ 269 Satz 1 HGB)
     - Abgrenzungsposten für latente Steuern (§ 274 Abs. 2 Satz 2 HGB)
     - Aufwendungen für die Währungsumstellung auf den Euro (Art. 44 Abs. 1 Satz 4 EGHGB)
     - Ausgleichsbetrag nach dem Altfahrzeug-Gesetz (Art. 53 Abs. 2 Satz 4 i. V. mit Art. 44 Abs. 1 Satz 4 EGHGB).

   o **Gründe für die planmäßige Abschreibung des aktivierten Geschäfts- oder Firmenwerts** (§ 285 Nr. 13 HGB)

   o **Ausweis erheblicher Unterschiedsbeträge aus der Anwendung einer Gruppenbewertung oder Verbrauchsfolgefiktion gegenüber dem Börsenkurs oder Marktpreis bei der Bewertung des Umlaufvermögens** (§ 284 Abs. 2 Nr. 4 HGB)

   o **Erläuterung der Beträge größeren Umfangs von Vermögensgegenständen bzw. Verbindlichkeiten, die erst nach dem Abschlussstichtag rechtlich entstehen** (§ 268 Abs. 4 Satz 2 bzw. Abs. 5 Satz 3 HGB)
     Hierbei handelt es sich um so genannte *antizipative Rechnungsabgrenzungsposten*. Diese sind dadurch gekennzeichnet, dass vor dem Abschlussstichtag erbrachte bzw. erhaltene zeitraumbezogene Leistungen erst in einer nachfolgenden Periode zahlungswirksam werden (z. B. Mieten für Dezember 01 werden erst im Februar 02 gezahlt).

   o **Angabe des Betrags der allein nach steuerrechtlichen Vorschriften im Geschäftsjahr vorgenommenen Abschreibungen, getrennt nach Anlage- und Umlaufvermögen** (§ 281 Abs. 2 Satz 1 HGB)

   o **Erläuterung von Rückstellungen von nicht unerheblichem Umfang, die in dem Posten sonstige Rückstellungen enthalten sind** (§ 285 Nr. 12 HGB)

❑ **Gewinn- und Verlustrechnung**

   o **Aufgliederung der Umsatzerlöse** (§ 285 Nr. 4 HGB)
     - nach Tätigkeitsbereichen (Sparten)
     - nach geographisch bestimmten Märkten (Inland, Ausland [gegebenenfalls weiter unterteilt nach Kontinenten, Regionen, Staatengemeinschaften bzw. Einzelstaaten]).

   o **Aufgliederung des Material- und Personalaufwands bei Anwendung des Umsatzkostenverfahrens** (§ 285 Nr. 8 HGB)

○ **Erläuterung der außerordentlichen bzw. periodenfremden (aperiodischen) Posten hinsichtlich Betrag und Art, sofern die Beträge für die Beurteilung der Ertragslage nicht von untergeordneter Bedeutung sind** (§ 277 Abs. 4 Satz 2 bzw. Satz 3 HGB)

○ **Umfang, in dem die Steuern vom Einkommen und vom Ertrag das Ergebnis der gewöhnlichen Geschäftstätigkeit und das außerordentliche Ergebnis belasten** (§ 285 Nr. 6 HGB)

○ **Jahresergebnis** (§ 285 Nr. 5 HGB)
  - Ausmaß der Ergebnisbeeinflussung durch im laufenden Jahr sowie in Vorjahren vorgenommene steuerrechtliche Abschreibungen
  - Ausmaß erheblicher künftiger Belastungen aufgrund steuerrechtlicher Bewertungsmaßnahmen.

Für Aktiengesellschaften werden darüber hinaus rechtsformspezifische Angabepflichten durch § 160 AktG begründet.

2.1.2.2 Sonstige Informationen

Als über das eigentliche Zahlenwerk hinausgehende Informationen sind festzuhalten:

○ **Gesamtbetrag der sonstigen finanziellen Verpflichtungen** (§ 285 Nr. 3 HGB)
Diese Angabe betrifft bedeutsame künftige Zahlungsverpflichtungen, die nicht zu einem entsprechenden Passivposten führen und auch nicht als Haftungsverhältnisse nach § 251 HGB zu vermerken sind.

Zu berücksichtigen sind sowohl Verpflichtungen gegenüber Dritten wie auch Verpflichtungen des Unternehmens gegenüber sich selbst (Innenverpflichtungen).

Anzuführen sind beispielsweise

– mehrjährige Verpflichtungen aus Miet- oder Leasingverträgen
– Verpflichtungen aus begonnenen Investitionsvorhaben
– Verpflichtungen aus langfristigen Abnahmeverträgen.

Bestehende Verpflichtungen gegenüber verbundenen Unternehmen sind gesondert anzugeben.

○ **Mitarbeiter** (§ 285 Nr. 7 HGB)
Durchschnittliche Zahl der während des Geschäftsjahrs beschäftigten Arbeitnehmer getrennt nach Gruppen.

○ **Organe der Gesellschaft**
- Mitglieder der Geschäftsführung und des Aufsichtsrats (§ 285 Nr. 10 HGB)
- Gesamtbezüge (einschließlich nicht ausgezahlter, sondern in Ansprüche anderer Art umgewandelter oder zur Erhöhung anderer Ansprüche verwendeter Bezüge), gewährte Vorschüsse und Kredite sowie eingegangene Haftungsverhältnisse für Organmitglieder bzw. frühere Organmitglieder (§ 285 Nr. 9 HGB).

○ **Aufstellung über den Beteiligungsbesitz** (§ 285 Nr. 11 HGB)

○ **Entsprechenserklärung zum Corporate Governance Kodex** (§ 285 Nr. 16 HGB)
Nach § 161 AktG haben börsennotierte Gesellschaften erstmals im Jahr 2002 zu erklären, ob und in welchem Umfang die vom Bundesministerium der Justiz bekannt gemachten Empfehlungen der „Regierungskommission Deutscher Corporate Governance Kodex" beachtet sind. Die entsprechende Angabe bezieht sich darauf, dass diese Erklärung abgegeben und den Aktionären zugänglich gemacht worden ist. Der Inhalt selbst braucht nicht im Anhang aufgenommen zu werden.

Personengesellschaften i. S. des § 264a HGB haben im Anhang Name und Sitz der Gesellschaften, die persönlich haftende Gesellschafter sind, sowie deren gezeichnetes Kapital anzugeben (§ 285 Nr. 15 HGB).

2.2 Freiwillige Bestandteile

Die gesetzlichen Pflichtangaben können freiwillig ergänzt bzw. erweitert werden. Entsprechende Zusatzinformationen können sich beziehen auf:

○ **Erläuterung weiterer – nicht in § 285 HGB genannter – Einzelposten des Abschlusses**

○ **Nebenrechnungen**
z. B. Bewegungsbilanz, Kapitalflussrechnung, Sozialbilanz, Wertschöpfungsrechnung, Umweltbilanz, Substanzerhaltungsrechnungen

○ **Kapitalmarktorientierte Informationen**
z. B. Kursverlauf, Aktienanzahl, Börsenkapitalisierung, Dividendenrendite, Ergebnis je Aktie, Kurs-/Gewinnverhältnis

○ **Angaben zur internationalen Vergleichbarkeit**
z. B. Bewertung unter Berücksichtigung von Wiederbeschaffungskosten, Angabe unrealisierter Gewinne, Ergebnisermittlung nach internationalen Rechnungslegungsgrundsätzen (IAS/IFRS, US-GAAP).

2.3 Einschränkungen der Berichterstattung

Unter bestimmten Umständen müssen bzw. können Angaben im Anhang unterbleiben. Entsprechende Schutzklauseln gelten größenunabhängig in folgenden Fällen (§ 286 HGB):

❏ **Berichtsverbot im Interesse der Allgemeinheit**

Nach dieser so genannnten *Gemeinwohlklausel* hat eine Berichterstattung zu unterbleiben, so weit dies für das Wohl der Bundesrepublik Deutschland oder eines ihrer Länder erforderlich ist (§ 286 Abs. 1 HGB).

❏ **Berichtswahlrechte im Interesse der Gesellschaft bzw. ihrer Organmitglieder**

Unternehmens- bzw. personenbezogene Schutzklauseln betreffen folgende Angaben:

o **Aufgliederung der Umsatzerlöse** (§ 286 Abs. 2 HGB)

o **Angabe von Beteiligungsgesellschaften** (§ 286 Abs. 3 HGB)

o **Angabe der Gesamtbezüge derzeitiger oder früherer Organmitglieder von Kapitalgesellschaften bzw. von Personengesellschaften i. S. des § 264 a HGB** (§ 286 Abs. 4 HGB).

E. Lagebericht

1. Bedeutung

Mittelgroße und große Kapitalgesellschaften und Personengesellschaften mit Haftungsbeschränkung haben ihren aus Bilanz, GuV und Anhang bestehenden Jahresabschluss um einen Lagebericht zu ergänzen (§ 264 Abs. 1 Satz 1 und 3 HGB). Dieser ist also nicht Bestandteil des Jahresabschlusses, sondern ein eigenständiges Rechnungslegungsinstrument.

Der Lagebericht enthält sowohl vergangenheitsorientierte als auch zukunftsbezogene Informationen. Hierdurch soll eine Gesamtbeurteilung des Unternehmens und seiner gegenwärtigen bzw. künftigen wirtschaftlichen Situation ermöglicht werden. Dabei ist unter Beachtung der allgemeinen Berichtsgrundsätze (Vollständigkeit, Richtigkeit, Klarheit) sowie des Wesentlichkeitsaspekts ein den tatsächlichen Verhältnissen entsprechendes Bild zu vermitteln.

2. Inhalt

Der Inhalt des Lageberichts wird durch folgende Bestandteile geprägt:

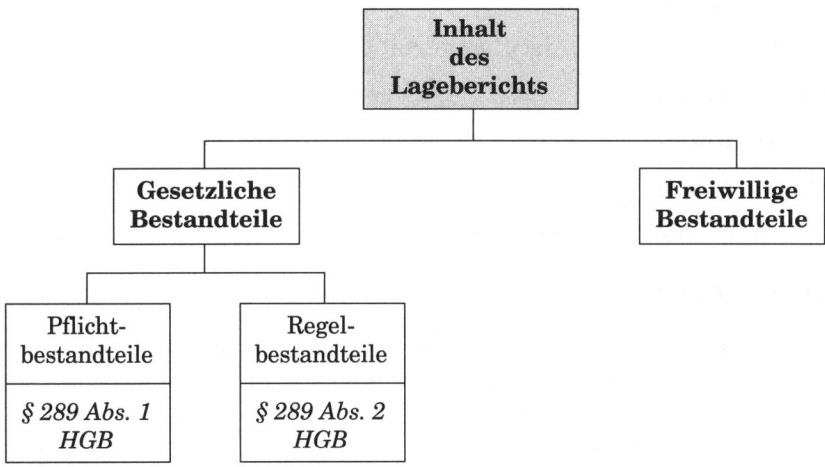

2.1 Gesetzliche Bestandteile

2.1.1 Pflichtbestandteile

Der Lagebericht umfasst stets den so genannten *Wirtschaftsbericht*, in dem der Geschäftsverlauf und die Lage der Gesellschaft darzustellen sind:

Die Bestandteile des Wirtschaftsberichts können inhaltlich wie folgt gekennzeichnet werden:

❑ **Geschäftsverlauf**

Zu berichten ist über die geschäftliche Entwicklung in der abgelaufenen Periode und die hierfür maßgebenden Umstände bzw. Bedingungen. Gegenstand dieser zeitraumbezogenen, vergangenheitsorientierten Betrachtung sind üblicherweise:

o **gesamtwirtschaftliche und branchentypische Verhältnisse und Entwicklungen**

o **wichtige unternehmensspezifische Ereignisse**

o **Beschaffungsbereich**

o **Produktions- bzw. Leistungsbereich**

o **Absatzbereich**

o **Investitionen**

o **Finanzierung**

o **Personal- und Sozialbereich.**

❑ **Lage der Gesellschaft**

Die Ausführungen zur Lage des Unternehmens sind zeitpunktbezogen und gegenwartsorientiert. Eine klare Trennung zur Berichterstattung über den Geschäftsverlauf ist praktisch kaum möglich. Vielmehr ergänzen und bedingen sich beide Bereiche gegenseitig.

Angaben beziehen sich regelmäßig auf:

o **Struktur des Unternehmens**
   z. B. Organisationsstruktur, Tätigkeit nach Bereichen bzw. Sparten

o **Absatzlage**
   z. B. Marktanteile, Marktentwicklungen, Auftragslage

o **Vermögenslage**

o **Finanzlage**

o **Ertragslage**

o **Sonstiges**
   z. B. Abschluss oder Beendigung wichtiger Verträge, Erwerb oder Veräußerung von Beteiligungen, schwebende Geschäfte.

❏ **Risikobericht**

Im Lagebericht ist auch auf Risiken der künftigen Entwicklung einzugehen.
Unter Beachtung des Wesentlichkeitsgrundsatzes besteht eine Berichtspflicht
über

o **bestandsgefährdende Risiken**
   z. B. drohende Zahlungsunfähigkeit oder langfristige Vermögensverluste aus
   Beteiligungen

o **sonstige Risiken mit wesentlichem Einfluss auf die Vermögens-, Fi-
   nanz- und Ertragslage**
   Diese Risiken können beruhen auf:

   – unternehmensexternen Faktoren
     z. B. Branchenentwicklungen oder Veränderungen politischer, rechtlicher
     und gesellschaftlicher Rahmenbedingungen
   – unternehmensinternen Faktoren
     z. B. Engpässen in der Produktion oder bei der Beschaffung notwendiger
     Rohstoffe.

Einzugehen ist zudem auch auf die Strategie, den Prozess und die Organisation des
Risikomanagements.

2.1.2 Regelbestandteile

Zusätzlich zu dem Wirtschaftsbericht kommen als weitere Berichtsteile in Betracht:

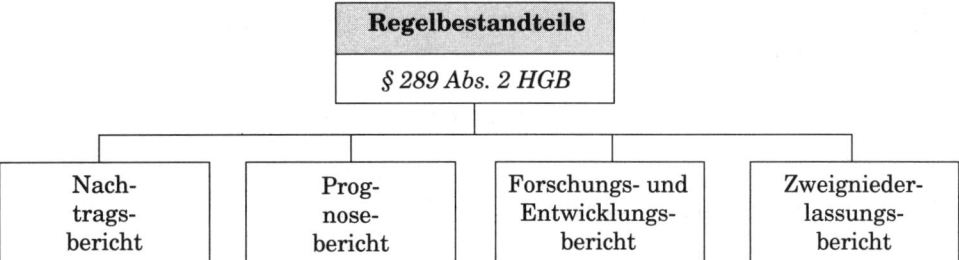

Die gesetzliche Formulierung („soll eingehen") begründet dabei keineswegs ein
Wahlrecht zur Informationsvermittlung. Bei Vorliegen entsprechender Sachverhalte besteht vielmehr grundsätzlich Berichtspflicht.

Zu den Regelbestandteilen des Lageberichts ist festzuhalten:

❑ **Nachtragsbericht**

Dieser Bericht bezieht sich auf wichtige (positive und negative) Ereignisse nach dem Abschlussstichtag. Entsprechende Informationen sollen eine zutreffende Beurteilung der Lage wie auch der künftigen Entwicklung ermöglichen.

Beispielhaft anzuführen sind:

○ **Veränderungen weltwirtschaftlicher bzw. branchenbezogener Rahmenbedingungen**

○ **Kapitalerhöhungen/Kapitalherabsetzungen**

○ **Gründung, Veräußerung oder Auflösung von Niederlassungen bzw. Tochtergesellschaften**

○ **Preisänderungen am Beschaffungs- bzw. Absatzmarkt**

○ **Abschluss bzw. Kündigung wichtiger Liefer- oder Abnahmeverträge**.

❑ **Prognosebericht**

Der Prognosebericht ist sachlich eng verknüpft mit dem Wirtschaftsbericht und der darin enthaltenen Darstellung des Geschäftsverlaufs und der Lage des Unternehmens. Einzugehen ist u. a. auf

○ **Entwicklung des allgemeinen wirtschaftlichen Umfelds**

○ **Branchenentwicklung**

○ **Entwicklung des Unternehmens insgesamt sowie einzelner Unternehmensbereiche.**

Dabei werden keine detaillierten quantitativen Prognosen, sondern verbale Tendenzaussagen erwartet. Diese sollten sich regelmäßig auf einen Zeitraum von zwei Jahren beziehen.

❑ **Forschungs- und Entwicklungsbericht**

Eine Berichtspflicht besteht unabhängig davon, ob Forschung und Entwicklung im Unternehmen selbst oder als Auftragsforschung durch Dritte durchgeführt wird. Als mögliche Informationen kommen in Betracht:
○ **Art der Forschung**
   Grundlagenforschung, angewandte Forschung, experimentelle Entwicklung

○ **Gegenstand bzw. Zweck der Forschung**

o **Forschungs- und Entwicklungsinvestitionen**

o **Mitarbeiter in Forschung und Entwicklung**

o **Höhe der Forschungsaufwendungen**

o **Forschungsergebnisse**
z. B. Anzahl der Patente oder Lizenzen, Umsatzanteil neuentwickelter Produkte am Gesamtumsatz.

❑ **Zweigniederlassungsbericht**

Dieser Berichtsteil betrifft allein im Handelsregister eingetragene (in- bzw. ausländische) Zweigniederlassungen, nicht jedoch Betriebstätten oder Repräsentanzen.

Angeführt werden können

o **Gegenstand und Sitz von Zweigniederlassungen**

o **Errichtungen, Zusammenlegungen oder Auflösungen im Berichtsjahr**

o **wesentliche wirtschaftliche Eckdaten**
z. B. Umsätze, Betriebs-/Produktionsprogramme, Investitionen, Mitarbeiter, Ergebnisse.

2.2 Freiwillige Bestandteile

Über die gesetzlichen Pflichten hinaus können freiwillig weitere Informationen in den Lagebericht aufgenommen werden. Zur Selbstdarstellung bzw. aus Imagegründen empfehlen sich dabei insbesondere Nebenrechnungen (z. B. Kapitalflussrechnung, Umweltbilanz) sowie kapitalmarktorientierte Informationen bei börsennotierten Gesellschaften.

> 5 1

Erläutern Sie folgende Begriffe aus den Kapiteln C. - E.:
❑ Gewinn- und Verlustrechnung
❑ Gesamtkostenverfahren
❑ Umsatzkostenverfahren
❑ Betriebsergebnis
❑ Finanzergebnis
❑ Außerordentliches Ergebnis
❑ Steuern
❑ Anhang
❑ Lagebericht

> Seite
> 187

Lösungen zu den Übungen

Das Unternehmen eines Kleingewerbetreibenden erfordert keinen nach Art oder Umfang in kaufmännischer Weise eingerichteten Geschäftsbetrieb und gilt daher nicht als Handelsgewerbe (§ 1 Abs. 2 HGB).

Im **Fall (1)** wird der Kleingewerbetreibende wie ein Nicht-Kaufmann (= Privatperson) behandelt. Folglich besteht keine handelsrechtliche Buchführungspflicht. Dies gilt auch aus steuerlicher Sicht, da keines der Größenmerkmale des § 141 Abs. 1 AO überschritten wird.

Im **Fall (2)** wird der Kleingewerbetreibende durch Ausübung der Option zur Handelsregistereintragung zum vollwertigen Kaufmann (§ 2 Satz 1 HGB). Daher sind nach § 238 Abs. 1 HGB Bücher zu führen. Diese Verpflichtung gilt auch für steuerliche Zwecke (§ 140 AO).

Auf der Grundlage des Inventars ergibt sich folgende Bilanz der Vital OHG:

Aktiva	Bilanz zum 31.12.01		Passiva
	€		€
A. Anlagevermögen		A. Eigenkapital	428.740
I. Sachanlagen			
1. Grundstücke und Gebäude	237.950	B. Rückstellungen	
2. Maschinen	172.425	1. Steuerrückstellungen	4.270
3. Betriebs- und Geschäftsausstattung	146.892	2. sonstige Rückstellungen	41.100
		C. Verbindlichkeiten	
B. Umlaufvermögen		1. Verbindlichkeiten gegenüber Kreditinstituten	135.880
I. Vorräte		2. Verbindlichkeiten aus Lieferungen und Leistungen	55.032
1. Roh-, Hilfs- und Betriebsstoffe	12.471		
2. Fertige Erzeugnisse	21.386		
II. Forderungen aus Lieferungen und Leistungen	22.246		
III. Kassenbestand, Guthaben bei Kreditinstituten	51.652		
	665.022		665.022

Im Kalenderjahr 02 sind von Alt bzw. Jung folgende Bilanzen aufzustellen:

(1) Kaufmann Alt
- ○ Abschluss zum 30.4.02 für das (volle) Geschäftsjahr vom 1.5.01 - 30.4.02
- ○ Abschluss zum 30.9.02 für das Rumpfgeschäftsjahr vom 1.5.02 - 30.9.02

(2) Kaufmann Jung
- ○ Eröffnungsbilanz zum 1.10.02
- ○ Abschluss zum 31.12.02 für das Rumpfgeschäftsjahr vom 1.10.02 - 31.12.02

Die nachfolgenden Geschäftsjahre umfassen jeweils den Zeitraum 1.1. - 31.12.

Jahr	Einzeleinstufung nach			Gesamt-einstufung	Rechts-folge
	Bilanzsumme	Umsatz-erlöse	durchschnitt-liche Zahl der Arbeitnehmer		
01	mittelgroß	klein	mittelgroß	mittelgroß	mittelgroß
02	klein	klein	mittelgroß	klein	mittelgroß
03	klein	klein	mittelgroß	klein	klein
04	mittelgroß	groß	groß	groß	klein
05	mittelgroß	groß	groß	groß	groß

Fall	Maßgebende Rechnungslegungsvorschriften
1	**HGB**, Drittes Buch, Erster Abschnitt
2	**HGB**, Drittes Buch, Erster Abschnitt *sowie* **PublG**
3	**HGB**, Drittes Buch, Erster Abschnitt
4	**HGB**, Drittes Buch, Erster und Zweiter Abschnitt
5	**HGB**, Drittes Buch, Erster und Zweiter Abschnitt *sowie* **AktG** Die Klassifizierung als große Gesellschaft erfolgt unabhängig von den konkreten Größenmerkmalen (§ 267 Abs. 3 Satz 2 HGB)

Sachverhalt	Art der Information	zeitliche Berücksichtigung
1	wertaufhellend	Abschluss 01
2	wertbegründend	Abschluss 02
3	wertaufhellend	Abschluss 01
4	wertbegründend	Abschluss 02
5	wertbegründend	Abschluss 02
6	wertbegründend	Abschluss 02

Bilanzausweis (1):   falsch, aber klar

Bilanzausweis (2):   richtig, aber unklar

Bilanzausweis (3):   falsch und unklar

Bilanzausweis (4):   richtig und klar

Aussage (1): Grundsatz der Vollständigkeit (§ 246 Abs. 1 HGB)

Aussage (2): Grundsatz der Klarheit (§ 243 Abs. 2 HGB)

Aussage (3): Grundsatz der formellen Bilanzstetigkeit (§ 265 Abs. 1 HGB)

Aussage (4): Grundsatz der Fortführung der Unternehmenstätigkeit [going concern] (§ 252 Abs. 1 Nr. 2 HGB)

Aussage (5): Grundsatz der Bilanzidentität (§ 252 Abs. 1 Nr. 1 HGB)

Aussage (6): Grundsatz der materiellen Bilanzstetigkeit (§ 252 Abs. 1 Nr. 6 HGB)

Siehe MiniLex (S. 191 ff.)

Für die bilanzielle Zuordnung gilt:

Sachverhalt (1): Aufgrund des Eigentumvorbehalts ist die Herstellerfirma rechtlicher Eigentümer. Wirtschaftlicher Eigentümer ist jedoch die Kapitalgesellschaft, die den Tieflader als Vermögensgegenstand zu aktivieren und die Kaufpreisschuld als Verbindlichkeit zu passivieren hat.

Sachverhalt (2): Es handelt sich um unechtes Factoring. Der Factor fungiert lediglich treuhänderisch. Das Ausfallrisiko trägt die Kapitalgesellschaft, in deren Bilanz daher die Forderungen auszuweisen sind.

Sachverhalt (3): Die durch den Pachtvertrag begründeten Zahlungen sind ergebniswirksam zu erfassen. Das schuldrechtliche Nutzungsverhältnis als solches ist demgegenüber bilanziell unbeachtlich.

Sachverhalt (4): Die Kapitalgesellschaft behält das wirtschaftliche Eigentum an den sicherungsübereigneten Maschinen. In der Bilanz der Gesellschaft sind diese Vermögensgegenstände weiterhin auszuweisen.

Sachverhalt	Vermögensart	Einbeziehung in Handelsbilanz
1	Gesamthandsvermögen der Personengesellschaft	Gebot
2	Sonderbetriebsvermögen der Gesellschafter	Verbot
3	gewillkürtes Betriebsvermögen	Gebot
4	notwendiges Privatvermögen	Verbot
5	notwendiges Betriebsvermögen	Gebot

Die Anschaffungskosten sind wie folgt zu ermitteln:

		€	€
	Anschaffungspreis		160.000
./.	Anschaffungspreisminderungen		
	- Rabatt		
	(7 % von 160.000)	11.200	
	- Skonto		
	(2 % von [160.000 ./. 11.200 =] 148.800)	2.976	14.176
+	Anschaffungsnebenkosten		
	- Transport	3.000	
	- Montage	8.400	11.400
=	**Anschaffungskosten**		**157.224**

Die für die Maschine und den Transport in Rechnung gestellte Umsatzsteuer kann als Vorsteuer geltend gemacht werden und ist folglich nicht als Anschaffungskosten zu berücksichtigen.

Die Zinsen für das Anschaffungsdarlehen dürfen nicht aktiviert werden.

Für die Herstellungskosten gelten folgende Wertunter- bzw. Wertobergrenzen:

		€
	Materialkosten	265.400
+	Fertigungseinzelkosten	82.360
+	Sondereinzelkosten der Fertigung	11.000
=	**handelsbilanzielle Wertuntergrenze**	**358.760**
+	Materialgemeinkosten	7.580
+	Fertigungsgemeinkosten	71.900
=	**steuerbilanzielle Wertuntergrenze**	**438.240**
+	Verwaltungsgemeinkosten	23.800
=	**handels- und steuerbilanzielle Wertobergrenze**	**462.040**

Vertriebskosten und kalkulatorische Kosten dürfen nicht in die Herstellungskosten einbezogen werden.

Sachverhalt	Klassifizierung
1	Erhaltungsaufwand
2	Herstellungsaufwand
3	Erhaltungsaufwand
4	Erhaltungsaufwand
5	Herstellungsaufwand

Es ergeben sich folgende Zuordnungen:

Verwendung (1): Anlagevermögen

Verwendung (2): Umlaufvermögen

Verwendung (3): Umlaufvermögen

Bei der Ermittlung des derivativen Firmenwerts ist von den Zeitwerten der Vermögens-gegenstände und Schulden auszugehen. Damit ergibt sich folgendes Reinvermögen im Erwerbszeitpunkt:

		€	€
	Zeitwert der Vermögensgegenstände		
	- Grundstücke	2.100.000	
	- Maschinen	1.900.000	
	- Vorräte	2.850.000	
	- liquide Mittel	731.000	7.581.000
./.	Zeitwert der Schulden		
	- Bankverbindlichkeiten	1.300.000	
	- Rückstellungen	650.000	1.950.000
=	Reinvermögen		5.631.000

Der derivative Firmenwert beträgt mithin:

		€
	Unternehmenskaufpreis	6.341.000
./.	Reinvermögen	5.631.000
=	**derivativer Firmenwert**	**710.000**

Es gelten folgende Zuordnungen:

Objekt	unselbständiger	selbständiger
	Gebäudeteil	
1		+
2		+
3	+	
4		+
5	+	
6		+
7	+	
8		+

Für die Berechnung der Abschreibungen ist folgende Bemessungsgrundlage maßgebend:

		€
	Herstellungskosten	870.000
./.	Restverkaufserlös	18.000
=	Abschreibungsausgangsbetrag	852.000

Der jährliche Abschreibungsbetrag beläuft sich damit auf (852.000 / 8 =) 106.500 €.

Im Jahr 01 können alternativ als lineare Abschreibung berücksichtigt werden:

(1) zeitanteiliger Jahresbetrag (ohne Vereinfachungsregelung):

106.500 x 10 / 12 = **88.750 €**

(2) voller Jahresbetrag (mit Vereinfachungsregelung):

106.500 €

Unter Inanspruchnahme der Vereinfachungsregel für das Anschaffungsjahr ergeben sich folgende Abschreibungsverläufe:

Jahr	ohne Methodenwechsel		mit Methodenwechsel	
	Abschrei-bungsbetrag	Restbuch-wert	Abschrei-bungsbetrag	Restbuch-wert
	€	€	€	€
01	33.000	297.000	33.000	297.000
02	59.400	237.600	59.400	237.600
03	47.520	190.080	52.800	184.800
04	38.016	152.064	52.800	132.000
05	30.413	121.651	52.800	79.200
06	24.330	97.321	52.800	26.400
07	97.321	0	26.400	0
Summe	**330.000**		**330.000**	

Es ergeben sich folgende Restbuchwerte:

		lineare	degressive
		Abschreibung	
		€	€
	Herstellungskosten	660.000	660.000
./.	Abschreibung 01	4.400	33.000
=	Buchwert 31.12.01	655.600	627.000
./.	Abschreibung 02	13.200	33.000
=	Buchwert 31.12.02	642.400	594.000

Die lineare Abschreibung darf im Herstellungsjahr nur zeitanteilig erfolgen (4/12 x [2 % von 660.000 =] 13.200). Hingegen ist die degressive Abschreibung in Höhe des gesamten Jahresbetrags zulässig (5 % von 660.000).

Bei Inanspruchnahme der Sonderabschreibung nach § 7g EStG ergibt sich folgender Abschreibungsverlauf:

Jahr	Sonder- abschreibung	lineare Abschreibung	Gesamt- abschreibung	Restbuch- wert
	€	€	€	€
01	48.000	40.000	88.000	152.000
02	–	40.000	40.000	112.000
03	–	40.000	40.000	72.000
04	–	40.000	40.000	32.000
05	–	32.000	32.000	0
06	–	–	–	–
Summe	**48.000**	**192.000**	**240.000**	

Es ergeben sich folgende alternativen Buchwerte:

		Buchwerte	
		ohne	**mit**
		Zuschreibung	
		€	€
	Anschaffungskosten	200.000	200.000
./.	planmäßige Abschreibung 01	25.000	25.000
=	Buchwert 31.12.01	175.000	175.000
./.	planmäßige Abschreibung 02	25.000	25.000
./.	außerplanmäßige Abschreibung 02	18.000	18.000
=	Buchwert 31.12.02	132.000	132.000
./.	planmäßige Abschreibung 03	22.000	22.000
=	Buchwert 31.12.03	110.000	110.000
./.	planmäßige Abschreibung 04	22.000	22.000
=	Buchwert 31.12.04	88.000	88.000
./.	planmäßige Abschreibung 05	22.000	22.000
+	Zuschreibung	–	9.000
=	Buchwert 31.12.05	66.000	75.000
./.	planmäßige Abschreibung 06	22.000	25.000
=	Buchwert 31.12.06	44.000	50.000
./.	planmäßige Abschreibung 07	22.000	25.000
=	Buchwert 31.12.07	22.000	25.000
./.	planmäßige Abschreibung 08	22.000	25.000
=	Buchwert 31.12.08	0	0

Der höchstmögliche Zuschreibungsbetrag ermittelt sich wie folgt:

		€
	außerplanmäßige Abschreibung	18.000
./.	fiktive planmäßige Abschreibungen in der Zwischenzeit	75.000
	(3 x 25.000)	
+	tatsächliche planmäßige Abschreibungen in der Zwischenzeit	66.000
	(3 x 22.000)	
=	**maximale Zuschreibung**	**9.000**

Die alternativen Inventurwerte ziehen folgende bilanzielle Konsequenzen nach sich:

Inventurwert (1): Es hat eine Abwertung auf den gesunkenen Inventurwert von 68.000 € zu erfolgen.

Inventurwert (2): Der Inventurwert übersteigt den Festwert um weniger als 10 %. Daher kann der bisherige Festwert von 72.000 € beibehalten werden.

Inventurwert (3): Der Inventurwert übersteigt den Festwert um mehr als 10 %. Daher ist ein Erhöhung des Wertansatzes auf den Inventurwert von 95.000 € vorzunehmen.

Die Vorgänge schlagen sich im Anlagespiegel wie folgt nieder:

Jahr	historische Anschaffungs-/ Herstellungskosten	Zugänge	Abgänge	kumulierte Abschreibungen	Restbuchwert - Geschäftsjahr	Restbuchwert - Vorjahr	Abschreibungen - Geschäftsjahr
	€	€	€	€	€	€	€
01	–	350.000	–	70.000	280.000	–	70.000
02	350.000	220.000	–	195.000	375.000	280.000	125.000
03	570.000	–	–	358.000	212.000	375.000	163.000
04	570.000	–	220.000	280.000	70.000	212.000	103.000
05	350.000	–	–	350.000	0	70.000	70.000
06	350.000	–	350.000	–	–	0	–

Die Abschreibungen für das Geschäftsjahr 04 umfassen folgende planmäßige Abschreibungen:

	€
Maschine 01	70.000
Maschine 02	33.000
(11/12 x 36.000)	
Abschreibungen-Geschäftsjahr 04	**103.000**

Die kumulierten Abschreibungen zum 31.12.04 sind wie folgt zu berechnen:

		€
	kumulierte Abschreibungen 31.12.03/1.1.04	358.000
+	Abschreibungen - Geschäftsjahr 04	103.000
./.	Abschreibungen - Maschine 02	181.000
	(55.000 + [55.000 + 38.000] + 33.000)	
=	kumulierte Abschreibungen 31.12.04	280.000

Maßgebend sind folgende Bilanzposten:

Fall (1): Forderungen aus Lieferungen und Leistungen

Fall (2): Kassenbestand, Bundesbankguthaben, Guthaben bei Kreditinstituten und Schecks

Fall (3): Forderungen aus Lieferungen und Leistungen

Fall (4): Forderungen gegen verbundene Unternehmen

Mangels eines Börsen- oder Marktpreises ist der am Abschlussstichtag beizulegende Wert nach dem Prinzip der verlustfreien Bewertung wie folgt zu ermitteln:

	ohne	mit
	Rabattgewährung	
	€	€
voraussichtlicher (Brutto-) Verkaufspreis	20.300	20.300
./. Rabatt	–	1.015
= voraussichtlicher (Netto-) Verkaufspreis	20.300	19.285
./. noch anfallende Aufwendungen	5.600	5.600
= **beizulegender Wert**	**14.700**	**13.685**

Im **Fall (1)** sind die Herstellungskosten von 14.200 € für die Bewertung maßgebend, da diese geringer sind als der am Abschlussstichtag beizulegende Wert.

Im **Fall (2)** ist der niedrigere beizulegende Stichtagswert von 13.685 € für die Bewertung heranzuziehen.

Für die Berücksichtigung der einzelnen Wertmaßstäbe gilt Folgendes:

	Alternative (1)	Alternative (2)	Alternative (3)
Anschaffungskosten	Gebot	Verbot	Gebot
Börsen- oder Marktpreis bzw. beizulegender Wert	Verbot	Gebot	Verbot
naher Zukunftswert	Verbot	Verbot	Wahlrecht
steuerlich zulässiger Wert	Wahlrecht	Wahlrecht	Wahlrecht

Zum **Bilanzstichtag 31.12.01** hat zwingend eine Abwertung auf den niedrigeren beizulegenden Wert zu erfolgen (340 €/Einheit).

Zum **Bilanzstichtag 31.12.02** kann dieser Wert beibehalten werden. Zulässig ist auch eine Zuschreibung bis zur Höhe der Anschaffungskosten (Wertintervall von 340 - 350 €/Einheit).

Zum **Bilanzstichtag 31.12.03** muss eine Abschreibung auf den gesunkenen Stichtagswert vorgenommen werden (320 €/Einheit).

Nach der gewogenen periodischen Durchschnittsmethode ergibt sich folgender Wert des Endbestands:

		Menge	Preis/Einheit	Wert
			€	€
	Anfangsbestand 1.1.01	190	12,00	2.280
+	Zugang 14.2.01	250	14,00	3.500
+	Zugang 21.6.01	120	12,50	1.500
+	Zugang 30.8.01	140	16,00	2.240
		700		9.520
./.	Abgänge 01	520	13,60	7.072
=	**Endbestand 31.12.01**	**180**	**13,60**	**2.448**

Der Durchschnittspreis beträgt (9.520/700 =) 13,60 €/Einheit. Hiermit werden die Abgänge und der Endbestand bewertet.

 Nach der gleitenden Durchschnittsmethode ergibt sich nachfolgender Wert des Endbestands:

		Menge	Preis/Einheit	Wert
			€	€
	Anfangsbestand 1.1.01	500	6,00	3.000
./.	Abgang 27.2.01	200	6,00	1.200
		300	6,00	1.800
+	Zugang 2.5.01	100	5,00	500
		400	5,75	2.300
+	Zugang 10.9.01	300	4,00	1.200
		700	5,00	3.500
./.	Abgang 26.11.01	340	5,00	1.700
=	**Endbestand 31.12.01**	**360**	**5,00**	**1.800**

 Nach dem Fifo-Verfahren ergibt sich folgender Wert des Endbestands zum 31.12.01:

	Menge	Preis/Einheit	Wert
		€	€
aus Zugang 30.6.01	900	1,15	1.035
aus Zugang 30.9.01	1.300	1,25	1.625
	2.200		**2.660**

Der am Abschlussstichtag beizulegende Wert beläuft sich auf (2.200 x 1,18 =) 2.596 €. Dieser Betrag ist niedriger als der nach dem Fifo-Verfahren ermittelte Wert des Endbestands und somit nach § 253 Abs. 3 Satz 2 HGB für den Bilanzansatz maßgebend.

Der Wert des Endbestands ermittelt sich nach dem periodischen Lifo-Verfahren wie folgt:

	Menge	Preis/Einheit	Wert
		€	€
aus Zugang 6.4.01	20	80	1.600
aus Anfangsbestand	100	50	5.000
	120		**6.600**

Dieser Betrag liegt unter dem Stichtagswert von (120 x 60 =) 7.200 €. Damit erfolgt der Bilanzansatz mit dem nach dem Lifo-Verfahren ermittelten Wert des Endbestands von 6.600 €.

Folgende **Einzelwertberichtigungen** sind vorzunehmen:

	€
uneinbringliche Forderungen	16.000
zweifelhafte Forderungen	15.000
(30 % von 50.000)	
Gesamt	31.000

Die **Pauschalwertberichtigung** für das allgemeine Ausfallrisiko ist wie folgt zu ermitteln:

	€
· Forderungsbestand	942.000
./. uneinbringliche Forderungen	16.000
./. zweifelhafte Forderungen	50.000
= bereinigter Forderungsbestand	876.000

Bezogen auf den bereinigten Forderungsbestand beträgt die Pauschalwertberichtigung (4 % von 876.000 =) 35.040 €.

Die Anschaffungskosten werden retrograd wie folgt ermittelt:

	€
voraussichtlicher Verkaufspreis	12.000
./. Rohgewinnspanne	4.500
([0,6/1,6 =] 0,375 x 12.000)	
= **Anschaffungskosten**	**7.500**

Probe:

	€
Anschaffungskosten	7.500
+ Rohgewinnspanne	4.500
(60 % von 7.500)	
= (Brutto-)Verkaufspreis	12.000

Es ergeben sich folgende Ergebnissituationen:

(1) ohne Rückstellungsbildung

	Jahr 01	Jahr 02	Jahr 03
	€	€	€
handelsrechtliches Ergebnis (vor Garantieaufwand und ergebnisabhängigen Zahlungen)	400.000	400.000	400.000
./. Garantieaufwand	–	–	80.000
= handelsrechtliches Ergebnis (vor ergebnisab-hängigen Zahlungen)	400.000	400.000	320.000
./. ergebnisabhängige Zahlungen	240.000	240.000	192.000
= **Jahresüberschuss**	**160.000**	**160.000**	**128.000**

(2) mit Rückstellungsbildung

	Jahr 01	Jahr 02	Jahr 03
	€	€	€
handelsrechtliches Ergebnis (vor Garantierück-stellung und ergebnis-abhängigen Zahlungen)	400.000	400.000	400.000
./. Garantierückstellung	80.000	–	–
= handelsrechtliches Ergebnis (vor ergebnisab-hängigen Zahlungen)	320.000	400.000	400.000
./. ergebnisabhängige Zahlungen	192.000	240.000	240.000
= **Jahresüberschuss**	**128.000**	**160.000**	**160.000**

Durch die Rückstellungsbildung kommt es zu einer vorzeitigen Berücksichtigung künftiger Aufwendungen, und zwar bereits im Jahr der Ausführung des Geschäftsvorgangs. Durch Reduzierung des Ergebnisses und der daran anknüpfenden Zahlungen verbleibt bis zum Jahr 03 ein entsprechender Teil der Umsatzerlöse im Unternehmen.

Durch den Mietvertrag wird ein Dauerrechtsverhältnis begründet. Grundsätzlich ist davon auszugehen, dass sich Leistung (= monatliche Mietzahlungen) und Gegenleistung (= Nutzungsüberlassung der Büroräume) ausgeglichen gegenüberstehen. Mit der Beendigung der Raumnutzung ab April 02 ergibt sich jedoch bis zum Ende der Vertragslaufzeit ein Ungleichgewicht zwischen den noch zu erbringenden Leistungen (= Mietzahlungen von [9 x 20.000 =] 180.000 €) und den Gegenleistungen (= Wert der Nutzungsüberlassung von 0 €).

In Höhe des Unterschiedsbetrags (= Verpflichtungsüberschuss der Kapitalgesellschaft) von 180.000 € ist im Abschluss 01 eine Rückstellung für drohende Verluste aus schwebenden Geschäften nach § 249 Abs. 1 Satz 1 HGB zu bilden.

Die einzelnen Sachverhalte sind wie folgt zu beurteilen:

Sachverhalt	Rückstellungsbildung	Rückstellungsart
1	Pflicht	drohende Verluste aus schwebenden Geschäften
2a	Pflicht	unterlassene Instandhaltung
2b	Wahlrecht	
3	Wahlrecht	genau umschriebene Aufwendungen
4	Verbot	
5	Pflicht	ungewisse Verbindlichkeiten
6	Pflicht	Kulanzleistungen

Im Zeitpunkt der Lieferung ist die Verbindlichkeit mit ihrem Rückzahlungsbetrag von (15.000 x 1,10 =) 16.500 € anzusetzen.

Im **Fall (1)** hat nach Maßgabe des für Verbindlichkeiten geltenden Höchstwertprinzips eine Bewertung mit dem gestiegenen Kurs zu erfolgen. Die noch nicht realisierten Verluste werden ergebnismindernd berücksichtigt. Der Bilanzansatz erfolgt mit (15.000 x 1,15 =) 17.250 €.

Im **Fall (2)** bleibt es bei dem Wert von 16.500 €. Es erfolgt keine Abwertung auf den niedrigeren Stichtagskurs. Anderenfalls würde durch den Ausweis nicht realisierter Gewinne gegen das Realisationsprinzip verstoßen.

Das Stammkapital ist mit dem Nennbetrag von 150.000 € anzusetzen. Die ausstehenden Einlagen können alternativ wie folgt ausgewiesen werden:

Alternative (1): aktivischer Ausweis (Bruttomethode) mittels eines gesonderten Aktivpostens

Aktiva	Bilanz zum 31.12.01 (in T€)		Passiva
A. Ausstehende Einlagen		70	**A. Eigenkapital**
- davon eingefordert	30		I. Gezeichnetes Kapital 150

Alternative (2): passivischer Ausweis (Nettomethode) mittels Kürzung des gezeichneten Kapitals

Aktiva	Bilanz zum 31.12.01 (in T€)	Passiva
...		**A. Eigenkapital**
B. Umlaufvermögen		I. Gezeichnetes Kapital 150
...		./. Nicht eingeforderte
II. Forderungen und sonstige Vermögensgegenstände		ausstehende Einlagen <u>40</u>
		= Eingefordertes Kapital 110
...		
4. Eingefordertes, noch nicht eingezahltes Kapital	30	

In der Bilanz zum 31.12.01 ergibt sich folgender Eigenkapitalausweis:

Alternative (1): Bilanzaufstellung vor Ergebnisverwendung

	€
Gezeichnetes Kapital	300.000
Kapitalrücklage	60.000
Gewinnrücklagen	222.000
Gewinnvortrag	48.000
Jahresüberschuss	110.000
	740.000

Alternative (2): Bilanzaufstellung nach teilweiser Ergebnisverwendung

Aus dem Jahresüberschuss sind (25 % von 110.000 =) 27.500 € in die Gewinnrücklagen einzustellen. An die Stelle der Größen „Gewinnvortrag" und „Jahresüberschuss" tritt der Posten „Bilanzgewinn", der wie folgt zu ermitteln ist:

		€
	Jahresüberschuss	110.000
+	Gewinnvortrag	48.000
./.	Einstellungen in Gewinnrücklagen	27.500
=	**Bilanzgewinn**	**130.500**

Damit kommt es zu nachstehendem Eigenkapitalausweis:

	€
Gezeichnetes Kapital	300.000
Kapitalrücklage	60.000
Gewinnrücklagen	249.500
Bilanzgewinn	130.500
(davon Gewinnvortrag 48.000 €)	
	740.000

In Höhe des Unterschiedsbetrags zwischen erhaltener Versicherungsleistung und Restbuchwert der durch Brand zerstörten Anlage werden stille Reserven von (65.000 ./. 29.000 =) 36.000 € aufgedeckt. Dieser Ertrag wird durch Bildung einer steuerfreien Rücklage neutralisiert.

Im **Jahr 01** ergeben sich folgende Buchungen:

(1) **Erhalt der Versicherungsleistung**

Bank	65.000 €	an	Anlagen	29.000 €
			sonstige betrieb-	
			liche Erträge	36.000 €

(2) **Bildung der steuerfreien Rücklage**

sonstige		an	Sonderposten	
betriebliche			mit	
Aufwendungen	36.000 €		Rücklageanteil	36.000 €

Bei Anschaffung der Ersatzmaschine wird die steuerfreie Rücklage erfolgswirksam aufgelöst. Die Übertragung der stillen Reserven erfolgt durch Kürzung der Anschaffungskosten der neuen Anlage. Hierdurch wird die Ergebniserhöhung infolge der Rücklagenauflösung wieder ausgeglichen.

Im **Jahr 02** sind folgende Buchungen vorzunehmen:

(1) **Erwerb der neuen Anlage**

Anlagen	120.000 €	an	Bank	120.000 €

(2) **Auflösung der steuerfreien Rücklage**

Sonderposten mit Rücklageanteil	36.000 €	an	sonstige betriebliche Erträge	36.000 €

(3) **Übertragung der aufgedeckten stillen Reserven**

Abschreibungen	36.000 €	an	Maschinen	36.000 €

Die planmäßigen handelsbilanziellen Abschreibungen belaufen sich auf jährlich (80.000/5 =) 16.000 €. Die Übertragung der stillen Reserven führt zu einer Minderung des Abschreibungsausgangsbetrags der Ersatzanlage (vgl. R 43 Abs. 4 Satz 1 EStR). Dies wirkt wie eine Vorwegabschreibung. Damit ergibt sich eine steuerliche Mehrabschreibung im Jahr 01 in Höhe von 28.000 €. In den Folgejahren sind die steuerlichen Abschreibungen aufgrund des niedrigeren Ausgangsbetrags entsprechend geringer.

Im Einzelnen gilt:

Jahr	Abschreibungen		Sonderposten	
	handelsrechtlich	steuerrechtlich	Einstellung (+)/ Auflösung (./.)	Stand
	€	€	€	€
01	16.000	38.400	+ 22.400	22.400
02	16.000	10.400	./. 5.600	16.800
03	16.000	10.400	./. 5.600	11.200
04	16.000	10.400	./. 5.600	5.600
05	16.000	10.400	./. 5.600	0
Summe	**80.000**	**80.000**	**0**	

In der Bilanz zum 31.12.01 ergeben sich folgende Auswirkungen:

Die im Dezember 01 im Voraus vereinnahmte Miete stellt Ertrag für einen nach dem Abschlussstichtag liegenden Zeitraum (= Januar 02) dar. Demzufolge ist der Gesamtbetrag der Mietvorauszahlung als passiver Rechnungsabgrenzungsposten auszuweisen.

Die vom Unternehmer im Voraus entrichtete Versicherungsprämie ist nicht in voller Höhe, sondern nur anteilig (2/12) aufwandsmäßig im Jahr 01 zu berücksichtigen. Hinsichtlich des Restbetrags liegt Aufwand für eine Zeit nach dem Abschlussstichtag vor. Folglich ist ein aktiver Rechnungsabgrenzungsposten in Höhe von (10/12 x 1.440 =) 1.200 € zu bilden.

Das Damnum beläuft sich auf (800.000 ./. 752.000 =) 48.000 €. Für die relevanten Bilanzierungsalternativen ergeben sich folgende Zinsaufwendungen:

Jahr	Alternative (1)			Alternative (2)		
	Damnum	laufende Zinsen	Gesamt	Damnum	laufende Zinsen	Gesamt
(1)	(2)	(3)	(4) = (2) + (3)	(5)	(6)	(7) = (5) + (6)
	€	€	€	€	€	€
01	48.000	40.000	88.000	8.000	40.000	48.000
02	–	40.000	40.000	8.000	40.000	48.000
03	–	40.000	40.000	8.000	40.000	48.000
04	–	40.000	40.000	8.000	40.000	48.000
05	–	40.000	40.000	8.000	40.000	48.000
06	–	40.000	40.000	8.000	40.000	48.000
Summe	48.000	240.000	288.000	48.000	240.000	288.000

Bei Alternative (2) wird die jährliche Auflösung des Rechnungsabgrenzungspostens wie folgt gebucht:

Zinsen und ähnliche Aufwendungen	8.000 €	an	aktiver Rechnungsabgrenzungsposten	8.000 €

 Der in der Bilanz ausgewiesene derivative Firmenwert wird handelsrechtlich über vier Jahre, steuerrechtlich jedoch über 15 Jahre abgeschrieben. In den ersten Jahren liegt das Handelsbilanzergebnis daher unter dem steuerlichen Ergebnis. Folglich ist der ermittelte (tatsächliche) Steueraufwand im Vergleich zum ausgewiesenen handelsrechtlichen Ergebnis zu hoch. Im Zeitablauf gleichen sich die Ergebnisunterschiede wieder aus. So kommt es zu einer entsprechenden Minderung des aktivierungsfähigen Abgrenzungspostens für latente Steuern.

Jahr	Abschreibung		Ergebnisunterschied Handels-/ Steuerbilanz	Abgrenzungsposten	
	Handelsbilanz	Steuerbilanz		Einstellung (+)/ Auflösung (./.)	Stand
(1)	(2)	(3)	(4) = (2) ./. (3)	(5) = 40 % von (4)	(6)
	€	€	€	€	€
01	–	20.000	–	–	–
02	75.000	20.000	+ 55.000	+ 22.000	22.000
03	75.000	20.000	+ 55.000	+ 22.000	44.000
04	75.000	20.000	+ 55.000	+ 22.000	66.000
05	75.000	20.000	+ 55.000	+ 22.000	88.000
06	–	20.000	./. 20.000	./. 8.000	80.000
07	–	20.000	./. 20.000	./. 8.000	72.000
08	–	20.000	./. 20.000	./. 8.000	64.000
...	...	...	...	...	...

Die Bilanzierungshilfe des § 269 HGB ist für die steuerliche Gewinnermittlung unbeachtlich. Mithin ergibt sich im Jahr 01 steuerlich ein geringeres Ergebnis als in der Handelsbilanz. Der tatsächliche Steueraufwand ist damit - bezogen auf das handelsrechtliche Ergebnis - zu gering. Im Hinblick auf einen sachlich zutreffenden Ausweis der Erträge und Aufwendungen einer Periode ist ein zusätzlicher Steueraufwand durch Bildung einer Rückstellung für latente Steuern zu berücksichtigen. In den einzelnen Perioden, in denen sich die Ingangsetzungsaufwendungen handelsrechtlich im Wege der Abschreibungen als Aufwand auswirken, kommt es bezogen auf das Handelsbilanzergebnis zu einer vergleichsweise höheren Steuerbelastung. Dann ist die gebildete Rückstellung anteilig wieder aufzulösen (§ 274 Abs. 1 Satz 2 HGB).

Jahr	Ergebnisunterschied Handels-/Steuerbilanz	Rückstellung	
		Zuführung (+)/ Auflösung (./.)	Stand
(1)	(2)	(3) = 40 % von (2)	(4)
	€	€	€
01	+ 600.000	+ 240.000	240.000
02	./. 150.000	./. 60.000	180.000
03	./. 150.000	./. 60.000	120.000
04	./. 150.000	./. 60.000	60.000
05	./. 150.000	./. 60.000	0
Summe	**0**	**0**	

Siehe MiniLex (S. 191 ff.)

Die üblichen und unüblichen Abschreibungen sind in der GuV nach dem Gesamtkostenverfahren folgenden Gliederungsposten zuzuordnen:

Abschreibungs- gegenstand	Gliederungsposten für den Ausweis	
	üblicher	unüblicher
	Abschreibungen	
A. Anlagevermögen		
I. Immaterielle Vermögens- gegenstände	7 a)	
II. Sachanlagen	7 a)	
III. Finanzanlagen	12	
B. Umlaufvermögen		
I. Vorräte 1. Roh-, Hilfs- und Betriebsstoffe	5 a)	7 b)
2. unfertige Erzeugnisse	2	7 b)
3. a) fertige Erzeugnisse b) Waren	2 5 a)	7 b) 7 b)
II. Forderungen und sonstige Vermögens- gegenstände	8	7 b)
III. Wertpapiere	12	12
IV. Kassenbestand, Bundesbank- guthaben, Guthaben bei Kre- ditinstituten und Schecks	8	7 b)

 Die im Geschäftsjahr 01 entstandenen Aufwendungen verteilen sich wie folgt auf die verschiedenen Funktionsbereiche:

Kostenart	Ausgangs- betrag	Kostenstelle		
		Her- stellung	Ver- waltung	Vertrieb
	T€	T€	T€	T€
Materialaufwand	720	648	36	36
Personalaufwand	880	748	44	88
Abschreibungen	110	77	11	22
sonstige betriebliche Aufwendungen	200	10	30	160
Summe	**1.910**	**1.483**	**121**	**306**

Auf Vollkostenbasis ergeben sich damit Herstellungskosten von insgesamt (1.483.000 + 121.000 =) 1.604.000 € bzw. 320,80 €/Stück. Dieser Betrag ist maßgebend für die Bewertung der Bestände sowie für die Ermittlung der Herstellungskosten der zur Erzielung der Umsätze erbrachten Leistungen.

Das Ergebnis der gewöhnlichen Geschäftstätigkeit wird alternativ wie folgt berechnet:

(1) Gesamtkostenverfahren

	€
Umsatzerlöse	2.400.000
Erhöhung des Bestands an fertigen Erzeugnissen	+ 320.800
(1.000 x 320,80)	
Materialaufwand	./. 720.000
Personalaufwand	./. 880.000
Abschreibungen	./. 110.000
sonstige betriebliche Aufwendungen	./. 200.000
Ergebnis der gewöhnlichen Geschäftstätigkeit	**810.800**

(2) Umsatzkostenverfahren

	€
Umsatzerlöse	2.400.000
Herstellungskosten der zur Erzielung der Umsatzerlöse erbrachten Leistungen	./. 1.283.200
(4.000 x 320,80)	
Bruttoergebnis vom Umsatz	1.116.800
Vertriebskosten	./. 306.000
Ergebnis der gewöhnlichen Geschäftstätigkeit	**810.800**

Die einzelnen Sachverhalte sind wie folgt auszuweisen:

Sachverhalt	Posten der GuV nach § 275 Abs. 2 HGB
1	sonstige betriebliche Erträge [Nr. 4]
2	Abschreibungen auf immaterielle Vermögensgegenstände des Anlagevermögens [Nr. 7a)]
3	sonstige betriebliche Erträge [Nr. 4]
4	sonstige betriebliche Aufwendungen [Nr. 8]
5	sonstige betriebliche Erträge [Nr. 4]
6	Umsatzerlöse [Nr. 1]
7	sonstige betriebliche Erträge [Nr. 4]
8	sonstige betriebliche Aufwendungen [Nr. 8]
9	Aufwendungen für Roh-, Hilfs- und Betriebsstoffe und für bezogene Waren [Nr. 5a)]
10	Erträge aus Beteiligungen [Nr. 9]
11	Steuern vom Einkommen und vom Ertrag [Nr. 18]

Siehe MiniLex (S. 191 ff.)

MiniLex

> Das **MiniLex** enthält die wichtigsten Begriffe, die in diesem Buch behandelt werden. Weitere Begriffe finden sich in:
>
> *Olfert / Rahn, Lexikon der Betriebswirtschaftslehre, Kiehl Verlag*

Abgrenzung der Sache nach	Nach diesem, das Realisationsprinzip ergänzenden Grundsatz, sind den realisierten Erträgen die zu ihrer Erzielung erforderlichen Aufwendungen zuzuordnen.
Abgrenzung der Zeit nach	Nicht leistungsbezogene Aufwendungen sind in der Periode zu berücksichtigen, in der sie anfallen bzw. entstehen.
Abschreibungen	In einem Geschäftsjahr als Aufwand zu verrechnender Teil der Anschaffungs- oder Herstellungskosten. Unterschieden werden: ❏ Aufwandsabschreibungen zwingend vorzunehmende Abschreibungen zur Erfassung des (planmäßig oder außerplanmäßig) tatsächlich eingetretenen Wertverzehrs ❏ aufwandsantizipierende Abschreibungen wahlweise vorzunehmende Abschreibungen, die über die Aufwandsabschreibungen hinausgehen.

Abschreibungsplan	Grundlage für die Ermittlung der Abschreibungen.
	
	 Folgende Größen sind zu berücksichtigen:
	
	 ○ Abschreibungsausgangsbetrag
	 ○ Abschreibungszeitraum (Nutzungsdauer)
	 ○ Restverkaufserlös
	 ○ Abschreibungsbeginn
	 ○ Abschreibungsmethode
	    – zeitabhängig
	    – leistungs- bzw. verbrauchsabhängig.

Anhang	Neben Bilanz und GuV bildet der Anhang bei Kapitalgesellschaften und Personengesellschaften i. S. des § 264a HGB den dritten Pflichtbestandteil des Jahresabschlusses. Dem Zweck der Informationsvermittlung dienen folgende Funktionen des Anhangs: ○ Interpretationsfunktion ○ Entlastungsfunktion ○ Ergänzungsfunktion.
Anlagespiegel	Aufstellung über die Wertentwicklung der einzelnen Posten des Anlagevermögens auf der Grundlage historischer Anschaffungs- oder Herstellungskosten.
Anlagevermögen	Vermögensgegenstände, die zur dauerhaften Nutzung bestimmt sind. Das Anlagevermögen umfasst: ○ Immaterielle Vermögensgegenstände ○ Sachanlagen ○ Finanzanlagen.

Anschaffungs-kosten	Maßstab für die Bewertung der von Dritten bezogenen Gegenstände. In die Ermittlung der Anschaffungskosten sind einzubeziehen: ○ Anschaffungspreis ○ Anschaffungsnebenkosten ○ nachträgliche Anschaffungskosten ○ Anschaffungspreisminderungen.
Anschaffungs-wertprinzip (Pagatorik)	Aus Gründen der Objektivierung werden im Jahresabschluss nur mit Zahlungsvorgängen verbundene Geschäftstransaktionen berücksichtigt. Wertobergrenze bilden die Anschaffungs- oder Herstellungskosten.
Außerordent-liches Ergebnis	Ergebniskomponenten außerhalb der gewöhnlichen Geschäftstätigkeit sind dadurch gekennzeichnet, dass sie äußerst ungewöhnlich sind, selten bzw. unregelmäßig vorkommen und vom Betrag her als wesentlich zu beurteilen sind.
Barwert	Maßgebender Wert für die Bewertung von Rentenverpflichtungen, für die keine Gegenleistung mehr zu erwarten ist. Es handelt sich um den auf einen Abschlussstichtag nach versicherungsmathematischen Grundsätzen ermittelten abgezinsten Wert künftiger Rentenleistungen.
Belegprinzip	Keine Buchung darf ohne Beleg erfolgen, damit Entstehung und Abwicklung der Geschäftsvorfälle stets nachvollzogen werden können.
Beteiligungen	Anteile an anderen Unternehmen, die zur Förderung des eigenen Geschäftsbetriebs langfristig gehalten werden. Bei Anteile an einer Kapitalgesellschaft besteht ab einer Beteiligungshöhe von 20 % eine (widerlegbare) Beteiligungsvermutung.
Betriebsergebnis	Umfasst in der GuV die aus der eigentlichen betrieblichen Tätigkeit resultierenden Ergebniskomponenten.
Bilanz	Im kaufmännischen Bereich ist die Bilanz ein Bestandteil des Rechnungswesens und bezeichnet ❑ im engeren Sinn die stichtagsbezogene Gegenüberstellung der Vermögensgegenstände und Schulden eines Kaufmanns ❑ im weiteren Sinn den handelsrechtlichen Jahresabschluss.
Bilanzadressaten	Außerhalb des Unternehmens stehende Gruppen bzw. Institutionen mit unterschiedlichen Informationsansprüchen bzw. -interessen aufgrund aktueller oder potentieller Beziehungen zum Unternehmen. Wichtige Bilanzadressaten sind: ○ Eigenkapitalgeber　　　　　　○ Fiskus ○ Fremdkapitalgeber　　　　　　○ Öffentlichkeit. ○ Mitarbeiter
Bilanzarten	In der Praxis aus unterschiedlichen Gründen bzw. Anlässen erstellte Bilanzen können insbesondere mithilfe folgender Merkmale abgegrenzt werden: ○ Adressatenkreis　　　　　　　○ Häufigkeit ○ (Haupt-)Informationszweck　　○ Verpflichtungsgrund. ○ Zahl der einbezogenen Unternehmen

Bilanzgewinn/ Bilanzverlust	Ergebnisgröße eines Geschäftsjahrs nach teilweiser Gewinnverwendung, und zwar nach Zuführungen zu bzw. Auflösungen von Rücklagen, sowie unter Einbeziehung des Ergebnisvortrags aus dem Vorjahr.
Bilanzidentität	Übereinstimmung der Schlussbilanz eines Geschäftsjahrs mit der Eröffnungsbilanz des Folgejahrs.
Bilanzierungs-fähigkeit	Die Abbildung von Objekten oder Vorgängen in der Bilanz setzt voraus: ○ abstrakte Bilanzierungsfähigkeit ○ konkrete Bilanzierungsfähigkeit.
Bilanzierungs-hilfen	Wahlweise zu bildende Aktivposten für ansonsten nicht aktivierungsfähige Aufwendungen. Hierdurch soll ein gleichmäßiger Ergebnisausweis erreicht werden. Bilanzierungshilfen sind in folgenden Fällen zulässig: ○ Ingangsetzung und Erweiterung des Geschäftsbetriebs ○ Währungsumstellung auf den Euro ○ Ausgleichsbetrag nach dem Altfahrzeug-Gesetz.
Bilanzierungs-wahlrechte	Explizite gesetzliche Regelungen, die die Entscheidung über den Bilanzansatz in das Ermessen des Kaufmanns stellen.
Bilanzstetigkeit	Dieser Grundsatz zielt auf die Vergleichbarkeit der zu aufeinander folgenden Stichtagen erstellten Bilanzen. Er umfasst in ❑ formeller Hinsicht Beibehaltung der Darstellungsform (*Ausweisstetigkeit*) ❑ materieller Hinsicht ○ Beibehaltung der angewandten Bewertungsmethoden (*Bewertungsstetigkeit*) ○ Beibehaltung der Wertansätze (*Wertstetigkeit*).
Bilanzierungs-verbote	Gesetzliche Regelungen, die einen Bilanzansatz ausschließen. Grundlegende Bilanzierungsverbote enthält § 248 HGB.
Bilanzversionen	In Abhängigkeit von der Rechtsform sind zu unterscheiden: ○ vorläufige Bilanz ○ aufgestellte Bilanz ○ geprüfte Bilanz ○ festgestellte Bilanz ○ offengelegte Bilanz.
Bilanzzwecke	Bilanzen dienen der Regelung nicht-finanzieller und finanzieller Ansprüche der am Unternehmensprozess Beteiligten. Als Hauptaufgaben sind anzuführen: ○ Dokumentation ○ Rechenschaft ○ Zahlungsbemessungsgrundlage.
Bruttoprinzip	Aus Gründen der Klarheit dürfen einzelne Positionen der Bilanz bzw. der GuV nicht miteinander verrechnet werden.

Deutsches Rechnungslegungs Standards Committee e.V. (DRSC)	Vom Bundesministerium der Justiz durch Vertrag anerkanntes privatrechtlich organisiertes Gremium unabhängiger Sachverständiger mit folgenden Aufgaben: ○ Entwicklung von Empfehlungen zur Anwendung der Grundsätze über die Konzernrechnungslegung ○ Beratung der Bundesministeriums der Justiz bei Gesetzgebungsvorhaben zu Rechnungslegungsvorschriften ○ Vertretung der Bundesrepublik Deutschland in internationalen Standardisierungsgremien.
Dokumentationsgrundsätze	Als Subsystem der GoB beziehen sich diese Grundsätze auf die materielle und formelle Ordnungsmäßigkeit der Buchführung. Die sachgerechte Erfassung aller Geschäftsvorfälle bildet die für die Erstellung des Jahresabschlusses notwendige Grundlage.
Eigenkapital	Dauerhaft zur Verfügung stehendes Kapital aus ❏ Einlagen der Eigentümer bzw. Gesellschafter als Kapitalzufluss von außen ❏ erwirtschafteten Gewinnen als Kapitalzufluss von innen durch Verzicht auf Entnahmen bzw. auf Gewinnausschüttungen.
Einzelbewertungsgrundsatz	Vermögensgegenstände und Schulden sind einzeln zu bewerten, also ohne Saldierung mit anderen gleichartigen oder korrespondierenden Positionen. Aus Wirtschaftlichkeitsgründen kann der Grundsatz der Einzelbewertung durchbrochen werden.
Erhaltungsaufwand	Betrifft die Erneuerung bereits vorhandener Teile, Einrichtungen oder Anlagen. Derartige Aufwendungen sind sofort ergebniswirksam zu verrechnen.
Eventualverbindlichkeiten	Verpflichtungen, die nur unter ganz bestimmten Bedingungen zu erfüllen sind. Mangels Passivierungsfähigkeit als Schuldposten erfolgt ein Vermerk unter der Bilanz („unter dem Strich").
Festbewertung	Ansatz von Sachanlagegütern sowie Roh-, Hilfs- und Betriebsstoffen mit einem gleichbleibenden Wert (*Festwert*).
Fifo-Verfahren	Bei diesem zeitlichen Verbrauchsfolgeverfahren wird unterstellt, dass die jeweils ältesten Bestände zuerst verbraucht bzw. veräußert werden.
Finanzanlagen	Langfristige Anlagen in Finanzwerten mit bzw. ohne Einflussnahmemöglichkeit.
Finanzergebnis	Umfasst die aus dem finanziellen Bereich resultierenden Ergebniskomponenten der GuV.
Firmenwert	siehe Geschäftswert.
Flüssige Mittel	Sämtliche verfügbaren oder kurzfristig fälligen Gelder.
Forderungen und sonstige Vermögensgegenstände	Schuldrechtlich begründete Ansprüche auf Geld-, Sach- bzw. Dienstleistungen von Dritten.

Geringstwertige Anlagegegenstände	Gegenstände mit Anschaffungs- oder Herstellungskosten von nicht mehr als 60 €. Eine Erfassung der Zugänge im Bestandsverzeichnis braucht nicht zu erfolgen.
Gesamtkostenverfahren	Bei diesem Verfahren für die Aufstellung der GuV werden den gesamten Umsatzerlösen sämtliche im Geschäftsjahr entstandenen Aufwendungen gegenübergestellt.
	Die Gliederung der GuV erfolgt primär nach Aufwandsarten.
Geschäftsjahr	Der Zeitraum, auf den sich die Rechnungslegung bezieht, darf zwölf Monate nicht überschreiten. In Abhängigkeit von dem vom Kaufmann gewählten Bilanzstichtag ergibt sich alternativ ein
	○ kalenderjahrgleiches Geschäftsjahr ○ kalenderjahrabweichendes Geschäftsjahr.
Geschäftswert, derivativer	Unterschiedsbetrag bei Erwerb eines Unternehmens zwischen Kaufpreis und Reinvermögen zum Erwerbszeitpunkt (= Vermögensgegenstände abzüglich Schulden). Handelsrechtlich besteht ein Aktivierungswahlrecht, steuerlich eine Aktivierungspflicht.
Gewinnrücklagen	Rücklagen aus der Einbehaltung (Thesaurierung) erwirtschafteter Gewinne. Die Bildung erfolgt im Rahmen der Gewinnverwendung aus dem versteuerten Ergebnis.
	Die Gewinnrücklagen umfassen
	○ gesetzliche Rücklage ○ Rücklage für eigene Anteile ○ satzungsmäßige Rücklagen ○ andere Gewinnrücklagen.
Gewinn- und Verlustrechnung	Zeitraumbezogene Gegenüberstellung der Aufwendungen und Erträge eines Geschäftsjahrs zur Ermittlung des Periodenergebnisses.
	Die Aufstellung der GuV erfolgt alternativ nach dem
	○ Gesamtkostenverfahren ○ Umsatzkostenverfahren.
Gezeichnetes Kapital	Kapital, auf das die Haftung der Gesellschafter von Kapitalgesellschaften gegenüber Dritten beschränkt ist.
	Das gezeichnete Kapital entspricht dem
	○ Grundkapital der AG ○ Stammkapital der GmbH.
Grundsatz der Fortführung der Unternehmenstätigkeit (going concern)	Bei der Bewertung ist von einem zeitlich nicht befristeten Bestand des Unternehmens auszugehen. Der Ansatz von Liquidations- oder Veräußerungswerten scheidet damit aus.
Grundsätze ordnungsmäßiger Bilanzierung	Bilden ein Subsystem der GoB und regeln Ansatz, Bewertung und Ausweis der Bilanzposten.
	Folgende Teilbereiche sind zu unterscheiden
	○ Grundsätze der Informationsvermittlung ○ Systemgrundsätze ○ Grundsätze der Periodenabgrenzung und Erfolgsermittlung.

Grundsätze ordnungsmäßiger Buchführung (GoB)	Aus den Zielen des Jahresabschlusses abgeleitete Grundsätze zur sachgerechten Erfassung, Periodisierung und Bewertung von Geschäftsvorfällen. Die GoB umfassen ○ Dokumentationsgrundsätze ○ Grundsätze ordnungsmäßiger Bilanzierung.
Gruppenbewertung	Zu einer Gruppe zusammengefasste gleichartige oder gleichwertige Objekte werden mit dem gewogenen Durchschnittswert angesetzt.
Herstellungsaufwand	Betreffen die Erweiterung oder wesentliche Verbesserung von Vermögensgegenständen. Die Aufwendungen sind zu aktivieren und über die Nutzungsdauer zu verteilen.
Herstellungskosten	Maßstab für die Bewertung der vom Unternehmen selbst erstellten Vermögensgegenstände. Aktivierungspflichtig sind die ○ Materialeinzelkosten ○ Fertigungseinzelkosten ○ Sondereinzelkosten der Fertigung. Aktivierungswahlrechte bestehen handelsrechtlich hinsichtlich der ○ Materialgemeinkosten ○ Fertigungsgemeinkosten ○ Verwaltungsgemeinkosten. Vertriebskosten dürfen nicht aktiviert werden.
Höchstwertprinzip	Bei der Bewertung von Verbindlichkeiten sind Erhöhungen des Rückzahlungsbetrags zwingend zu berücksichtigen.
Immaterielle Vermögensgegenstände	Nicht-körperliche, d. h. nicht greifbare bzw. nicht sichtbare Gegenstände. Eine Aktivierung kommt nur für entgeltlich erworbene (*derivative*) Objekte in Betracht. Selbstgeschaffene (*originäre*) immaterielle Vermögensgegenstände dürfen nicht aktiviert werden.
Imparitätsprinzip	Aus Gründen des Gläubigerschutzes sind erkennbare künftige Verluste aus eingeleiteten oder abgeschlossenen Geschäften bereits vor Realisierung zu berücksichtigen.
Inventar	Aufgrund körperlicher Bestandsaufnahme erstelltes mengen- und wertmäßiges Verzeichnis aller Vermögensgegenstände und Schulden.
Inventur	Zur Überprüfung der buchmäßigen Bestände durchgeführte körperliche Bestandsaufnahme aller Vermögensgegenstände und Schulden. Die Ergebnisse der Inventur werden im Inventar festgehalten.
Inventurverfahren	Zu trennen ist zwischen ○ körperlicher Bestandsaufnahme als Vollinventur oder Stichprobeninventur ○ beleg- bzw. buchmäßiger Inventur.

Inventur-zeitpunkt	Entsprechend den jeweiligen Zeitpunkten kommen alternativ in Betracht ○ *(ausgeweitete) Stichtagsinventur* am Abschlussstichtag selbst oder zeitnah zum Bilanzstichtag ○ *vor-/nachgelagerte Stichtagsinventur* in den letzten drei Monaten vor bzw. in den ersten beiden Monaten nach Schluss des Geschäftsjahrs ○ *permanente Inventur* an einem beliebigen Tag im Laufe des Geschäftsjahrs.
Jahresabschluss	Der Jahresabschluss umfasst die einzelnen, gesetzlich vorgeschriebenen Bestandteile der handelsrechtlichen Rechnungslegung. Hierzu zählen grundsätzlich Bilanz und GuV, bei Kapitalgesellschaften und Personengesellschaften ohne eine natürliche Person als Vollhafter zusätzlich der Anhang.
Jahresüberschuss/ Jahresfehlbetrag	Das in einem Geschäftsjahr erzielte (Netto-)Ergebnis – vor Berücksichtigung der Gewinnverwendung.
Kapitalanteile	Der Position gezeichnetes Kapital bei Kapitalgesellschaften entsprechen bei Personengesellschaften ohne natürliche Person als Vollhafter die für die jeweilige Gesellschaftergruppe - Komplementäre bzw. Kommanditisten - gesondert auszuweisenden Kapitalanteile.
Kapitalrücklage	Von außen zugeflossenes Kapital, das nicht als gezeichnetes Kapital gilt. Hierzu zählt insbesondere das Ausgabeaufgeld (Agio), das bei der Aktienausgabe über den Nennbetrag bzw. den rechnerischen Wert hinaus erzielt wird.
Kaufmann	Die handelsrechtliche Verpflichtung zur Rechnungslegung setzt Kaufmannseigenschaft voraus. Diesbezüglich sind insbesondere zu unterscheiden: ○ *Ist-Kaufmann* kraft gewerblicher Betätigung; Handelsregistereintragung hat nur deklaratorische Bedeutung ○ *Kann-Kaufmann* kraft Handelsregistereintragung; diese erfolgt auf Antrag und hat damit konstitutive Bedeutung ○ *Form-Kaufmann* kraft Rechtsform unabhängig von der ausgeübten Tätigkeit.
Lagebericht	Mittelgroße und große Kapitalgesellschaften sowie Personengesellschaften mit Haftungsbeschränkung haben ihren Jahresabschluss um einen Lagebericht zu ergänzen. Dieser soll eine Gesamtbeurteilung des Unternehmens und seiner gegenwärtigen und künftigen wirtschaftlichen Situation ermöglichen. Der Lagebericht umfasst generell ○ Wirtschaftsbericht ○ Nachtragsbericht ○ Prognosebericht ○ Forschungs- und Entwicklungsbericht ○ Zweigniederlassungsbericht.
Latente Steuern	Erfassen zeitliche Unterschiede zwischen der fiktiven Steuerbelastung nach dem Handelsbilanzergebnis und der effektiven Steuerbelastung nach dem Steuerbilanzergebnis. Die Bilanzierung erfolgt als ❑ Abgrenzungsposten für latente Steuern für diese Bilanzierungshilfe besteht ein Aktivierungswahlrecht ❑ Rückstellung für latente Steuern hierfür besteht Passivierungspflicht.

Lifo-Verfahren	Bei diesem zeitlichen Verbrauchsfolgeverfahren wird unterstellt, dass die zuletzt beschafften Güter zuerst wieder verbraucht bzw. veräußert werden.
Maßgeblichkeits-prinzip	Grundlage der steuerlichen Gewinnermittlung bildet bei Gewerbetreibenden die Handelsbilanz. Die Maßgeblichkeit erstreckt sich auf die ❑ Beachtung der handelsrechtlichen GoB (*materielle Maßgeblichkeit*) ❑ Übernahme GoB-konformer und steuerlich zulässiger Wertansätze in die Steuerbilanz *(formelle Maßgeblichkeit).*
Niederstwert-prinzip	Regelt die Bewertung bei Sinken des Wiederbeschaffungs- bzw. Absatzpreises unter die (fortgeführten) Anschaffungs- oder Herstellungskosten. Generell besteht im Bereich des Anlagevermögens ein Abwertungswahlrecht bei nur vorübergehender Wertminderung (*gemildertes Niederstwertprinzip*), im Umlaufvermögen demgegenüber eine Abwertungspflicht (*strenges Niederstwertprinzip*).
Nominalwert-prinzip	Bei der Bewertung wird von einem im Zeitablauf konstanten Geldwert ausgegangen. Über geleistete Zahlungen hinausgehende Preissteigerungen bleiben folglich unberücksichtigt.
Pauschalwert-berichtigung	Wertberichtigung auf Forderungen wegen des allgemeinen Kreditrisikos. Damit wird der Grundsatz der Einzelbewertung durchbrochen.
Realisations-prinzip	Hierdurch wird der Zeitpunkt bestimmt, zu dem der aus einer geschäftlichen Transaktion resultierende Ergebnisbeitrag als erzielt gilt. Abzustellen ist auf die wirtschaftliche Leistungserbringung.
Rechnungsab-grenzungsposten	Zum Zweck der periodengerechten Erfolgsermittlung gebildete Posten. Diese beziehen sich auf Zahlungen vor dem Abschlussstichtag für wirtschaftliche Gegenleistungen in späterer Zeit (*transitorische Rechnungsabgrenzungsposten*).
Retrograde Bewertung	Ermittlung der Anschaffungskosten bei Warenbeständen durch Abzug der Rohgewinnspanne von dem voraussichtlichen Verkaufspreis.
Rücklagen	siehe Gewinnrücklagen bzw. Kapitalrücklage.
Rückstellungen	Verpflichtungen eines Unternehmens, die zum Abschlussstichtag dem Grund und/oder der Höhe nach ungewiss sind. Gegenstand der Rückstellungsbildung sind ❑ Außenverpflichtungen (*Verbindlichkeitsrückstellungen*) für Verpflichtungen Dritten gegenüber ❑ Innenverpflichtungen (*Aufwandsrückstellungen*) für Selbstverpflichtungen des Bilanzierenden zur Durchführung bestimmter Maßnahmen.
Rückzahlungs-betrag	Dieser allgemeine Bewertungsmaßstab für Verbindlichkeiten entspricht dem insgesamt zu tilgenden Betrag; dabei handelt es sich regelmäßig um den Nennwert der Schuld.

Sachanlagen	Körperliche, d. h. greifbare bzw. sichtbare Gegenstände. Zu unterscheiden sind: ○ unbewegliche Gegenstände (*Immobilien*) ○ bewegliche Gegenstände (*Mobilien*).
Schulden	Auf der Passivseite der Bilanz auszuweisende Belastungen des unternehmerischen Vermögens. Die Schulden umfassen ○ Verbindlichkeiten ○ Rückstellungen.
Sofortabschreibung geringwertiger Anlagegüter	Vollständige aufwandswirksame Verrechnung der Anschaffungs- oder Herstellungskosten abnutzbarer beweglicher Anlagegüter mit einem Wert bis zu 410 € im Zugangsjahr.
Sonderabschreibungen	Steuerlich zulässige Abschreibungen, die neben den planmäßigen Abschreibungen vorgenommen werden können.
Sonderposten mit Rücklageanteil	Zwischen Eigen- und Fremdkapital gesondert auszuweisender Posten zur Berücksichtigung ○ steuerfreier Rücklagen ○ steuerlicher Abschreibungen nach § 254 HGB.
Standard Setter	Privatrechtliche Organisationen bzw. Institutionen, die Rechnungslegungsstandards aufstellen und fortentwickeln. Auf nationaler Ebene fungiert das DRSC als gesetzlich beauftragter und das IDW als faktischer Standard Setter.
Steuerfreie Rücklagen	Aufgrund steuerlicher Sonderregelungen zu Lasten des unversteuerten Ergebnisses gebildete Rücklagen, die nur zeitlich befristet beibehalten werden dürfen.
Steuern	Als Steuern sind in der GuV gesondert auszuweisen ○ Steuern vom Einkommen und vom Ertrag ○ sonstige Steuern.
Stichtagsprinzip	Bei der Bilanzierung ist von den zum Abschlussstichtag gegebenen Verhältnisse auszugehen. Allerdings sind Informationen zu berücksichtigen, die in der Zeitspanne zwischen Bilanzstichtag und Aufstellungszeitpunkt zu Sachverhalten der Berichtsperiode erlangt werden.
Systemgrundsätze	Sollen als übergreifende Grundsätze ein geschlossenes Zusammenwirken der Einzelelemente der GoB gewährleisten.
Umlaufvermögen	Vermögensgegenstände, die nur zur vorübergehenden Nutzung – Verarbeitung, Verbrauch, Veräußerung – bestimmt sind. Das Umlaufvermögen umfasst: ○ Vorräte ○ Forderungen und sonstige Vermögensgegenstände ○ Wertpapiere ○ Flüssige Mittel.

Umsatzkosten-verfahren	Bei diesem Verfahren für die Aufstellung der GuV werden den Umsatzerlösen eines Geschäftsjahrs nur die für die tatsächlich abgesetzten Produkte bzw. Leistungen entstandenen Aufwendungen gegenübergestellt. Die Gliederung der GuV erfolgt nach Funktionsbereichen.
Verbindlich-keiten	Verpflichtungen eines Unternehmens, die dem Grund und der Höhe nach feststehen.

Verbindlichkeits-spiegel	Aufgliederung des Gesamtbetrags jedes einzelnen Postens der Verbindlichkeiten nach
	
	❏ Restlaufzeiten
	  ○ bis ein Jahr
	  ○ mehr als fünf Jahre
	
	❏ gesicherten Beträgen
	  unter Angabe von Art und Form der Sicherheiten.

Verbrauchsfolge-verfahren	Verfahren zur Ermittlung der Anschaffungs- oder Herstellungskosten gleichartiger Gegenstände des Vorratsvermögens nach Maßgabe einer unterstellten Verbrauchs- oder Veräußerungsfolge. Von besonderer praktischer Bedeutung sind zeitliche Verbrauchsfolgeverfahren, und zwar ○ Fifo-Verfahren ○ Lifo-Verfahren.
Verbundene Unternehmen	Gesellschaften, die als Mutter- oder Tochterunternehmen in einen Konzernabschluss einzubeziehen sind.
Verlustfreie Bewertung	Ermittlung eines absatzmarktbezogenen Werts – insbesondere von unfertigen und fertigen Erzeugnissen – unter Berücksichtigung erkennbarer drohender Verluste.
Vermögens-gegenstände	Auf der Aktivseite der Bilanz auszuweisende Güter, die durch folgende Merkmale gekennzeichnet sind: ○ wirtschaftliche Vorteile ○ selbständige Bewertbarkeit ○ selbständige Verkehrsfähigkeit.

Vorräte	Entsprechend dem Ablauf des betrieblichen Leistungsprozesses sind zu erfassen
	
	❏ vor Beginn der Leistungserstellung
	  Roh-, Hilfs- und Betriebsstoffe
	
	❏ während der Leistungserstellung
	  unfertige Erzeugnisse
	
	❏ nach Beendigung der Leistungserstellung
	  fertige Erzeugnisse.

Vorsichtsprinzip	Bei unsicheren Erwartungen hat die Bewertung nicht ungeprüft stets mit dem ungünstigsten, sondern mit dem wahrscheinlichsten Wert aus einem Schätzintervall zu erfolgen.
Wertaufhellende Informationen	Informationen zu Sachverhalten des abgelaufenen Geschäftsjahrs, die zwischen dem Abschlussstichtag und dem Tag der Bilanzaufstellung erworben werden. Die insoweit besseren Kenntnisse sind bei der Bilanzierung für die vorhergehende Periode zu berücksichtigen.

Wertbegründende Informationen	Betreffen objektiv erst nach dem Abschlussstichtag eingetretene Sachverhalte. In der Bilanz für den vorhergehenden Zeitraum dürfen sich derartige Vorgänge nicht auswirken.

Wertmaßstäbe	Maßgrößen zur Bewertung der Bilanzposten. Zu unterscheiden sind:
	
	❏ originäre Wertmaßstäbe
	   beim Zugang von Vermögensgegenständen und Schulden
	
	❏ derivative (abgeleitete) Wertmaßstäbe
	   bei der Bewertung an nachfolgenden Bilanzstichtagen.

Wert nach vernünftiger kaufmännischer Beurteilung	Bei der Bemessung von Abschreibungen bzw. Rückstellungen relevanter Wertmaßstab. Nach den objektiven Verhältnissen zum jeweiligen Bilanzstichtag sind die voraussichtlichen und wahrscheinlichen Wertminderungen bzw. Belastungen zu ermitteln.
Wertpapiere	Im Umlaufvermögen auszuweisende kurzfristige Anlagen in Finanzwerten.
Wertzusammenhang	Wertansätze der Bilanzposten sind bei ansonsten unveränderten Verhältnissen beizubehalten bzw. in gleicher Weise fortzuführen.
Wesentlichkeitsgrundsatz (materiality)	Bei der Erstellung des Jahresabschlusses dürfen für Bilanzadressaten unwesentliche Informationen vernachlässigt werden. Abzuwägen ist diesbezüglich zwischen dem Informationsnutzen für die Empfänger und dem Informationsaufwand für den Bilanzierenden.
Zuschreibungen	Erhöhungen der (Rest-)Buchwerte nach Wegfall der Gründe zur Vornahme außerplanmäßiger oder steuerrechtlicher Abschreibungen sowie Abschreibungen nach vernünftiger kaufmännischer Beurteilung.

Literatur-
verzeichnis

Literaturverzeichnis*

A. Grundlagen

Adler/Düring/Schmaltz, Rechnungslegung und Prüfung der Unternehmen. Kommentar zum HGB, AktG, GmbHG, PublG nach den Vorschriften des Bilanzrichtlinien-Gesetzes, 4. Aufl., Stuttgart 1995

Ammon, L., Gesellschaftsrechtliche und sonstige Neuerungen im Handelsrechtsreformgesetz - Ein Überblick, in: DStR 1998, S. 1474 - 1484

Baetge, J./Kirsch, H.-J./Thiele, S., Bilanzen, 6. Aufl., Düsseldorf 2002

Baetge, J., Grundsätze ordnungsmäßiger Buchführung, in: DB 1986, Beilage 26 zu Heft 45

Beck'scher Bilanz-Kommentar, Handels- und Steuerrecht - §§ 238 bis 339 HGB -, bearb. von Berger, A. u.a., 5. Aufl., München 2003

Bieg, H./Kußmaul, H., Externes Rechnungswesen, 2. Aufl., München/Wien 1998

Bitter, B./Grashoff, D., Das Publizitätsgesetz nach Inkrafttreten des KapCoRiLiG – unterschiedliche Anforderungen an die Rechnungslegung?, in: DB 2000, S. 2285 – 2288

Börner, D., Bilanzpolitik im Spannungsfeld der Jahresabschlußaufgaben: Zur Zukunft des deutschen Einzelabschlußrechts, in: Rechnungslegung, Prüfung und Beratung - Herausforderungen für den Wirtschaftsprüfer -, Festschrift zum 70. Geburtstag von Rainer Ludewig, Hrsg. Baetge, J. u.a., Düsseldorf 1996, S. 143 - 179

Ditges, J./Arendt, U., Bilanzen, 10. Aufl., Ludwigshafen 2002

Euler, R., Grundsätze ordnungsmäßiger Gewinnrealisierung, Düsseldorf 1989

Federmann, R., Bilanzierung nach Handelsrecht und Steuerrecht. Gemeinsamkeiten, Unterschiede und Abhängigkeiten von Handels- und Steuerbilanz unter Berücksichtigung internationaler Rechnungslegungsstandards, 11. Aufl., Berlin 2000

Graumann, M., Deutsches Rechnungslegungs Standards Committee (DRSC), in: WISU 1999, S. 492 - 496

Hafner, R., Der Grundsatz der Bewertungsstetigkeit nach § 252 Abs. 1 Nr. 6 HGB, in: WPg 1985, S. 593 - 600

Hartmann, U., Die Ausrichtung der Rechnungslegung an internationalen Standards, in: WPg 1998, S. 259 - 268

Heno, R., Jahresabschluss nach Handelsrecht, Steuerrecht und internationalen Standards (IAS/IFRS), 3. Aufl., Heidelberg 2003

HFA, Stellungnahme 1/1990: Zur körperlichen Bestandsaufnahme im Rahmen der Inventurverfahren, in: WPg 1990, S. 143 - 149

HFA, Stellungnahme 3/1997: Zum Grundsatz der Bewertungsstetigkeit, in: WPg 1997, S. 540 - 542

Husmann, R./Geiger, T., Gegenüberstellung der Periodenabgrenzung von Aufwendungen und Erträgen nach HGB und US-GAAP, in: SteuerStud 1998, S. 399 - 406

IDW (Hrsg.), Wirtschaftsprüfer-Handbuch 2000. Handbuch für Rechnungslegung, Prüfung und Beratung, Band I, 12. Aufl., Düsseldorf 2000

IDW RS HFA 6 (Stand: 4.9.2001), Änderung von Jahresabschlüssen und Anpassung der Handelsbilanz an die Steuerbilanz, in: WPg 2001, S. 1084 – 1087

Jäger, R., Grundsätze ordnungsmäßiger Aufwandsperiodisierung, Wiesbaden 1996

Jansen, E., Die Sanktionen der Publizitätsverweigerung nach dem Kapitalgesellschaften- und Co-Richtlinien-Gesetz, in: DStR 2000, S. 596 - 598

Kümpel, T., Stand und Entwicklung der Internationalisierung der deutschen Rechnungslegung, in: WiSt 2002, S. 101 – 103

Kümpel, T., International harmonisierte Rechnungslegung aus deutscher Sicht, in: WISU 2002, S. 797 – 802

Küting, K./Brakensiek, S., IASC, FASB und DRSC – Ein Kurzporträt dreier Standard Setter, in: BB 1999, S. 678 – 682

Küting, K./Kaiser, T., Aufstellung oder Feststellung: Wann endet der Wertaufhellungszeitraum? - Implikationen für die Anwendung des Wertaufhellungsprinzips bei Berichtigung, Änderung und Nichtigkeit des handelsrechtlichen Jahresabschlusses -, in: WPg 2000, S. 577 - 596

---

* Neben den im Text zitierten Quellen sind auch ergänzende Literaturhinweise berücksichtigt.

Küting, K./Leinen, M., Inventur des Vorratsvermögens, in: StuB 2000, S. 437 - 445

Kusterer, S./Kirnberger, C./Fleischmann, B., Der Jahresabschluss der GmbH & Co. KG nach dem Kapitalgesellschaften- und Co-Richtlinie-Gesetz, in: DStR 2000, S. 606 - 612

Kupsch, P., Einheitlichkeit und Stetigkeit der Bewertung gemäß § 252 Abs. 1 Nr. 6 HGB, in: DB 1987, S. 1101 - 1105 und 1157 - 1161

Leffson, U., Die Grundsätze ordnungsmäßiger Buchführung, 7. Aufl., Düsseldorf 1987

Leffson, U./Rückle, D./Großfeld, B., Handwörterbuch unbestimmter Rechtsbegriffe im Bilanzrecht des HGB, Köln 1986

Meyer, C., Bilanzierung nach Handels- und Steuerrecht unter Einschluss der Konzernrechnungslegung und der internationalen Rechnungslegung, 14. Aufl., Herne/Berlin 2003

Miessl, G., Die Generalnorm des § 264 Abs. 2 HGB, in: SteuerStud 1995, S. 351 - 355

Moxter, A., Deutsches Rechnungslegungs Standards Committee: Aufgaben und Bedeutung, in: DB 1998, S. 1425 - 1428

Ossadnik, W., Grundsatz und Interpretation der „Materiality" - Eine Untersuchung zur Auslegung ausgewählter Materiality-Bestimmungen durch die Rechnungslegungspraxis -, in: WPg 1993, S. 617 - 629

Quick, R., Inventur, Düsseldorf 2000

Reichert, G., Die Maßgeblichkeit der Handelsbilanz für die Steuerbilanz, in: SteuerStud 1998, S. 548 - 553

Ritzrow, M., Die Bilanzauffassungen (Bilanztheorien). Merkmale und Zielsetzungen der klassischen Bilanzauffassungen, in: SteuerStud 2000, S. 525 - 530

Schulte, K.-W., Das Imparitätsprinzip als Grundsatz ordnungsmäßiger Buchführung, in: WISU 1979, S. 63 - 67

Sethe, R., Die Besonderheiten der Rechnungslegung bei der KGaA, in: DB 1998, S. 1044 - 1048

Wiechers, K., Anwendung internationaler Rechnungslegungsstandards – Folgerungen aus der EU-Verordnung zur IAS-Rechnungslegung -, in: StuB 2002, S. 1137 – 1140

Willeke, C., Möglichkeiten zur Änderung von Jahresabschlüssen und Anpassung der Handelsbilanz an die Steuerbilanz - Erste Anm. zur IDW-Stellungnahme zur Rechnungslegung (IDW RS HFA 6) -, in: StuB 2002, S. 6 - 9

Winnefeld, R., Bilanz-Handbuch. Handels- und Steuerbilanz, rechtsformspezifisches Bilanzrecht, bilanzielle Sonderfragen, Sonderbilanzen, IAS/US-GAAP, 3. Aufl., München 2002

B. Bilanzen

Adler/Düring/Schmaltz, Rechnungslegung und Prüfung der Unternehmen. Kommentar zum HGB, AktG, GmbHG, PublG nach den Vorschriften des Bilanzrichtlinien-Gesetzes, 4. Aufl., Stuttgart 1995

Ammann, H./Wulf, I., Leasingbilanzierung gemäß HGB, US-GAAP sowie IAS – Auswirkungen auf die Jahresabschlusserstellung und die –analyse -, in: StuB 2000, S. 909 – 917

Arbeitskreis „Steuern und Revision" im Bund der Wirtschaftsakademiker (BWA) e. V., Gesetzeskonforme Definition des Rechnungsabgrenzungspostens - Eine Analyse vor dem Hintergrund des true and fair view, in: DStR 1999, S. 2135 - 2142

Arbeitskreis „Externe Unternehmensrechnung" der Schmalenbach-Gesellschaft, Behandlung „eigener Aktien" nach deutschem Recht und US-GAAP unter besonderer Berücksichtigung der Änderungen des KonTraG, in: DB 1998, S. 1673 - 1677

Arians, G., Das Konzept der handelsrechtlichen Steuerabgrenzung im Überblick - Unter besonderer Berücksichtigung der International Accounting Standards, in: StuB 2000, S. 290 - 297

Baetge, J./Kirsch, H.-J./Thiele, S., Bilanzen, 6. Aufl., Düsseldorf 2002

Beck'scher Bilanz-Kommentar, Handels- und Steuerrecht - §§ 238 bis 339 HGB -, bearb. von Berger, A. u.a., 5. Aufl., München 2003

Bender, H. J., Kompakt-Training Leasing, Ludwigshafen 2001

Beranek, A., Die Abgrenzung von Herstellungskosten und Erhaltungsaufwendungen bei Gebäuden, in: SteuerStud 1999, S. 14 - 19

Berndt, T., Grundsätze ordnungsmäßiger passiver Rechnungsabgrenzung, Wiesbaden 1998

Bieg, H./Kußmaul, H., Externes Rechnungswesen, 2. Aufl., München/Wien 1998

Bitz, M./Schneeloch, D./Wittstock, W., Der Jahresabschluß. Rechtsvorschriften, Analyse, Politik, 3. Aufl., München 2000

Böcking, H.-J./Orth, C., Neue Vorschriften zur Rechnungslegung und Prüfung durch das KonTraG und das KapAEG, in: DB 1998, S. 1241 - 1246

Bormann, M./Hellberg, C., Ausgewählte Probleme der Gewinnverteilung in der Personengesellschaft, in: DB 1997, S. 2415 - 2421

Börner, D./Krawitz, N., Steuerbilanzpolitik. Eine entscheidungsorientierte Analyse der Wahlrechte zur steuerlichen Gewinnermittlung, Herne/Berlin 1977

Breidert, U., Grundsätze ordnungsmäßiger Abschreibungen auf abnutzbare Anlagegegenstände, Düsseldorf 1994

Buchner, R., Buchführung und Jahresabschluss, 6. Aufl., München 2002

Bürkle, T./Knebel, A., Bilanzierung von Beteiligungen an Personengesellschaften, in: DStR 1998, S. 1067 - 1072

Clausen, U., Verbundene Unternehmen im Bilanz- und Gesellschaftsrecht, Düsseldorf 1992

Coenenberg, A. G. u.M. von **Alvarez, M. u. a.**, Jahresabschluss und Jahresabschlussanalyse. Betriebswirtschaftliche, handelsrechtliche, steuerrechtliche und internationale Grundsätze – HGB, IAS/IFRS, US-GAAP, DRS –, 19. Aufl., Stuttgart 2003

Crezelius, G., Bestimmte Zeit und passive Rechnungsabgrenzung, in: DB 1998, S. 633 - 638

Ditges, J./Arendt, U., Bilanzen, 10. Aufl., Ludwigshafen 2002

Falterbaum, H. u. a., Buchführung und Bilanz unter besonderer Berücksichtigung des Bilanzsteuerrechts und der steuerlichen Gewinnermittlung, 19. Aufl., Achim 2003

Fey, G., Probleme bei der Rechnungslegung von Haftungsverhältnissen - Off-balance-sheet-risks im handelsrechtlichen Jahresabschluß und in anderen Rechenschaftsberichten -, in: WPg 1992, S. 1 - 15

Fey, G./Mujkanovic, R., Außerplanmäßige Abschreibungen auf das Finanzanlagevermögen, in: WPg 2003, S. 212 – 219

Fey, R., Grundsätze ordnungsmäßiger Bilanzierung für Haftungsverhältnisse, Düsseldorf 1989

Freidank, C.-C., Eigenkapital und Ergebnisverwendung der GmbH und der AG. Überblick über die wichtigsten Regelungen unter Berücksichtigung des Gesetzes zur Kontrolle und Transparenz im Unternehmensbereich und des Steuerentlastungsgesetzes 1999/2000/2002, in: StB 2000, S. 44 - 49, 84 - 95 und 128 - 138

Gasper, R., Die Lifo-Bewertung - Zielsetzung, GoB-Konformität, Verfahren -, Düsseldorf 1996

Gräfer, H./Sorgenfrei, C., Rechnungslegung. Bilanzierung, Bewertung, Gestaltung, 2. Aufl., Herne/Berlin 2002

Grefe, C., Bilanz-(steuer-)rechtliche Aspekte des Verbots von Drohverlustrückstellungen, in: BB 1997, S. 2635 - 2638

Grefe, C., Wertaufholungen nach Handels- und Steuerrecht, in: WISU 2000, S. 1063 - 1066

Grefe, C., Unternehmenssteuern, 7. Aufl., Ludwigshafen 2003

Günkel, M./Fenzl, B., Ausgewählte Fragen zum Steuerentlastungsgesetz: Bilanzierung und Verlustverrechnung, in: DStR 1999, S. 649 - 660

Heddäus, B., Handelsrechtliche Grundsätze ordnungsmäßiger Bilanzierung für Drohverlustrückstellungen, Düsseldorf 1997

Heinen, E., Handelsbilanzen, 12. Aufl., Wiesbaden 1986

Heinhold, M. u.M. von **Pasch, H.**, Der Jahresabschluß, 4. Aufl., München/Wien 1996

Herzig, N./Rieck, U., Bilanzsteuerliche Aspekte des Wertaufholungsgebots im Steuerentlastungsgesetz, in: WPg 1999, S. 305 - 318

HFA, Stellungnahme 5/1991: Zur Aktivierung von Herstellungskosten, in: WPg 1992, S. 94 - 96

Hölscher, L., Varianten des Lifo-Verfahrens und ihre Beurteilung auf Basis der Grundsätze ordnungsmäßiger Buchführung, in: SteuerStud 1998, S. 394 - 398 und 465 - 470

Hoffmann, M. K., Analyse und Darstellung der Abweichungen zwischen handels- und steuerrechtlichem Jahresabschluss, in: StuB 2000, S. 961 - 974

Hommel, M., Grundsätze ordnungsmäßiger Bilanzierung für Dauerschuldverhältnisse, Wiesbaden 1992

Hommel, M., Neue Abschreibungsfristen in der Steuerbilanz - ein Beitrag zu mehr Steuergerechtigkeit?, in: BB 2001, S. 247 - 252

Hug, J./Roß, N./Seidler, H., Bilanzielle Bewältigung der Rückstellungsproblematik durch das Altfahrzeug-Gesetz (AltfahrzeugG), in: DB 2002, S. 1013 – 1016

IDW (Hrsg.), Wirtschaftsprüfer-Handbuch 2000. Handbuch für Rechnungslegung, Prüfung und Beratung, Band I, 12. Aufl., Düsseldorf 2000

IDW RS HFA 4 (Stand: 28.6.2000), Zweifelsfragen zum Ansatz und zur Bewertung von Drohverlustrückstellungen , in: WPg 2000, S. 716 - 721

IDW RS HFA 7 (Stand: 1.10.2002), Zur Rechnungslegung bei Personenhandelsgesellschaften, in: WPg 2002, S. 1259 - 1264

Janke, M., Dauerschuldverträge und Grundsätze ordnungsmäßiger Bilanzierung, Wiesbaden 1997

Karrenbrock, H., Latente Steuern in Bilanz und Anhang, Düsseldorf 1991

Karrenbrock, H., Der Umfang der Herstellungskosten nach Handels- und Steuerrecht, in: Unternehmensrechnung und -besteuerung. Grundfragen und Entwicklungen, Festschrift für Dietrich Börner zum 65. Geburtstag, Hrsg. Meffert, H./Krawitz, N., Wiesbaden 1998, S. 3 - 29

Klingberg, D., Der Aktienrückkauf nach dem KonTraG aus bilanzieller und steuerlicher Sicht, in: BB 1998, S. 1575 - 1581

Kolb, S./Pöller, R., Das Gesetz über die Zulassung von Stückaktien - Erleichterungen für Aktiengesellschaften im Rahmen der Euro-Einführung: Handlungsmöglichkeiten und -empfehlungen -, in: DStR 1998, S. 855 - 861

Krink, K./Maertins, J., Gesellschafterdarlehen im Handels- und Steuerrecht, in: DB 1998, S. 833 - 838

Köhler, R., Buchung und Bilanzierung von Anzahlungen. Buchungstechnische Verrechnung - Ausweis und Bewertung - Steuerliche Aspekte, in: StBp 1998, S. 320 - 325 und StBp 1999, S. 8 - 13

Küting, K./Hellen, H.-H./Brakensiek, S., Leasing in der nationalen und internationalen Bilanzierung. Eine vergleichende Darstellung unter Berücksichtigung neuer Ansätze, in: BB 1998, S. 1465 - 1473

Küting, K./Kessler, H., Anmerkungen zum Entwurf einer IDW-Stellungnahme zur Rechnungslegung: Zweifelsfragen zur Bilanzierung und Bewertung von Drohverlustrückstellungen (IDW ERS HFA 4), in: WPg 1999, S. 721 - 734

Laicher, A., Zur bilanziellen Behandlung von Investitionszuschüssen und Investitionszulagen in Steuer- und Handelsbilanz, in: DStR 1993, S. 292 - 297

Leffson, U./Rückle, D./Großfeld, B., Handwörterbuch unbestimmter Rechtsbegriffe im Bilanzrecht des HGB, Köln 1986

Ludewig, R., Überlegungen zur Bewertung einer Forderung bei wechselnder Bonität, in: Unternehmensrechnung und -besteuerung. Grundfragen und Entwicklungen, Festschrift für Dietrich Börner zum 65. Geburtstag, Hrsg. Meffert, H./Krawitz, N., Wiesbaden 1998, S. 55 - 73

Lüdenbach, N./Hoffmann, W.-D., Vergleichende Darstellung von Bilanzierungsproblemen des Sach- und immateriellen Anlagevermögens nach IAS und HGB, in: StuB 2003, S. 145 - 152

Marx, F. J., Steuern in der externen Rechnungslegung. Abbildungsregeln, Gestaltungsaspekte und Analysemöglichkeiten, Herne/Berlin 1998

Maus, G., Rückstellungen in der Handels- und Steuerbilanz. Ein Praxis-ABC mit einer Einführung in steuer- und handelsrechtliche Bilanzierungsgrundsätze, 2. Aufl., Herne/Berlin 2002

Meyer, C., Bilanzierung nach Handels- und Steuerrecht unter Einschluss der Konzernrechnungslegung und der internationalen Rechnungslegung, 14. Aufl., Herne/Berlin 2003

Mundt, H.-D., Sonderposten mit Rücklageanteil - Ausweis im Jahresabschluß und Informationsgehalt, in: DStR 1993, S. 1794 - 1799

Naumann, K.-P., Die Bewertung von Rückstellungen in der Einzelbilanz nach Handels- und Ertragsteuerrecht, Düsseldorf 1989

Neumayer, J., Bilanzierung bei zivilrechtlich schwebenden Verträgen, in: BB 1998, S. 735 - 739

Rabeneck, J./Reichert, G., Latente Steuern im Einzelabschluss, in: DStR 2002, S. 1366 - 1372 und 1409 - 1416

Ritzrow, M., Umfang der Herstellungskosten nach Handels- und Steuerrecht, in: SteuerStud 2003, S. 261 - 270

Rodewald, J., Zivil- und steuerrechtliche Bedeutung der Gestaltung von Gesellschafterkonten, in: GmbHR 1998, S. 521 - 527

Rückle, D., Jahresabschlußaufstellung und - feststellung bei Personengesellschaften, in: Handelsbilanzen und Seuerbilanzen, Festschrift zum 70. Geburtstag von Heinrich Beisse, Hrsg. Budde, W. D./Moxter, A./Offerhaus, K., Düsseldorf 1997, S. 433 - 449

SABI, Stellungnahme 3/1986: Zur Darstellung der Finanzlage i. S. v. § 264 Absatz 2 HGB, in: WPg 1986, S. 670 - 671

SABI, Stellungnahme 3/1988: Zur Steuerabgrenzung im Einzelabschluß, in: WPg 1988, S. 683 - 684

Schildbach, T., Der handelsrechtliche Jahresabschluß, 6. Aufl., Herne/Berlin 2000

Schmid, H./Wiese, G. T., Bilanzielle und steuerliche Behandlung eigener Aktien - Zur Anwendung des § 71 Abs. 1 Nr. 8 AktG in der Fassung des KonTraG - , in: DStR 1998, S. 993 - 996

Spitz, H., Grundstücks- und Gebäudewerte in der Bilanz- und Steuerpraxis, Herne/Berlin 1996

Stummer, F./Nolte, B., Direkte und indirekte Funktionen des Eigenkapitals, in: WiSt 2002, S. 648 - 650

Tanski, J. S./Kurras, K. P./Weitkamp, J., Der gesamte Jahresabschluß, 4. Aufl., München/Wien 1998

Thiel, J., Bilanzielle und steuerrechtliche Behandlung eigener Aktien nach der Neuregelung des Aktienerwerbs durch das KonTraG, in: DB 1998, S. 1583 - 1586

Thiele, S., Das Eigenkapital im handelsrechtlichen Jahresabschluß. Rechtsformübergreifende und rechtsformspezifische Grundsätze für Ansatz und Ausweis des gesetzestypischen Eigenkapitals und der hybriden Finanzierungsformen, Düsseldorf 1998

WFA, Stellungnahme 1/1996: Zur Abgrenzung von Erhaltungsaufwand und Herstellungsaufwand bei Gebäuden, in: WPg 1997, S. 103 - 104

Weller, H. P./ Fischer, H., Bildung, Ausweis und Interpretation ausgewählter Eigenkapital-bestandteile, in: WISU 1993, S. 513 - 520

Wiedmann, H. u. M. von Schurbohm-Ebneth, A. u.a., Bilanzrecht. Kommentar zu den §§ 238 - 342a HGB, 2. Aufl., München 2003

Wilhelm, J., Bilanz, Vermögen, Kapital, Gewinn bei Einzelkaufmann, Personengesellschaften und Kapitalgesellschaften, in: ZHR 1995, S. 454 - 478

Winnefeld, R., Bilanz-Handbuch. Handels- und Steuerbilanz, rechtsformspezifisches Bilanzrecht, bilanzielle Sonderfragen, Sonderbilanzen, IAS/US-GAAP, 3. Aufl., München 2002

Witt, S.-C., Der Umfang der Herstellungskosten im handelsrechtlichen Jahresabschluß, Köln 1997

Wohlgemuth, M./Radde, J., Der Bewertungsmaßstab „Anschaffungskosten" nach HGB und IAS - Darstellung der Besonderheiten und kritische Gegenüberstellung -, in: WPg 2000, S. 903 - 911

Wohlgemuth, M./Ständer, U., Der Bewertungsmaßstab „Herstellungskosten" nach HGB und IAS - Darstellung der Besonderheiten und kritische Gegenüberstellung -, in: WPg 2003, S. 203 - 211

C. Gewinn- und Verlustrechnung

Adler/Düring/Schmaltz, Rechnungslegung und Prüfung der Unternehmen. Kommentar zum HGB, AktG, GmbHG, PublG nach den Vorschriften des Bilanzrichtlinien-Gesetzes, 4. Aufl., Stuttgart 1995

Baetge, J./Kirsch, H.-J./Thiele, S., Bilanzen, 6. Aufl., Düsseldorf 2002

Beck'scher Bilanz-Kommentar, Handels- und Steuerrecht - §§ 238 bis 339 HGB -, bearb. von Berger, A. u.a., 5. Aufl., München 2003

Bieg, H./Kußmaul, H., Externes Rechnungswesen, 2. Aufl., München/Wien 1998

Bitz, M./Schneeloch, D./Wittstock, W., Der Jahresabschluß. Rechtsvorschriften, Analyse, Politik, 3. Aufl., München 2000

Coenenberg, A. G. u.M. von Alvarez, M. u. a., Jahresabschluss und Jahresabschlussanalyse. Betriebswirtschaftliche, handelsrechtliche, steuerrechtliche und internationale Grundsätze – HGB, IAS/IFRS, US-GAAP, DRS –, 19. Aufl., Stuttgart 2003

Ditges, J./Arendt, U., Bilanzen, 10. Aufl., Ludwigshafen 2002

Feldt, M./Olbrich, T./Wiemeler, M., Die Wahl des Ausweisverfahrens für die Gewinn- und Verlustrechnung nach § 275 HGB, in: DB 1987, S. 2320 - 2324

Gräfer, H./Sorgenfrei, C., Rechnungslegung. Bilanzierung, Bewertung, Gestaltung, 2. Aufl., Herne/Berlin 2002

IDW (Hrsg.), Wirtschaftsprüfer-Handbuch 2000. Handbuch für Rechnungslegung, Prüfung und Beratung, Band I, 12. Aufl., Düsseldorf 2000

Leffson, U./Rückle, D./Großfeld, B., Handwörterbuch unbestimmter Rechtsbegriffe im Bilanzrecht des HGB, Köln 1986

Oebel, C., Zuordnungsfragen in der Gewinn- und Verlustrechnung nach dem Gesamtkosten-verfahren, in: WPg 1988, S. 125 - 128

Rogler, S., Gewinn- und Verlustrechnung nach dem Umsatzkostenverfahren, Wiesbaden 1990

Winnefeld, R., Bilanz-Handbuch. Handels- und Steuerbilanz, rechtsformspezifisches Bilanzrecht, bilanzielle Sonderfragen, Sonderbilanzen, IAS/US-GAAP, 3. Aufl., München 2002

D. Anhang

Adler/Düring/Schmaltz, Rechnungslegung und Prüfung der Unternehmen. Kommentar zum HGB, AktG, GmbHG, PublG nach den Vorschriften des Bilanzrichtlinien-Gesetzes, 4. Aufl., Stuttgart 1995

Armeloh, K.-H., Die Berichterstattung im Anhang. Eine theoretische und empirische Untersuchung der Qualität der Berichterstattung im Anhang börsennotierter Kapitalgesellschaften, Düsseldorf 1998

Baetge, J./Kirsch, H.-J./Thiele, S., Bilanzen, 6. Aufl., Düsseldorf 2002

Baetge, J./Schulze, D., Möglichkeiten der Objektivierung der Lageberichterstattung über „Risiken der künftigen Entwicklung" - Ein Vorschlag zur praktischen Umsetzung der vom KonTraG verlangten Berichtspflichten -, in: DB 1998, S. 937 - 948

Beck'scher Bilanz-Kommentar, Handels- und Steuerrecht - §§ 238 bis 339 HGB -, bearb. von Berger, A. u.a., 5. Aufl., München 2003

Bender, J., Wertschöpfungsrechnungen als Instrument der erfolgswirtschaftlichen Bilanzanalyse, in: DStR 1991, S. 1601 -1609

Bieg, H./Hossfeld, C., Der Cash-flow nach DVFA/SG, in: DB 1996, S. 1429 - 1434

Coenenberg, A. G. u.M. von *Alvarez, M. u. a.*, Jahresabschluss und Jahresabschlussanalyse. Betriebswirtschaftliche, handelsrechtliche, steuerrechtliche und internationale Grundsätze – HGB, IAS/IFRS, US-GAAP, DRS –, 19. Aufl., Stuttgart 2003

Ditges, J./Arendt, U., Bilanzen, 10. Aufl., Ludwigshafen 2002

Farr, W.-M., Aufstellung, Prüfung und Offenlegung des Anhangs im Jahresabschluß der GmbH & Co. KG. Begrenzung der Offenlegung auf die Pflichtangaben des KapCoRiLiG durch gezielten Einsatz einer Anhang-Checkliste, in: GmbHR 2000, S. 543 - 552 und 605 - 613

Geiger, T., Segmentberichterstattung nach dem Deutschen Rechnungslegungsstandard Nr. 3 des DRSC (DRS 3), in: StuB 2000, S. 772 - 779

Gräfer, H./Sorgenfrei, C., Rechnungslegung. Bilanzierung, Bewertung, Gestaltung, 2. Aufl., Herne/Berlin 2002

Haeger, B., Angabe der Ergebnisbeeinflussung durch steuerrechtliche Sachverhalte nach § 285 Nr. 5 HGB, in: WPg 1989, S. 441 - 454

Haeger, B., Angabe der künftigen Belastungen durch steuerrechtliche Sachverhalte nach § 285 Nr. 5 HGB, in: WPg 1989, S. 608 - 617

Hoffmann, W.-D., Anmerkungen über den Grundsatz der Wesentlichkeit im Anhang. Ein Beitrag zur Entwicklung von Grundsätzen ordnungsmäßiger Berichterstattung, in: BB 1986, S. 1050 - 1057

Husmann, R., Würdigung der Segmentberichterstattung nach dem Management Approach auf der Basis der deutschen Bilanzierungspraxis, in: WPg 1998, S. 816 - 823

IDW (Hrsg.), Wirtschaftsprüfer-Handbuch 2000. Handbuch für Rechnungslegung, Prüfung und Beratung, Band I, 12. Aufl., Düsseldorf 2000

Krawitz, N., Zur Erweiterung der deutschen Segmentberichterstattung unter Berücksichtigung internationaler Entwicklungen, in: Jahresabschluß und Jahresabschlußprüfung. Probleme, Perspektiven, internationale Einflüsse, Festschrift zum 60. Geburtstag von Jörg Baetge, Hrsg. Fischer, T. R./Hömberg, R., Düsseldorf 1997, S. 551 - 599

Lachnit, L., „True and fair view" und Rechnungslegung über stille Rücklagen im Jahresabschluß von Kapitalgesellschaften, in: WPg 1993, S. 193 - 201

Lange, C., Zur Publizitätspflicht „zusätzlicher Angaben" im Anhang - Zusatzinformationsinstru-mente auf Basis der Generalnorm des handelsrechtlichen Jahresabschlusses -, in: WPg 1991, S. 369 - 376

Lange, C./Kreuzgrabe, L., Erweiterung der Unternehmenspublizität auf der Basis der General-norm des handelsrechtlichen Jahresabschlusses, in: WISU 1993, S. 943 - 948

Leker, J./Möhlmann, T., Die Berichterstattung in Anhang und Konzernanhang von Kapitalgesell-schaften. Ein praktischer Leitfaden für Wirtschaftsprüfungsassistenten, Düsseldorf 1997

Leffson, U./Rückle, D./Großfeld, B., Handwörterbuch unbestimmter Rechtsbegriffe im Bilanz-recht des HGB, Köln 1986

Niehus, R. J., Freiwillige nicht GoB-konforme Angaben im Anhang und der Bestätigungsvermerk des Abschlußprüfers, in: WPg 1988, S. 93 - 101

Nordmann, H., Die Segmentberichterstattung – Anforderungen nach DRS 3 im internationalen Vergleich, Herne/Berlin 2002

Ordelheide, D./Leuz, C., Die Kapitalflußrechnung. Grundlagen, International Accounting Stan-dard No. 7 und Informationsgehalt, in: WiSt 1998, S. 176 - 183

Pfitzer, N./Oser, P./Wader, D., Die Entsprechens-Erklärung nach § 161 AktG – Checkliste für Vorstände und Aufsichtsräte zur Einhaltung der Empfehlungen des Deutschen Corporate Governance Kodex, in: DB 2002, S. 1120 - 1123

Schülen, W., Die Aufstellung des Anhangs, in: WPg 1987, S. 223 - 231

Winnefeld, R., Bilanz-Handbuch. Handels- und Steuerbilanz, rechtsformspezifisches Bilanzrecht, bilanzielle Sonderfragen, Sonderbilanzen, IAS/US-GAAP, 3. Aufl., München 2002

Zimmermann, P., Zur Anwendung der Schutzklausel im Rahmen der Segmentberichterstattung im Einzel- und Konzernabschluß, in: DStR 1998, S. 1974 - 1976

E. Lagebericht

Adler/Düring/Schmaltz, Rechnungslegung und Prüfung der Unternehmen. Kommentar zum HGB, AktG, GmbHG, PublG nach den Vorschriften des Bilanzrichtlinien-Gesetzes, 4. Aufl., Stuttgart 1995

Baetge, J./Kirsch, H.-J./Thiele, S., Bilanzen, 6. Aufl., Düsseldorf 2002

Baetge, J./Fischer, T. R./Paskert, D., Der Lagebericht. Aufstellung, Prüfung und Offenlegung, Stuttgart 1989

Beck'scher Bilanz-Kommentar, Handels- und Steuerrecht - §§ 238 bis 339 HGB -, bearb. von Berger, A. u.a., 5. Aufl., München 2003

Coenenberg, A. G. u.M. von *Alvarez, M. u. a.*, Jahresabschluss und Jahresabschlussanalyse. Betriebswirtschaftliche, handelsrechtliche, steuerrechtliche und internationale Grundsätze – HGB, IAS/IFRS, US-GAAP, DRS –, 19. Aufl., Stuttgart 2003

Ditges, J./Arendt, U., Bilanzen, 10. Aufl., Ludwigshafen 2002

Dörner, D./Bischof, S., Zweifelsfragen zur Berichterstattung über die Risiken der künftigen Entwicklung im Lagebericht, in: WPg 1999, S. 445 – 455

Gemeinsame Arbeitsgruppe der DVFA und der Schmalenbach-Gesellschaft, Fortentwick-lung des Ergebnisses nach DVFA/SG, in: DB 1998, S. 2537 - 2542

IDW (Hrsg.), Wirtschaftsprüfer-Handbuch 2000. Handbuch für Rechnungslegung, Prüfung und Beratung, Band I, 12. Aufl., Düsseldorf 2000

IDW RS HFA 1, Aufstellung des Lageberichts (Stand 26.6.1998), in: WPg 1998, S. 653 - 662

Küting, K./Heiden, M., Zur Informationsqualität der Lageberichterstattung in deutschen Ge-schäftsberichten – Branchenangaben, Risikobericht, Prognosebericht -, in: StuB 2002, S. 933 - 937

Kuhn, W., Forschung und Entwicklung im Lagebericht - Eine theoretische und empirische Unter-suchung -, Hamburg 1992

Leffson, U./Rückle, D./Großfeld, B., Handwörterbuch unbestimmter Rechtsbegriffe im Bilanz-recht des HGB, Köln 1986

Möhlmann-Mahlau,T./Möller, G./Stolbinger, R., Risikoberichterstattung nach DRS 5 – Ein Vergleich zur Berichterstattung nach US-GAAP -, in: StuB 2001, S. 941 – 949

Winnefeld, R., Bilanz-Handbuch. Handels- und Steuerbilanz, rechtsformspezifisches Bilanzrecht, bilanzielle Sonderfragen, Sonderbilanzen, IAS/US-GAAP, 3. Aufl., München 2002

Stichwortverzeichnis

Stichwortverzeichnis